高等职业院校单招考试用书
——语　文

主　编　葛作然　王　华
副主编　马华华　刘韶辉
　　　　赵爱莉　王　静

北京理工大学出版社
BEIJING INSTITUTE OF TECHNOLOGY PRESS

版权专有　侵权必究

图书在版编目（CIP）数据

语文 / 葛作然，王华主编. --北京：北京理工大学出版社，2021.9
高等职业院校单招考试用书
ISBN 978-7-5763-0281-3

Ⅰ.①语… Ⅱ.①葛…②王… Ⅲ.①语文课–中等专业学校–升学参考资料 Ⅳ.①G634.303

中国版本图书馆 CIP 数据核字（2021）第 177607 号

出版发行 / 北京理工大学出版社有限责任公司	
社　　址 / 北京市海淀区中关村南大街5号	
邮　　编 / 100081	
电　　话 / （010）68914775（总编室）	
（010）82562903（教材售后服务热线）	
（010）68944723（其他图书服务热线）	
网　　址 / http://www.bitpress.com.cn	
经　　销 / 全国各地新华书店	
印　　刷 / 唐山富达印务有限公司	
开　　本 / 787毫米×1092毫米　1/16	责任编辑 / 江　立
印　　张 / 15.5	文案编辑 / 江　立
字　　数 / 330千字	责任校对 / 周瑞红
版　　次 / 2021年9月第1版　2021年9月第1次印刷	责任印制 / 施胜娟
定　　价 / 58.00元	

图书出现印装质量问题，请拨打售后服务热线，本社负责调换

前言

  2021年6月15日,教育部办公厅等六部门联合下发《关于做好2021年高职扩招专项工作的通知》,这是继2019年以来,连续三年下发高职扩招专项考试招生工作的通知,从这一点上,就能够看出国家对高职教育的推行力度。大力发展高职教育,不但是国家政策,而且是发展趋势。随着高职教育大规模发展,高职学生会越来越多,相应地,高职入学考试的竞争也会越来越大。相对于普通高考而言,目前单招考试是中职学生的最佳选择,所以,单招考试的人数每年都大幅增加,竞争也越来越激烈。为了帮助单招考生全面、系统、科学、高效地复习语文课程,把握高职单招语文考试的最新动向,有效提高考试成绩,编者在总结多年单招辅导经验的基础上,根据历年来单招考试规律及考试大纲要求,编写了本书,以帮助广大单招考生顺利通过高职入学考试。

  本书有以下几个鲜明的特点:

  第一,实用性强。本书由多年辅导单招考试学生的一线教师根据自身教学经验编写,具有非常强的实用性,很多内容属于"独门秘籍",对考生快速提高成绩行之有效。

  第二,专业性强。本书在分析历年单招考试试题和科学预判考试趋向的基础上给考生提供了最专业的复习指导,每个章节都设有考纲解读、经典例题、学海导航和模拟练习等几个模块。

  第三,针对性强。本书针对单招考生进行编写,能够衔接中职的文化课程,符合单招考生的实际水平,可以满足单招考生的应考需要。

  第四,资料最新。本书体现了三个"新":一是"思路新",编写思路简洁明快,让考生用最短的时间,掌握最多的知识,取得最好的成绩;二是"材料新",书中很多试题材料选用的都是新颖素材,特别加入了与社会新闻事件、热点话题紧密相关的材料;三是"日期新",当前国内图书市场上单招考试辅导书种类很多,但大多是多年前编写的,早已不适应目前的单招考试形势,本书则紧跟单招考试政策,紧抓单招重点内容全新编写,实用价值非常高。

  因为编写时间有限,书中如有疏漏和不当之处,恳请读者批评指正。

编　者

目录

第一章　基础知识 ··· 1
　第一节　字音 ··· 1
　第二节　字形 ··· 6
　第三节　词语 ··· 11
　第四节　标点符号 ··· 17
　第五节　语法 ··· 28
　第六节　病句 ··· 35
　第七节　句式 ··· 50
　第八节　修辞 ··· 60
　第九节　语言表达 ·· 69
　第十节　文学常识 ·· 76

第二章　阅读理解 ··· 97
　第一节　古诗词 ··· 97
　第二节　文言文 ··· 110
　第三节　现代文 ··· 147

第三章　写作 ··· 178
　第一节　应用文 ··· 178
　第二节　作文 ··· 191

第四章　模拟测试 ··· 198
　模拟测试（一） ··· 198
　模拟测试（二） ··· 206
　模拟测试（三） ··· 215

参考答案 ··· 221

第一章

基础知识

第一节 字 音

一、考纲解读

1. 掌握现代汉语普通话字音的一般知识和拼写规则。
2. 正确识别容易读错的字和多音字在不同语境下的读音。
3. 考查范围：现代常用汉字的正确读音，普通话读音，多音字在具体词语（语境）中的读音，形近字、音近字、习惯性误读字的读音。
4. 考查形式：单项选择题、判断题、填空题等。

二、经典例题

1. 下列词语中加点的字，每对读音都相同的一项是（　　）。
 A. 水泥/拘泥　威慑/蹑手蹑脚
 B. 殷红/殷切　荟萃/鞠躬尽瘁
 C. 陶俑/踊跃　烘托/哄堂大笑
 D. 脊梁/贫瘠　诧异/叱咤风云

答案：C

解析：A项中"慑(shè)"和"蹑(niè)"读音不同；B项中"殷(yān)红"与"殷(yīn)切"读音不同；D项中"诧(chà)异"与"叱咤(zhà)风云"读音不同。C项中每对加点字的读音都相同。

2. 下列词语中，加点字的读音完全相同的一组是（　　）。
 A. 崎岖　顾长　畸形　出奇制胜
 B. 讥诮　俊俏　地壳　悬崖峭壁
 C. 贻误　怡然　遗失　百战不殆
 D. 隐讳　教诲　污秽　运筹帷幄

答案：B

解析：加点字读音分别如下：A. 崎(qí)、顾(qí)、畸(jī)、奇(qí)；B. 诮(qiào)、

俏（qiào）、壳（qiào）、峭（qiào）；C. 贻（yí）、怡（yí）、遗（yí）、殆（dài）；D. 讳（huì）、诲（huì）、秽（huì）、帷（wéi）。故答案为B。

3. 下列词语中加点字的读音全都不同的一组是（　　）。

A. 霹雳　譬如　穷乡僻壤　铜墙铁壁　　B. 诀窍　抉择　决一死战　完美无缺

C. 脐带　跻身　同舟共济　拥挤不堪　　D. 姣美　皎洁　狡兔三窟　心如刀绞

答案：C

解析：正确读音分别如下：A. 霹（pī）、譬（pì）、僻（pì）、壁（bì）；B. 诀（jué）、抉（jué）、决（jué）、缺（quē）；C. 脐（qí）、跻（jī）、济（jì）、挤（jǐ）；D. 姣（jiāo）、皎（jiǎo）、狡（jiǎo）、绞（jiǎo）。故正确答案为C。

4. 下列词语中加点字的读音完全正确的一组是（　　）。

A. 缜密（zhěn）　　商榷（què）　　和稀泥（huò）　　揆情度理（duó）

B. 取缔（dì）　　木讷（nè）　　档案袋（dàng）　　疾风劲草（jìn）

C. 栖息（qī）　　挟持（xiá）　　白炽灯（chì）　　戎马倥偬（zǒng）

D. 葳蕤（ruí）　　豢养（huàn）　　软着陆（zhuó）　　扣人心弦（xuán）

答案：A

解析：B项中"劲"读jìng；C项中"挟"读xié；D项中"弦"读xián。

三、学海导航

掌握语音基础知识

（一）语音常识

1. "知、蚩、诗、日、资、雌、思"等七个音节的韵母用i，即：知、蚩、诗、日、资、雌、思等字拼作zhi、chi、shi、ri、zi、ci、si。

2. 韵母儿写成er，用作韵尾的时候写成r。例如："儿童"拼作ertong，"花儿"拼作huar。

3. i行的韵母，前面没有声母的时候，写成yi（衣）、ya（呀）、ye（耶）、yao（腰）、you（优）、yan（烟）、yin（因）、yang（央）、ying（英）、yong（雍）。

u行的韵母，前面没有声母的时候，写成wu（乌）、wa（蛙）、wo（窝）、wai（歪）、wei（威）、wan（弯）、wen（温）、wang（汪）、weng（翁）。

ü行的韵母，前面没有声母的时候，写成yu（迂）、yue（约）、yuan（冤）、yun（晕）；ü上两点省略。ü行的韵母跟声母j、q、x拼的时候，写成ju（居）、qu（取）、xu（虚）、jue（觉）、que（缺）、xue（学），ü上两点也省略；但是跟声母l、n拼的时候，仍然写成lü（吕）、lüe（略）、nü（女）、nüe（虐）。

4. iou、uei、uen前面加声母的时候，写成iu、ui、un，如niu（牛）、gui（归）、lun（论）。

5. 声调符号标在音节的主要母音上或音节后，轻声不标。以a标注声调为例：阴平

ā，阳平á，上声ǎ，去声à，轻声a。

6. 有的拼音需要加注隔音符号。例如：①a、o、e 开头的音节连接在其他音节后面的时候，如果音节的界限发生混淆，用隔音符号（'）隔开，例如：pi'ao（皮袄）。②两个拼音容易发生误读的或两个相同元音属于不同词的，这两个拼音间加标隔音符号（'），例如：堤岸（dī'àn）、答案（dá'àn）。

7. 专有名词的首字母、姓氏和句首字母要大写。例如：王维（Wáng Wéi）、北京奥运会（Běijīng Àoyùnhuì）；我们是学生（Wǒmen shì xuéshēng）。

(二) 字音辨读

1. 多音字辨读。

单招考试的语音题，常考查多音字。一般是考查多音字在具体语境下的读法。常常是用该字最常用的读音代替其他读音的形式出现，故意制造错误，让考生识别；或者是让考生识别一组汉字在不同词语中的读音是否一样。解答这类题的关键是看语境（词语）。例如："提"是多音字，最常用的读音是 tí，但是在"提防"一词中，"提"读 dī；同样，"角"也是多音字，看到这个字，通常第一反应就是读"jiǎo"，但是在"角色"一词中，"角"读 jué。如果忽视多音字的语境，就容易把字音读错。

2. 形声字辨读。

汉字当中形声字的数量最多，形声字往往具有提示读音或字义的功能。或者说，很多形声字，可以从它的形符辨别其大概属性、大体含义；从声符能推测出该字的大概读音。例如："清"字，从形符"氵"可以推知，"清"最早的含义与水有关；从声符"青"可以推知"清"的读音与"青"类似。尽管如此，考生不能误认为这个规则对任何形声字都适用，因为汉字是发展变化的。在汉字漫长的发展变化历程中，字音和字义都可能发生巨大改变。在单招考试中，设题经常会利用形声字的特性，有意识考查考生是否存在"汉字读半边"的情况。例如：把"恫吓"（dòng hè）拼写成（tóng xià）。

3. 形近字辨读。

两个字的字形相似，就容易造成误读。例如："泥淖"的"淖"字，因为跟"掉"接近，很多人就误读成"diào"，它正确的读音是"nào"。这类情况属于陌生汉字被字形相近的已知汉字代替而造成的错误，当然也常包含容易"汉字读半边"的情况。例如：把"耄耋"（mào dié）误读成（máo zhì）。

4. 语体差异辨读。

不同的语体色彩，读音有可能存在差异。例如："血"在书面语中读 xuè，在口语中读 xiě。有些汉字，在普通话和方言中读音也不一样，例如：安徽六安，"六"在方言中读"lù"，而在普通话中只有"liù"音。因为单招考试不考查方言，所以这一点仅作了解即可。

5. 古今异音辨读。

有些汉字古今读音不同，例如："千乘之国"的"乘"读 shèng，不读 chéng。再如："衣裳"的"裳"，古音读 cháng，指下衣，类似裙子的服装；今音读 shang（轻声），泛指衣服。

总体而言，上述几种情况都是因脱离具体语境而造成的读音错误。考生在作答语音试题时，一定不能脱离语境、主观猜测。尤其对于一些常用汉字的读音，应该更加留意，仔细分析，防止在简单题上失分。

掌握基本答题技巧

（一）语境法

解答语音题不能离开具体语境。判断语音对错要有根据，一定要在词语（语境）内判断。特别是多音字的读音，不同词语里的汉字读音不同，务必根据具体词语进行语音判断。

（二）排除法

在单项选择题中，语音题的题干多表述为读音"全正确""全相同"或者读音"全不相同""有不同"等，这类试题建议采用排除法作答——只要发现选项中有一个字读音不符合要求，立即排除此项，以提高正确率和答题速度。

（三）直选法

作答单项选择题，如果能够直接确定某项答案是准确无误的，其他选项则不必再看，以节省时间。也就是说，如果看完 A 选项，即能肯定 A 选项就是正确答案，那么剩余的 B、C、D 选项均不需要再看。如果从 A 看到 B，确定 B 选项是正确的，那么剩余的 C、D 选项不需要再看。个别考生可能扫视四个选项后，很快就能找出正确选项，在这种情况下，也不需要一一研读每个选项中的字音。

（四）迁移法

当拿不准某个多音字或形声字的读音时，可以给该字组词，组一个熟悉的词语，再用此熟悉的词语与试题中的词语作类比，从而进行知识迁移，帮助判断。

（五）特殊法

遇到一两个不认识的生僻字，在实在拿不准的情况下，不妨当作正确读音处理。因为考查重点一般不会在生、怪、偏、难的字上，反倒在常用字上，所以建议在多音字、形似字等上面多加考虑。

四、模拟练习

1. 下列各项中加点字注音全部正确的一项是（　　）。
   A. 媲美（pì）　　龟裂（guī）　　机械（xiè）　　湍急（tuān）
   B. 包庇（bì）　　抓阄（jiū）　　人参（shēn）　　羸弱（léi）
   C. 混淆（yáo）　　出差（chāi）　　酗酒（xù）　　荼毒（tú）
   D. 专横（hèng）　　造诣（zhǐ）　　狭隘（ài）　　堤坝（dī）

2. 下列各项中加点字注音全正确的一项是（　　）。
   A. 灼伤（zhuó）　　分泌（mì）　　花卉（huì）　　遏制（è）
   B. 摄取（shè）　　白垩（è）　　地壳（ké）　　栖息（qī）
   C. 翕张（xī）　　深邃（suì）　　清冽（lì）　　藻荇（xìng）

D. 阜平（fù）　　虬龙（qiú）　　衣袂（quē）　　海豚（tún）

3. 下列各项中加点字注音全正确的一项是（　　）。

A. 哂笑（xī）　　恐吓（hè）　　彳亍（chǔ）　　剔除（tī）

B. 呜咽（yè）　　嗔视（chēn）　　应和（hè）　　狭隘（ài）

C. 自诩（xǔ）　　字帖（tiē）　　睿智（ruì）　　迂腐（yū）

D. 斟酌（zhuó）　　暂时（zàn）　　阔绰（chuò）　　亘古（héng）

4. 下列词语中加点字的读音全都不相同的一组是（　　）。

A. 供给　　供职　　拱手听命　　供认不讳

B. 唠叨　　烙饼　　捞取暴利　　旱涝保收

C. 着凉　　走着　　没着儿了　　不着边际

D. 痉挛　　粳米　　不胫而走　　泾渭分明

5. 下列各项中加点字注音全对的一项是（　　）。

A. 眷写（yù）　　冗长（rǒng）　　闭塞（sāi）　　戛然而止（jiá）

B. 辐射（fú）　　惬意（qiè）　　璀璨（càn）　　叱咤风云（chà）

C. 嗔视（chēn）　　凛冽（lǐn）　　羸弱（léi）　　快快不乐（yàng）

D. 乙醚（mǐ）　　虫豸（zhì）　　滇池（diān）　　孜孜不倦（zī）

6. 下列词语中加点字的注音完全正确的一项是（　　）。

A. 电荷（hè）　　对峙（chì）　　义愤填膺（yīng）　　各抒己见（shū）

B. 娴熟（xián）　　休憩（qì）　　揠苗助长（yà）　　根深蒂固（dì）

C. 秀颀（qí）　　关隘（yì）　　锲而不舍（qiè）　　溯本求源（shuò）

D. 褴褛（lǔ）　　蹊跷（qī）　　韬光养晦（tāo）　　贻笑大方（yí）

7. 下列词语中加点字的读音完全正确的一项是（　　）。

A. 捕获（pǔ）　　单薄（bó）　　情不自禁（jìn）　　疮痍满目（chuāng）

B. 翘首（qiáo）　　脂肪（zhǐ）　　横槊赋诗（shuò）　　垂涎欲滴（xián）

C. 诘责（jié）　　鸟瞰（kàn）　　谆谆教诲（zhūn）　　蓬头垢面（péng）

D. 狎昵（jiǎ）　　机械（jiè）　　惩恶扬善（chéng）　　趋之若鹜（wù）

8. 下列词语中加点字的读音完全正确的一项是（　　）。

A. 哺育（fǔ）　　笨拙（zhuō）　　惩前毖后（chéng）　　文质彬彬（bīn）

B. 狭隘（yì）　　粗犷（guǎng）　　茅塞顿开（sè）　　踽踽不前（chú）

C. 游弋（yì）　　淡薄（bó）　　自给自足（jǐ）　　荦荦大端（luò）

D. 绮丽（qǐ）　　蓓蕾（léi）　　忍俊不禁（jīn）　　怙恶不悛（jùn）

9. 下列加点字的读音全部正确的一项是（　　）。

A. 蹒跚（pán）　　溃退（kuì）　　和睦（mò）　　正襟危坐（jīn）

B. 遒劲（qiú）　　丘壑（hè）　　黏土（lián）　　深恶痛疾（wù）
C. 窒息（zhì）　　秀颀（qí）　　俯瞰（gǎn）　　密密匝匝（zā）
D. 雕镂（lòu）　　琐屑（xiè）　　畸形（jī）　　殚精竭虑（dān）

10. 下列词语中加点的字，每对读音都不相同的一项是（　　）。
A. 湛蓝/斟酌　　崛起/倔脾气　　提防/醍醐灌顶
B. 跻身/犄角　　女红/彩虹桥　　沟壑/豁然开朗
C. 毛坯/胚芽　　蒜薹/跆拳道　　拙劣/咄咄逼人
D. 劲敌/浸渍　　咆哮/酵母菌　　着陆/着手成春

第二节　字　形

一、考纲解读

1. 掌握常用汉字的音、形、义，不出现错字、别字。
2. 正确辨析词语或句子（语境）中的汉字，能够找出错别字。
3. 规范书写汉字，不写错字、别字、已淘汰的异体字和不规范的简化字、连笔字。
4. 考查形式：以单项选择题为主，填空题、阅读理解题、写作题也有可能涉及。

二、经典例题

1. 下列词语中，没有错别字的一组是（　　）。
A. 碾轧　储存　沾亲　娇嗔　　B. 短暂　粗糙　震颤　推搡
C. 帐帐　帮腔　嘟囔　磨蹭　　D. 慷慨　辨别　怜悯　凛冽

答案： B

解析： A项中"嗔"应为"嗔"；C项中"帐"应为"怅"；D项中"慨"应为"慨"。

2. 下列各组词语中有错别字的一项是（　　）。
A. 迫不及待　世外桃源　再接再厉　川流不息
B. 记忆犹新　按部就班　人声鼎沸　处心积虑
C. 铤而走险　谈笑风生　义不容辞　鞠躬尽瘁
D. 貌和神离　永往直前　歪风斜气　英雄辈出

答案： D

解析：D项中"和"应为"合"；"永"应为"勇"，"斜"应为"邪"。

3. 下列各组词语中，只有一个错别字的一组是（　　）。
A. 暴殄天物　不径而走　责无旁怠　变本加厉
B. 防微杜渐　励精图治　铤而走险　讴心沥血
C. 仗义执言　怨天忧人　赎于职守　自惭形秽
D. 一愁莫展　相形见拙　名符其实　循循善诱

答案：B

解析：A项中"径"应为"胫"，"怠"应为"贷"，有两个错别字；B项中"讴"应为"呕"，只有一个错别字；C项中"忧"应为"尤"，"赎"应为"渎"，有两个错别字；D项中"愁"应为"筹"，"拙"应为"绌"，"符"应为"副"，有三个错别字。

4. 下列句子中没有错别字的一项是（　　）。
A. 这里看不到什么东西，和前几天令人毛骨耸然的单调没有什么任何区别。
B. 三大战役胜利结束后，人民解放军直指江南，千里长驱，锐不可挡。
C. 他们对这位文坛泰斗额首低眉，内心的期望扩大到诚惶诚恐的地步。
D. 你讲的话很有道理，不愧为法律界的中流底柱。

答案：C

解析：A项中"耸"，应为"悚"；B项中"挡"应为"当"；D项中"底"应该为"砥"。

三、学海导航

掌握汉字相关知识

（一）造字法

所谓造字法就是最初造字的方法。现在人们所说的造字法的概念来自东汉许慎的《说文解字》，也被称为"六书"。即象形、指事、会意、形声、转注和假借。前四种公认为是造字法，后两种"转注"和"假借"因不产生新字，也被有些人认为是用字法。

1. 象形字。

象形者，画成其物，随体诘诎，日月是也。例如：日、月、山、水、牛、羊。象形字分为描画轮廓或描绘特征两类，前者如日、月、山、水；后者如牛、羊。

2. 指事字。

指事者，视而可识，察而见意，上下是也。例如：一、二、三、上、下、本、末、刃、旦、出。指事字分为两类：一类是纯粹指示性符号表示抽象事物，例如：一、二、三、上、下；另一类是在象形字基础上加指示性符号，例如：本、末、寸、刃、出、亦、旦。

3. 会意字。

会意者，比类合谊，以见指挥，武信是也。例如：炎、林、众、明、休、采。会意字分为两类：一类是同体会意，例如：炎、焱、林、森、从、众；另一类是异体会意，例如：美、明、休、牢、囚、苗、炙、采。

4. 形声字。

形声者，以事为名，取譬相成，江河是也。例如：苦、竿、忠、盒、呼、蚊、功、战、闷、辩、阁、固。按照形声字的形旁和声旁组合方式，可以具体分为以下几种：①上形下声：苦、竿；②上声下形：忠、盒；③左形右声：呼、蚊；④左声右形：功、战；⑤内形外声：闷、辩；⑥内声外形：阁、固；⑦特殊结构：旗、修。

5. 转注字。

转注者，建类一首，同意相受，考老是也。同意相受，指几个部首相同的同意字可以互相解释。例如：考、老；顶、颠；理、琢三组字，"老"和"考"同意相受；"顶"和"颠"同意相受；"理"和"琢"同意相受。

6. 假借字。

假借者，本无其字，依声托事，令长是也。令、长、而、须、我、来等为了表达的需要，在不另造新字的情况下借用旧字来充当新义，就称为"假借"。

（二）汉字特点

1. 汉字是记录汉语的符号，属于表意体系的文字。

汉字是用来记录汉语的符号，是表意体系的文字。很多汉字，我们可以根据字形推断其大概含义。

2. 汉字是世界上历史最悠久的文字之一。

汉字历史悠久，具有非常强大的生命力，是至今仍在使用的古老文字之一。这一点与汉字自身的结构特点有直接关系。

3. 汉字是音形义结合体，结构相对稳定。

汉字是平面型方块体文字，形、音、义之间存在一定的理据，在记录语言时不连写。可以根据汉字的结构特点，推断该汉字在具体语境中是否书写正确。例如："湖"，从字形上，能够推断它的含义与水有关系。如果将这个字跟"江、河、海"等字连在一起，形成"江河湖海"，就能判断这个字跟"江、河、海"有相似点，或者隶属一类。假如写成"江河糊海"的话，人们一眼就能看出"糊"是错别字。

4. 汉字数量繁多，生命力强。

形声造字法，构字能力非常强，是汉字发展的重要基础。形声字尽管数量多，但是可以根据其构字原理，进行分析，将其系统化。例如：表示心理活动的字，一般都用"心"字作为偏旁，如"怡、怕、忧"等。反过来，带有"心"字旁的汉字又因为能够归结到"心"部，所以就具有了系统性。

掌握基本答题技巧

（一）利用字义辨析

例如："阴谋诡计"不能写成"阴谋鬼计"。"诡"是欺诈、奸滑的意思，和"阴"对应，都是见不得阳光、不正当的，具有贬义色彩。与迷信的人所说的"鬼"没有关系。知道了字义，就可以避免写错别字了。

（二）利用构词对称性辨析

1. 字义相同或相近。

例如:"珠联璧合"不能写成"珠联壁合"。"珠联璧合"是指珍珠串在一起,美玉合在一起,比喻美好的人或事物凑在一起。"珠"和"璧"应是同类或差不多的东西,都是与玉石有关的宝贝,二者在词义上相对应。而"壁"是土字旁,是墙壁,显然从对称性上看,用"壁"是错误的。

2. 偏旁相同。

因为汉字以形声字数量最多,形符通常表示字义,或者说大概类属,所以,很多词语可以根据已知的一个汉字的形符,来推测与之对称的另一个字的形符,也就是通常所说的"偏旁"。再说上例的"珠联璧合"一词,"珠"的偏旁是斜玉旁,跟"玉"有关,所以单从偏旁角度,也要选择与之有相同偏旁的"璧",而不能选择"壁"。

3. 结构对称。

汉语词语有很多是利用汉字同义或反义来构成的,或者说利用词性一致来构成的。例如:"惹是生非"一词,如果掌握了"是"和"非"是一对反义词,那么就很容易判断"惹事生非"是错误的了。再如"诚惶诚恐"一词,"惶"和"恐"都是动词,都是恐惧的意思,如果写成了"诚谎诚恐",显然词性上就不对称了。

(三)利用字音辨析

有时候字音对辨析字形也有帮助。例如:"赝品"常被误写成"膺品"。"赝"读 yàn,而"膺"读 yīng,二者在读音上有明显差别。如果考生能准确掌握字音,读词语时就能在第一时间识别出错别字。通过字音辨形,要求考生普通话基础好,汉字发音准确。音同或音近的汉字,辨别难度大,更应该认真辨别。

(四)利用典故辨析

汉语词语,特别是成语、熟语等,有很多是有典故的。借助词语背后的故事,可以帮助考生对字形进行判断。例如:"完璧归赵"一词就有典故。完璧归赵说的是战国时期赵国的蔺相如在秦王没有诚意用城池换取赵国国宝和氏璧的情况下,蔺相如见机行事,将和氏璧完好无损带回赵国的故事。知道了典故的内容,就不会将"璧"错写成"壁"了,因为和氏璧是玉器,是带有"玉"字偏旁的。

(五)利用具体语境辨析

根据具体语境来判断,是最基本的一个辨析原则。特别是对同音字而言,尤为重要。例如:"耗费工力",不能误写成"耗费功力",更不能写成"耗费功利"。因为"耗费工力"指耗费工夫和力量,也就是完成某项工作需要的人力。而"功力"有"功效"的意思;"功利"则是指功效和利益,或者功名利禄,显然与"耗费"搭配就更不妥当了。

四、模拟练习

1. 下列词语没有错别字的一项是(　　)。
A. 恍惚　矜持　金碧辉煌　措手不及
B. 震慑　狼藉　按步就班　司空见惯
C. 漫骂　憔悴　凶神恶煞　一泻千里
D. 蜕变　挑衅　记忆尤新　眼花缭乱

2. 下列选项中有两个错别字的一项是（　　）。
A. 农谚　怅然　蛛丝马绩　抑扬顿挫
B. 寒噤　霹雳　涣然一新　腐草为莹
C. 苍桑　褪色　拈轻怕重　杳无音信
D. 迁徙　坠毁　绵延幽长　深恶痛疾

3. 下列词语书写完全正确的一项是（　　）。
A. 风流倜傥　博学多才　来势汹汹　弥天大罪
B. 人声鼎沸　参差不齐　尽态极妍　面面相觑
C. 坚难险阻　鞠躬尽瘁　大彻大悟　千里昭昭
D. 牵强附会　杂乱无张　高山之巅　哗众取宠

4. 下列各组词语中有错别字的一项是（　　）。
A. 语重心长　专心致志　养尊处优　座无虚席
B. 不计其数　功无不克　行善积德　轰堂大笑
C. 蜂拥而至　肃然起敬　和睦相处　死得其所
D. 轻于鸿毛　五湖四海　精兵简政　千钧一发

5. 下列词语中没有错别字的一项是（　　）。
A. 污秽　叱咤风云　博击　气冲斗牛
B. 祈祷　懊诲不已　怪诞　回环曲折
C. 旌旗　参差不齐　撺掇　大彻大悟
D. 羁拌　迥乎不同　蓦然　相得益彰

6. 下列各项中的词语书写有误的一项是（　　）。
A. 争奇斗艳　聪明伶俐　左顾右盼　无可言喻
B. 忧哉游哉　无济于事　束手无策　混崤黑白
C. 寡不敌众　祸国殃民　不胜其烦　萍水相逢
D. 光怪陆离　小心翼翼　局促不安　苦思冥想

7. 下列词语书写全部正确一项是（　　）。
A. 祸起萧墙　略见一班　精卫填海　家喻户晓
B. 九曲连环　一泻千里　锋芒必露　义愤填膺
C. 桀骜不驯　挺而走险　炯炯有神　博学多识
D. 戒骄戒燥　功亏一篑　惹人注目　呕心沥血

8. 下列词语中书写有误的一项是（　　）。
A. 当之无愧　石破天惊　觥筹交错　翻云覆雨
B. 慷慨以赴　迫不及待　反败为胜　繁文缛节
C. 姗姗来迟　叹为观止　略胜一筹　长篇累椟
D. 无坚不摧　休戚相关　肃穆庄严　循循善诱

9. 下列词语中没有错别字的一项是（　　）。
A. 多姿多彩　心旷神怡　转弯抹角　消声匿迹
B. 明辨是非　川流不息　迫不及待　阴谋鬼计
C. 为虎作伥　遮天蔽日　鳞次栉比　张皇失措
D. 变换莫测　流连忘返　幅员辽阔　谈笑风生

10. 下列词语书写全部正确的一项是（   ）。
A. 怪诞 轻捷 一泄万丈 家喻户晓
B. 贿赂 污秽 千锤百炼 文以载道
C. 殉职 疲倦 一拍即合 循私舞弊
D. 屏障 惊悸 高瞻远嘱 讴心沥血

第三节　词　　语

一、考纲解读

1. 正确识读、理解和应用常用词语，包括实词、虚词。成语是历年的必考项。
2. 能够结合具体语境，甄别、比较、选用最恰当的词语。
3. 考查形式：单项选择题、填空题、判断题、阅读理解题、写作题。其中以单项选择题最多见，有关词汇量大小的考查，主要涉及写作题。如果考生词汇量丰富，作文辞采出众，一般得分会高。

二、经典例题

1. 依次填入下列横线处的词语，最恰当的一项是（   ）。
①这次新高考大讨论，受到了社会各界的普遍关注,稿件之多,范围之广,_____之强烈出乎意料。
②上级领导在会议上强调，要重视秋冬季森林防火工作，一旦发现火情，就要及时处置，严防_____。
③这几年虽然很艰难,但付出_____没有白费,经过刻苦的学习和长期的实践,我拿下了全国技能考核大赛一等奖的好成绩。

　　A. 反映 曼延 总算　　　　　　B. 反应 蔓延 总算
　　C. 反映 蔓延 终于　　　　　　D. 反应 曼延 终于
答案：B
解析：①反应，指事情所引起的意见、态度或行动。②火势应该用"蔓延"；沙漠、思想等应该用"曼延"。③前面的句子有"虽然"，后面的句子应该用"总算"。故正确答案为B。

2. 下列加点词语使用错误的一项是（   ）。
A. 厦门双子塔大楼傍晚时分美轮美奂，十分壮观。

B. 说过他很多次了，但他写作文还是文不加点，卷面混乱。

C. 夫妻之间应该相敬如宾，互相尊重。

D. 张明把捡到的一万元钱还给了失主，这种拾金不昧的品质值得我们学习。

答案：B

解析：B项中"文不加点"形容写文章很快，不用涂改就写成，不是说文章不加标点。其余选项中的成语使用正确。

3. 依次填入下文横线处的关联词语，最恰当的一项是（　　）。

要享受读书的乐趣，就得思考。_____通过思考，你_____获得知识，为认识真理_____兴奋，为解决疑难而激动，真正体会到创造的愉快，因而感到愈读愈有味道。

A. 只有　才能　而　　　　　　B. 只要　才能　而
C. 只有　也能　却　　　　　　D. 只要　也能　却

答案：A

解析："只有……才（才能）……"为条件状语从句，符合语义；"……而……"，在句中起顺承作用，"却"表示转折关系。选择"而"，该句"为认识真理而兴奋"与"为解决疑难而激动"形成对应，语气连贯。

4. 根据下面这段话的意思，依次填写正确的一组词语是（　　）。

在我国浩如烟海的词语中，有许多与"牛"相关的熟语，如"_____"可以用来形容藏书或著述丰富；用"_____"来形容技艺已达到十分纯熟的地步；我们还可以用"_____"来泛指在某一方面居领导地位；用"_____"来比喻事物彼此毫不相干。

①目无全牛　②汗牛充栋　③执牛耳　④风马牛不相及

A. ②①③④　　　B. ①③④②　　　C. ②③④①　　　D. ①②③④

答案：A

解析："汗牛充栋"形容藏书多；"目无全牛"表示技艺纯熟；"执牛耳"泛指在某一方面居于领导地位；"风马牛不相及"比喻事物彼此毫不相干。

三、学海导航

掌握词语基本知识

按照不同标准，词语可以划分为不同类别。

1. 按照词的构成方式划分，可以分为单纯词和合成词。单纯词如山、葡萄等。合成词如微笑、家园等。

2. 按照语法功能划分，可以分为实词和虚词。实词包括名词、动词、形容词、数词、量词、代词；虚词包括副词、介词、连词、助词、感叹词、拟声词等。

3. 按照词的感情色彩划分，可以分为褒义词、中性词和贬义词。褒义词如高尚、美好、廉洁等；中性词如结果、变化、普通等。贬义词如虚伪、恶劣、贪婪等。带有感情色彩的词语要注意恰当应用，否则就会出现语病。但在特殊情况下，褒义词贬用或贬义词褒用，可增强感情色彩，形成反语。

4. 按照语体色彩划分，可以分为书面语和口语。书面语如逝世、诞辰等；口语如死、生日等。还可以分为文学语体和专业术语等。文学语体如踌躇、笃诚等；专业术语如一氧化碳（煤气）、氯化钠（食盐）等。

5. 按照音节数量划分，可以分为单音节词和多音节词。单音节词如走、跑、花、草等；多音节词中双音节词最多，如竞走、奔跑、梅花、小草等。三音节词如蛋白质、胆固醇等；四音节词如魑魅魍魉、崇山峻岭等。

6. 按照词义的多少划分，可以分为单义词和多义词。单义词只表示一个意义，如课本、医生等。多义词同时存在着互相联系的几个不同意义，如走后门（本义与引申义差异很大）等。现代汉语中多义词的数量巨大。

7. 按照词义对比角度划分，可以分为近义词和反义词。

近义词指词义相同或相近的词。如"安置"与"安排"是近义词；"鉴别"与"辨别"是近义词。反义词指词义相反或相对的词。如"火热"与"冰冷"是反义词；"正确"与"错误"是反义词。

8. 词语按照结构特点及习惯用法分类，还可以分为普通词语和熟语。熟语又包括成语、惯用语、歇后语、谚语、格言等。

成语有固定的结构形式和固定的说法，表示一定的意义，在语句中是作为一个整体来应用的。成语有很大一部分是从古代相承沿用下来的，在用词方面往往不同于现代汉语。其中96%的成语为四字格式，也有三字、五字、六字、七字以上的成语。成语是汉文化的一大特色，是历年单招考试的高频考点。

惯用语是一种习用的固定的词组，既有三音节为主的固定格式，又有比较灵活的结构和强烈的修辞色彩。它通过比喻等方法而获得修辞转义。例如：穿小鞋、背黑锅等。

歇后语是汉语的一种特殊语言形式。它一般将一句话分成两部分来表达某个含义，前一部分是隐喻或比喻，后一部分是意义的解释。在一定的语言环境中，通常说出前半截，"歇"去后半截，就可以领会和猜想出它的本意，所以称它为歇后语。例如：哑巴吃黄连——有苦说不出。

谚语是广泛流传于民间的言简意赅的短语。多数谚语反映了劳动人民的生活实践经验，而且一般是经过口头传下来的。它多是口语形式的通俗易懂的短句或韵语。例如：冬吃萝卜夏吃姜，不用医生开药方。

格言是作为人们行为规范的言简意赅的语句。例如：己所不欲，勿施于人。

重点掌握词语中的成语

成语是历年单招考试的重点，且考查角度多，考试题型丰富，故将成语单列出来介绍。

（一）考查范围

以四字成语为主。一般考查的是常用成语，偏、难、怪、生等成语很少考查。

（二）考查形式

成语通常放在具体语境中考查。成语的词义、词性、感情色彩、语法搭配、形成来源，甚至背后文化等都是考查重点。题型涉及单项选择题、填空题、判断题、阅读理解题，甚至涉及写作题。写作中如果能够恰当运用成语，会增添文采，提高分数。具体设题经常是下面的形式：分析成语在句子中的运用是否恰当（选择题或判断题）；选择恰当的成语填入句子中（填空题或选择题）；辨别成语中某个字的字音是否正确（字音题）；辨别成语中是否有错别字（字形题）；说明成语的含义或来源（填空题或选择题）；理解成语在文章中的作用或用成语归纳某句话或某个故事（阅读理解题）。

（三）因题而异，各有侧重

考查侧重点不同，选项中的成语呈现的特点也不同。"成语运用是否正确"类的题，设题主要选择词义容易误解、词性容易弄混、感情色彩可能被忽视、与其他句子成分搭配容易失当等类型的常用成语；"字音是否正确"类的题，主要选择易读错的成语，有可能包含了多音字的成语；"字形是否正确"类的题，主要选择包含了容易混淆的相似字，或者笔画较多、书写容易出错的字的成语。"病句"类的题，多选用语法、逻辑、感情色彩、实施对象等容易出错的成语，或者容易望文生义或肢解词义的成语。阅读理解题，可能会考查成语的形成来源，如来源于诗词、典故、名人名言等；或者考查成语背后的文化知识，如"七月流火"，除了要求考生正确理解该成语的含义，还要了解这个成语的来源，以及相关的天文、气象知识等。写作题对成语没有明确要求，属于隐性考查。但是成语掌握得多少，会影响写作的水平，影响分数的高低。

了解成语结构，掌握成语特点

成语结构，简单来说就是成语的构造。通常指构成成语的各个字是以何种方式进行组合、搭配的，它们之间又形成何种语法关系。

（一）按照结构形式划分

按照结构形式划分，成语可以分为主谓式、偏正式、并列式、承接式等多种类型，以下是举例说明：

1. 主谓式：盛气凌人、杞人忧天、胸有成竹、愚公移山。
2. 联合主谓式：水落石出、草长莺飞、莺歌燕舞、手舞足蹈。
3. 联合动宾式：养精蓄锐、防微杜渐、提心吊胆、破釜沉舟。
4. 联合名词式：粗心大意、南辕北辙、镜花水月、青山绿水。
5. 联合动词式：突飞猛进、勇往直前、深谋远虑、奋起直追。
6. 动补式：逍遥法外、爱不释手、心乱如麻、重于泰山。
7. 并列式：千山万水、喜怒哀乐、吹拉弹唱、琴棋书画。
8. 偏正式：倾盆大雨、窈窕淑女、害群之马、跳梁小丑。
9. 承接式：见异思迁、先斩后奏、登堂入室、得寸进尺。
10. 因果式：水滴石穿、水落石出、唇亡齿寒、积少成多。

（二）按照外在表现形式划分

按照外在表现形式划分，成语可以分为 ABCD 型，如五光十色；AABB 型，如和和美美；AABC 型，如津津有味；ABCA 型。如微乎其微。

（三）按照修辞角度划分

按照修辞角度划分，成语可以划分为一般成语和含有修辞手法的成语。例如："山高水长""大材小用""众所周知""有始有终"等都属于一般成语，不包含修辞手法；而"呆若木鸡""轻如鸿毛""繁花似锦""如花似玉"等都是带有比喻修辞手法的成语。需要说明的是，很多成语在构词上没有使用修辞手法，但是有加强表达效果的作用。如"一知半解"就包含了贬义色彩，流露出说话者不赞成的态度。

<h3 style="text-align:center">掌握基本答题技巧</h3>

1. 单项选择试题，要善用排除法。排除一两个选项，将会大大提高答案的正确率。

2. 找准突破点，从有把握的词语入手。最先选择简单、熟悉的词语进行分析，确定合理的答题顺序。避免长时间陷入生僻词语的斟酌、选择上面，该跳过的词语就跳过。

3. 比较近义词的试题，最简单的方法是"留同析异"，找准两个词语的不同点，快速了解差异，得出结果。比较分析时，除了词义，还要考虑词性、语法功能、感情色彩、语体色彩、谦辞敬辞、事理逻辑、搭配习惯等。

4. 对于"选择恰当词语"一类的试题，答题一定要结合语境进行分析，做到词不离句、句不离段。

5. 有关成语的试题，可以从词义、结构、语法功能、感情色彩以及与其他成分搭配等角度进行思考，避免望文生义、脱离上下文语境等情况。对于不熟悉的成语，可以从上下文找关联信息，提高判断准确率。越是看起来简单的成语，越需要提高警惕，防止被误导。

6. 学会知识迁移，科学推理判断。遇到生僻词语，可以选择与之相似或相近的熟悉词语进行对比，从而找到解题思路。

7. 注重细节描述，善于从题干中找线索，或者从选项里找启发。例如：有的题干会说明词语的性质、特点，是选择成语、熟语，还是关联词等。有针对性地找答案会节约答题时间。

8. 不能忽略语感，语感很重要。当实在拿不准哪个词语是正确答案时，相信第一感觉，从语感上进行判断。例如：单音节词和双音节词，或者一般词语和成语，它们的大概含义差不多，但语音语感上会有不同，考生在没有确切把握的情况下，可以凭借自己的语感迅速作出判断，因为语感来源于语言习惯，是语言应用的真实表现。

四、模拟练习

1. 依次填入下列各句横线处的词语，最恰当的一组是（　　）。

①经过三轮综合治理，学校食堂浪费粮食的现象终于得到了_____。

②少数不法商人以次充好，用假货来_____利益，是法律所不允许的。

③网络信息安全的问题引起了人大代表和政协委员的_____，他们将在"两会"上提出提案，以便更好地解决。

A. 遏止　谋取　关注　　　　B. 遏制　谋取　关心

C. 遏止　牟取　关心　　　　　　　D. 遏制　牟取　关注

2. 依次填入下列各句横线处的词语，最恰当的一组是（　　）。

①随着社会的发展，_____教育的理念越来越被大众认可。

②分别三十多年后，老同学再相聚时，我已经很难_____出他曾是我小学时的同桌了。

③杭州生产的绿茶久负盛名，要仔细_____才能领略到它的妙处。

A. 终身　辨认　品尝　　　　　　B. 终身　辨别　品评

C. 终生　辨别　品尝　　　　　　D. 终生　辨认　品评

3. 下列句子中，加点的成语使用不恰当的一项是（　　）。

A. 有些人一旦拥有了名利，就变得患得患失，不愿再冒风险放手一搏。

B. 2008年北京奥运会成功举办，2010年上海世博会隆重开幕，中国人的自豪感在与日俱增。

C. 听完演讲后，春江由衷地说："李老师的这番演讲抛砖引玉，我们受益匪浅。"

D. 在广州读书的美籍华裔留学生爱德华，正津津乐道地谈论着中式英语的是与非。

4. 下列各句中的加点词语使用正确的一项是（　　）。

A. 张涛和杨斌兄弟俩是发小，一块长大，一块上学，两小无猜。

B. 自然科学领域中有许多鸡鸣狗盗的神秘现象，正等待着科学家们去破解。

C. 打鱼老人在危急时刻用鱼叉扎住了鲨鱼，真是初生牛犊不怕虎。

D. 在全球经济一体化的今天，与国际接轨是一个自强不息的民族的必然选择。

5. 下列句子中加点的成语使用正确的一项是（　　）。

A. 刚学厨师的小王炒菜忘记了放盐和佐料，这菜吃起来让我们觉得味同嚼蜡。

B. 晚自习课上，老师又教了我们一种思路，重蹈覆辙地将这道题做了一遍。

C. 同学们要把叶子拿到显微镜下去认真观察，袖手旁观是不能得到知识的。

D. 李琪同学经常为孤寡老人做好事，他的事迹真是罄竹难书。

6. 下列加点的成语使用不正确的一项是（　　）。

A. 某些电商平台，很多货物质量良莠不齐，维权难度大，成为网民诟病的主要根源。

B. 同学们运动会结束后在一起聚餐，享受天伦之乐。

C. 圆明园流失的文物鼠首和兔首铜像在国外被公然拍卖，听到消息的都义愤填膺。

D. 这篇小说短小精悍，但意味深长。它批判了官场上的卖官鬻爵、贪污受贿现象。

7. 下列句子中加点的成语使用不恰当的一项是（　　）。

A. 贵州以得天独厚的旅游资源，吸引着国内外的旅游者。

B. 那场突如其来的强烈地震，摧毁了原本祥和安宁的玉树小城。

C. 这部家庭伦理小说情节跌宕起伏，抑扬顿挫，具有很强的感染力。

D. 看电视是游览观光最经济、最省事的途径，我们足不出户，便可以大饱眼福。

8. 下列句中加点词语，用括号内的词语替换后，句意改变的一项是（　　）。

A. 小木匠花一年时间制作出的微观木雕"清明上河图"，精巧绝伦，让人叹为观

止。（别出心裁）

B. 这个小家伙"玲珑剔透"，浑身透着聪明劲儿！（聪明伶俐）

C. 放弃绿水青山而追求短期经济效益的行为简直就是舍本逐末的做法，因为没有良好的生态环境，再好的经济效益也无法享用。（取长补短）

D. 诺大的一个厂子，被一场大火化为乌有，怎么不让人伤心呢？（付诸东流）

9. 填入下列句子中横线处的关联词，恰当的一组是（　　）。

英国诗人华兹华斯说："一个诗人_____创造作品，_____创造能欣赏那种作品的趣味。"

  A. 只有　才能　　　　　　　　B. 不仅要　还要
  C. 如果　就　　　　　　　　　D. 因为　所以

10. 下列词语依次填入横线处最恰当的一项是（　　）。

_____读一读《战国策·赵策》_____知道当赵武灵王发布了胡服骑射的命令以后，他立即遭遇来自赵国贵族官僚方面的普遍反抗。赵武灵王击败了那些顽固分子的反抗，_____使他们脱下了那套用以标志他们身份的祖传的宽大的衣服，_____把过了时的笨重的战车扔到历史的垃圾堆里去。

  A. 只有　才　终于　而且　　　　B. 只要　就　终于　并且
  C. 只要　就　以致　同时　　　　D. 只有　才　以致　并且

第四节　标点符号

一、考纲解读

1. 掌握标点符号的基本用法，了解标点符号的作用。
2. 正确选择和使用标点符号。
3. 正确判断和修改句子中使用不当的标点符号。
4. 考查形式：单项选择题、阅读理解题（给一段话填入正确的标点符号）。写作题也要求正确使用标点符号，避免不加标点或者"一逗到底"的情况。

二、经典例题

1. 下列句子中标点符号使用正确的一句是（　　）。

A."豆蔻年华"指女孩子十三、四岁，所以不能用它来形容男孩子。

B.《论〈人生〉的表现手法》一文，我已经看过了，感觉写得还是蛮不错的。

C. 他在联欢会上唱了好几首老歌，有《送金匾》《一条大河》《党啊，我亲爱的妈妈》等等……

D. 桃花开了，红得像火；梨花开了，白得像雪；郁金香也开了，黄色、紫色交相辉映，好一派万紫千红的灿烂春光。

答案： B

解析： A项中十三四岁表示概数，三和四之间的顿号应去掉；C项中"等等"与省略号，二者只能选择一个。D项中"交相辉映"后面的逗号应改为省略号，因为万紫千红表示有很多种颜色，句子里只说了桃花、梨花、郁金香，还有其他的花没有说完，所以应该把"交相辉映"后面的逗号改为省略号；句末的句号应改为感叹号。

2. 下列句子中的标点符号使用不正确的一项是（　　）。

A. "中国梦"的实现，需要每个中华儿女的共同努力与大义担当。

B. 有位哲人说过：这个世界上，最重要的就是阳光、空气、水和笑容。

C. 给成功者一个微笑，那是赞赏；给失败者一个微笑，那是鼓励。

D. 在挫折与磨难面前，你是做畏缩逃避的懦夫？还是做奋起搏击的勇士。

答案： D

解析： D项中"是……还是……"是选择问句，第一个问号改为逗号，后面的句号改为问号。

3. 下列句子中的破折号表示解释说明的一项是（　　）。

A. "卖——西瓜啦，又大又甜的西瓜！"

B. 每年遇到灾荒——特别是水灾、旱灾的时候，哄抢粮食的行为就非常容易发生。

C. "唱得真好。——你为什么这样胆大，不怕他？"

D. 大家一致认为这次联欢晚会，歌——好听，舞——优美，小品——逗乐。

答案： D

解析： A项中破折号表示声音延长；B项中破折号表示意思递进；C项中破折号起到转移话题的作用。

4. 下面这段文字中标点符号的用法有误的一项是（　　）。

《老子》和《庄子》中都有老百姓"结绳而用"的记载，《易经·系辞下》和《说文解字·续》也有《结绳而治》《结绳为治》的话，可见上古社会结绳既用于记事，也用于管理。《周易正义》引郑玄注云："事大，大结其绳；事小，小结其绳。"

A.《老子》和《庄子》

B.《易经·系辞下》和《说文解字·续》

C.《结绳而治》《结绳为治》

D.《周易正义》

答案： C

解析： C项中两个书名号都要改成双引号，是引用典籍中的话。A项都是书名，使用正确；B项指出了书里面的章节，用间隔号隔开，也都正确。D项也是书名。唐代孔颖达奉太宗命主编《五经正义》，首即《周易正义》。

三、学海导航

掌握标点符号基本知识

标点符号分为标号、点号两大类。标号表示书面语言里词语的性质或作用；点号表示口语中不同长短的停顿。（注：数学符号、货币符号、校勘符号、辞书符号、注音符号等特殊领域的专门符号不属于标点符号）

（一）句号（。）

句末点号的一种，主要表示句子的陈述语气。

1. 用于陈述句的末尾。

例：中华民族是一个古老的民族。

2. 用于语气舒缓的祈使句末尾。

例：我还没有做完活儿，你们先走一步吧。

句号还有一种形式，即一个小圆点".",一般在科技文献中使用。

（二）逗号（，）

句内点号的一种，表示句子或语段内部的一般性停顿。

1. 句子内部主语与谓语之间如需停顿，用逗号。

例：雷锋精神，实质和核心是全心全意为人民服务以及为了人民的事业无私奉献。

2. 句子内部动词与宾语之间如需停顿，用逗号。

例：你应该知道，网络不是法外之地。

3. 句子内部状语后边如需停顿，用逗号。

例：对于这个电影，他不陌生。

4. 复句内各分句之间的停顿，除有时要用分号外，都要用逗号。

例：据说苏州园林有一百多处，我到过的不过十多处。

（三）问号（？）

句末点号的一种，主要表示句子的疑问语气。

1. 用于疑问句的末尾。

例：中国最大的湖泊在哪里？

2. 用于反问句的末尾。

例：难道做好事也错了吗？

3. 在多个问句连用或表达疑问语气加重时，可叠用问号。通常应先单用，再叠用，最多叠用三个。

例：你们的产品就这种质量吗？是不是产品没有质检就出厂了？？你们怎么敢以次充好欺骗消费者？？？

4. 问号也有标号用法，即表示存疑或不详。

例：关汉卿（1234？—1300？）

（四）叹号（！）

句末点号的一种，主要表示句子的感叹语气。

1. 用于感叹句的末尾。

例：大美中华！

2. 用于语气强烈的祈使句末尾。

例：停止前进！

3. 用于语气强烈的反问句末尾。

例：我哪里比得上她这个大教授呀！

4. 表示声音巨大或声音不断加大时，可叠用叹号；表达强烈语气时也可叠用叹号，最多叠用三个。

例：我要揭露！我要控诉！！我要以死抗争！！！

5. 当句子包含疑问、感叹两种语气且都比较强烈时，可在问号后再加叹号。

例：这点困难就把我们吓倒了吗？！

5. 顿号（、）

句内点号的一种，表示语段中并列词语之间或某些序次语之后的停顿。用于句子内部并列词语之间的停顿。

例：北京拥有故宫、颐和园、天坛等多个五A级旅游景区。

注意：

1. 相邻或相近两个数字连用表示概数时不用顿号。

例：她是一个十三四岁的小姑娘。

2. 标有引号的并列成分之间、标有书名号的并列成分之间通常不用顿号。若有其他成分插在并列的引号之间或并列的书名号之间，应用顿号。

例1："女""子"构成"好"字。

例2：《红楼梦》《三国演义》《西游记》《水浒传》是我国四大名著。

例3：李白的"飞流直下三千尺，疑是银河落九天"（《望庐山瀑布》）、"举头望明月，低头思故乡"（《静夜思》）都是脍炙人口的诗句。

（六）分号（；）

句内点号的一种，表示复句内部并列关系分句之间的停顿，以及非并列关系的多重复句中第一层分句之间的停顿。

1. 用于复句内部并列分句之间的停顿。

例：微笑是笑之国度里的国王；微笑是笑之花海中的牡丹。

2. 用于分行列句的各项之间。

例：中华人民共和国行政区域划分如下：全国分为省、自治区、直辖市；省、自治区分为自治州、县、自治县、市；县、自治县分为乡、民族乡、镇。

3. 非并列关系（如转折关系、因果关系等）的多重复句，第一层的前后两部分之间，也用分号。

（七）冒号（：）

句内点号的一种，表示语段中提示下文或总结上文的停顿。

1. 用于称呼语后边，表示提起下文。

例：女士们，先生们：开会了……

2. 用于"说、想、是、证明、宣布、指出、透露、例如、如下"等词语后边，提起下文。

例：她高兴地说："我拿到录取通知书啦！"

3. 用于总说性话语的后边，表示引起下文的分说。

例：一年有四季：春、夏、秋、冬。

4. 用于需要解释的词语后边，表示引出解释或说明。

例：学术报告会地点：学校一楼报告厅。

5. 用于总括性话语的前边，以总结上文。

例：金钱不如健康重要，权势不如健康重要，名气不如健康重要，没有什么比健康重要：健康最重要。

（八）引号（" "　' '）

标号的一种，标示语段中直接引用的内容或需要特别指出的成分。

1. 用于行文中直接引用的部分。

例："书籍是人类进步的阶梯"这句话，非常有哲理。

2. 用于需要着重论述的对象。

例："书皮"改成"包书纸"更确切，因为书皮可以认为是书的封面。

3. 用于具有特殊含义的词语。

例：这样总照顾别人的"傻子"多一些就好了。

4. 引号里面还要用引号时，外面一层用双引号，里面一层用单引号。

例：他站起来问："老师，'管中窥豹'是什么意思？"

5. 独立成段的引文如果只有一段，段首和段尾都用引号；不止一段时，每段开头仅用前引号，只在最后一段末尾用后引号。

例：我曾在纸上看到有人这样谈幸福：

"幸福是自己喜欢什么和不喜欢什么。……

"幸福是自己擅长什么和不擅长什么。……

"幸福是在正确的时间做了正确的选择。……"

注意：直行文稿引号改用双引号"﹃﹄"和单引号"﹁﹂"。

（九）括号（圆括号（　）、方括号［　］、六角括号〔　〕、方头括号【　】）

标号的一种，标示语段中的注释内容、补充说明或其他特定意义的语句。用于行文中注释的部分。注释句子中某些词语的句内括号，括注紧贴在被注释词语之后；注释整个句子的句外括号，括注放在句末标点之后。句内括号内部可以有逗号或分号，但不能有句号，即使是一个完整的句子，也不能使用句号。

例1：《史记》（原名《太史公书》）是我国第一部纪传体通史。

例2：写研究性文章跟文学创作不同，不能搞"即兴"。（其实文学创作也要有素养才能有"即兴"）

几种不同形状括号的用法：

1. 标示下列各种情况，均用圆括号。

（1）标示注释内容或补充说明。

例：苏轼在宋神宗元丰七年（1084年）六月，写下了《石钟山记》。

（2）标示订正或补加的文字。

例1：银行样单姓名一栏写着："张某某（处长）"（的标准）。

例2：建筑工程全部达到优良工程（的标准）。

（3）标示序次语。

例：撰写论文的思路：（一）发现问题；（二）分析问题；（三）解决问题。

（4）标示引语的出处。

例：他的座右铭是：非淡泊无以明志，非宁静无以致远。（诸葛亮《诫子书》）

（5）标示汉语拼音注音。

例："命（ming）" 这个字在新华字典中没有同音字。

2. 标示作者国籍或所属朝代，可用方括号或六角括号。

例1：〔英〕莎士比亚《王子复仇记》

例2：〔唐〕李白著

3. 报刊标示电讯、报道的开头，可用方头括号。

例：【新华社消息】

4. 标示公文发文字号中的发文年份时，可用六角括号。

例：冀公规发〔2021〕16号文件

5. 标示被注释的词语时，可用六角括号或方头括号。

例1：〔汕头〕地名，在广东省。

例2：【爱因斯坦】现代著名物理学家。

（十）破折号（——）

标号的一种，标示语段中某些成分的注释、补充说明或语音、意义的变化。

1. 用于行文中解释说明的部分。亚洲大陆有世界上最高的山系——喜玛拉雅山，有目前地球上最高的山峰——珠穆朗玛峰。

2. 用于话题突然转变。

例："今天好热啊！——你什么时候去北京？"他转身对着我说。

3. 用于声音延长的拟声词后面。

例："呜——"火车开动了。

4. 用于事项列举分承的各项之前。

例：生物分类系统是阶元系统，通常包括七个主要级别：

——界，如植物界；

——门，如被子植物门；

——纲，如双子叶植物纲；

——目，如蔷薇目；

——科，如蔷薇科；

——属，如蔷薇属；

——种，如蔷薇。

（十一）省略号（……）

标号的一种，标示语段中某些内容的省略及意义的断续等。

1. 用于引文的省略。

例：他一看到天安门广场上高高飘扬的红旗，就不由自主地小声唱出来："没有共产党，就没有新中国……"

2. 用于列举的省略。

例：出门之前，他认真检查要带的东西：手机、充电器、钥匙、公交卡……

3. 用于话语中间，表示说明断断续续。

例："阿阿，你……你倒自己试试看。"她笑了。

4. 用于语义的省略。

例：他打开房门，冲了出去……

5. 如果是整段文章或诗行的省略，可以使用十二个小圆点来表示。在文章中，一般处于一行最中间。

（十二）连接号（短横线-/一字线—/波纹线～）

标号的一种，标示某些相关联成分之间的连接。

1. 两个相关的名词构造成一个意义单位，中间用连接号。

例：秦岭—淮河以南地区。

2. 相关的时间、地点或数目之间，用连接号，表示起止。

例1：鲁迅（1881—1936年）原名周树人，字豫才，浙江绍兴人。

例2：北京—广州专列。

3. 相关的字母、阿拉伯数字等之间，用连接号，表示产品型号。

例：长征五号系列（CZ-5系列）

4. 几个相关的项目表示递进式发展，中间用连接号。

例：人类的发展可以分为古猿—猿人—古人—新人这四个阶段。

5. 以下情况均用短横线"-"（占半个字的位置）。

标示化合物的名称或表格、插图编号；连接号码，包括门牌号码、电话号码，以及用阿拉伯数字表示年月日等；在复合名词中起连接作用；某些产品的名称和型号；汉语拼音、外来语内部的分合等。

例1：3-戊酮为无色液体，有丙酮气味。

例2：怡水家园1-3-301室

例3：联系电话：0311-89630001

例4：2021-07-1

例5：吐鲁番-哈密盆地

例6：让-雅克·卢梭（"让-雅克"为双名）

6. 标示下列各种情况，一般用一字线（占一个字的位置），有时也可用波纹线（占一个字的位置）。

（1）标示相关项目（如时间、地域等）的起止。

例1：钱锺书（1910—1998年）

例2：2021年2月3—10日；2021—2035年

例3：北京—上海特快列车。

（2）标示数值范围（可以用～符号）。

例1：227～240克；10%～15%。

例2：第五～八章；一日2～3次。

23

（十三）间隔号（·）

标号的一种，标示某些相关联成分之间的分界。
1. 用于外国人和某些少数民族人名内各部分的分界。
例：列奥纳多·达·芬奇、爱新觉罗·努尔哈赤。
2. 用于书名与篇（章、卷）名之间的分隔。
例：《诗经·周南·关雎》《三国志·蜀志·诸葛亮传》。

（十四）书名号（《 》〈 〉）

标号的一种，标示语段中出现的各种作品的名称。书名号的使用有下面几种情况：
1. 标示书名、卷名、篇名、刊物名、报纸名、文件名等。
例1：《平凡的世界》（书名）
例2：《狂人日记》《〈中国工人〉发刊词》（篇名）
例3：《读者》（杂志名）
例4：《中国共产党党徽党旗条例》（文件名）
2. 标示电影、电视、音乐、诗歌、雕塑等作品名称及简称。
例1：《大渡河》（电影名）
例2：《觉醒年代》（电视剧名）
例3：《歌唱祖国》（歌曲名）
例4：《沁园春·长沙》（诗词名）
例5：《经典咏流传》（电视节目名）
例6：《庄子研究文献数据库》（光盘名）
例7：《幼儿学字母挂图》（图片名）
3. 标示全中文或中文在名称中占主导地位的软件名。
例：科技人员研制《电脑卫士》杀毒软件。
4. 不能视为作品的课程、课题、奖品奖状、商标、证照、组织机构、会议、活动等名称，不应用书名号。下面均为书名号误用的示例。
例1：《直播带货技巧》《网络运营与维护》两门课程都是王老师主讲。
例2：《关于课程思政教学改革》的课题答辩将于下周五进行。
例3：公安机关负责制发公民的《身份证》。
例4：我们宿舍共获得《文明宿舍优胜奖》《卫生流动红旗》《和谐宿舍奖》等三项奖。
例5：一提起《雅思考试》，我就觉得非常难。
例6：《海尔》电器已经畅销国内外。
例7：《博鳌亚洲论坛》组织大小会议共50余场。

（十五）专名号（＿）

标号的一种，标示古籍和某些文史类著作中出现的特定类专有名词。
1. 用于人名、地名、朝代名等专名下面。
例：司马相如者，汉蜀郡成都人也，字长卿。

2. 专名号只用在古籍或某些文史著作里面。为了跟专名号配合，这类著作里的书名号可以用波浪线"﹏﹏"。

（十六）分隔号（/）

标号的一种，标示诗行、节拍及某些相关文字的分隔。

1. 诗歌接排时分隔诗行（也可以用逗号和分号）。

例：你站在桥上看风景/看风景的人在楼上看你/明月装饰了你的窗子/你装饰了别人的梦

2. 标示诗文中的音节节拍。

例：唧唧/复唧唧，木兰/当户织。不闻/机杼声，唯闻/女叹息。

3. 分隔供选择或可转换的两项，表示"或"。

例：动词短语中除了作为主体的述语动词之外，还包括述语动词所带的宾语和/或补语。

4. 分隔组成一对的两项，表示"和"。

例1：T13/14特别快车。

例2：著名的乒乓球双打组合：乔红/邓亚萍；刘国梁/孔令辉。

5. 分隔层级或类别。

例：我国的行政区划分为：省（直辖市、自治区）/省辖市（地级市）、自治州/县（县级市、区）/乡（镇）。

（十七）着重号（.）

标号的一种，标示语段中某些重要的或需要指明的文字。用于着重突出或提醒注意的字、词、句下方。

例1："但愿人长久，千里共婵娟"中加点词的含义是什么？

例2：不在沉默中爆发，就在沉默中灭亡……

掌握基本答题技巧

1. 标点符号中引号、破折号、感叹号、分号、括号、书名号等的用法，是历年的高频考点，要加以重视，多练习。

2. 结合句子分析，判断句子的语义层次和语气。根据语义层次和语气来确定恰当的标点符号。例如：句中一般用逗号、顿号、破折号、冒号、分号等符号，句末多用句号、感叹号、疑问号、感叹号等符号。省略号有可能在句中，也可能在句尾，需要根据语境判断。陈述句多用句号，疑问句多用疑问号，感叹句多用感叹号，祈使句也常用感叹号。但当语气不强烈的时候，感叹句和祈使句的句尾都用句号。具体使用哪一种符号，要根据语义层次和语气来判断。

3. 单项选择题最适宜用排除法，排除一项或两项错误选项后，会提高答题正确率。

4. 套用判断法。很多标点符号试题都是常规性的，错误类型也是有限的，可以利用典型例题来比对，以便迅速找出正确答案。

5. 填写标点符号后，要从头至尾检查一遍，可以根据语感默读，感受停顿的长短，判断选择的标点符号是否恰当。

6. 作文要注意正确使用标点符号，切忌不加、乱加标点，或者"一逗到底"的情况。作文标题不加书名号。除非标题中包含书名、报刊名，例如："读《活着》有感"，否则，作文标题中不能出现书名号。

四、模拟练习

1. 下面各项中的标点符号，使用错误的一项是（　　）。
   A. "养眼"即好看，"PK"即挑战（单挑），两个网络用语的解释都是正确的。
   B. 古代人把山的南面或水的北面叫作阳，山的北面或水的南面叫作阴。
   C. "岁寒三友"是指：松、竹、梅。
   D. "当心上面，"王悦说："上面有土块掉下来了！"这句中使用的标点符号全部正确。

2. 下列语句中标点符号使用正确的一项是（　　）。
   A. 小河对岸七、八里外是青峰山，好似细浪微波，蜿蜒起伏，连接着远处的太行山脉。
   B. 我不禁陷入了思考：网络技术发展将导致艺术的沉沦？还是会迎来新时代的文艺复兴？
   C. 大屏幕上出现了建党100年来的伟大成就：站起来、富起来、强起来……这一刻，举国同庆，万民沸腾。
   D. "到底去不去呀？我的小祖宗！"妈妈"咚咚咚"地敲着我的房门，"人家来电话催好几趟了，你倒是给人家一个回话呀！"

3. 下列句子中标点符号使用正确的一项是（　　）。
   A. 国贸新区的建设工作刚刚启动时，许多市民都纷纷打听在哪里建？新区里有没有免税商店？
   B. 语言，是人们用来抒情达意的；文字，是人们用来记言记事的。
   C. 2021年6月25日，国务院新闻办发表了"中国新型政党制度"白皮书。
   D. "晨兴理荒秽，带月荷锄归。"的诗句，出自晋代诗人陶渊明的《归园田居》一诗。

4. 下列句子标点符号使用没有错误的一项是（　　）。
   A. 根据某地环保局的一项调查：在被统计的23条流经城市的河流中，严重污染的有4条，重度污染的有2条。
   B. 城市河流的污染物主要有石油类；挥发酚；氨氮和汞等。
   C. 他擦了擦脸上的汗，高兴地说："我们终于到家了。"
   D. 伫立旷野，苍穹弥漫着难言的静穆。流连溪畔，水月传达着无尽的忧思。

5. 下列标点符号使用错误的一项是（　　）。
   A. 我即刻胆怯起来了，便想全翻过先前的话来，"那是，……实在，我说不清……。其实，究竟有没有魂灵，我也说不清。"
   B. 一语未了，只听外面一阵脚步响，丫鬟进来笑道："宝玉来了！"
   C. 我在这九年（1895—1904年）之中，只学得了读书写字两件事。在文字和思想（看文章）的方面，不能不算是打了一点儿底子。但别的方面都没有发展的机会。

D. "妈妈……，我回来了！"他刚看到山坳里熟悉的小村庄，就情不自禁地大喊出来。

6. 下列标点符号使用有误的一项是（　　）。

A. 我们学校的规模不算太小，全校大概有一两千名学生。

B. "你看这布华丽不华丽？"那两位诚实的官员说："陛下请看……"

C. 创造，是人类智慧高度发展的结晶；创造，也是打开成功大门的钥匙。

D. 我真不知道他是干什么的。

7. 下列标点符号使用有误的一项是（　　）。

A. 物理学家在研究物质结构的时候，也遇到了一个类似的问题：最里面是什么？

B. 我想找一个两全的办法，找不出；我想拆散一家人，分成两路，各得其所，终不愿意。

C. 俄国大文豪屠格涅夫写过一篇脍炙人口的散文诗，题目就叫《俄罗斯语言》。

D. "最美的女汽修""宝藏女孩"的称号，一下子在网上火了起来。

8. 下列句子中的标点符号使用正确的一项是（　　）。

A. 小明不明白，为什么要辛辛苦苦读书？更不明白，怎么样把书读好？

B. 阅兵大典就看看精神：横线、纵线、斜线、线线笔直，枪线、胸线、脚线、线线壮观。

C. 专家一致认为：世界经济复苏有两个支柱：一是政府对经济的干预，一是亚洲经济体的引领。

D. 王维的《竹里馆》写人物活动，只用六个字组成三个词，就是"独坐""弹琴""长啸"。

9. 下列标点符号使用有误的一项是（　　）。

A. 江山再美，谁知道曾经洒过多少劳动人民斑斑点点的血泪。

B. 什么叫成功？顺手拿过来一本《现代汉语词典》，上面写道："成功，获得预期的结果。"

C. 节约用水吧！——它是生命之源。

D. 你睡吧！还早着呢，太阳睡了一夜刚起来……

10. 下列语句中标点符号使用不正确的一项是（　　）。

A. "不对，这不是将军家的狗……"巡警深思地说，"将军家里没有这样的狗。"

B. 通过看地图上等高线的分布和疏密情况，可以知晓大致的地形：等高线越密集，这一带的地势越陡；等高线越稀疏，这一带的坡度越缓。

C. "吹面不寒杨柳风"，不错的，像母亲的手抚摸着你。

D. 她认真看过这些信后，郑重地转给了有关部门，不知道有关部门收到这些信后作何感想？能不能像影片中那位女法官那样秉公断案，尽快解决问题？

第五节 语 法

一、考纲解读

1. 掌握基础语法知识，能够进行简单语法分析。
2. 了解常见的语法错误，能够进行语法判断。
3. 运用语言要合乎现代汉语语法规律。
4. 考查形式：主要以查找句子语病、进行句式变换、阅读理解文章等形式出现，一般不会考查语法概念，也不会让考生进行句子成分划分或对单句、复句进行结构分析。(将语法部分单另出来介绍，是因为语法非常重要，它是构成语句的一个基础，需要考生掌握)

二、经典例题

1. 下列各项没有歧义的一项是（　　）。
A. 老王在车厢里写字。
B. 中间一竖，一边儿一点。
C. 小张吃了两个雪梨。
D. 他需要参考文献。

答案： C

解析： A项可以理解为"老王在车厢这个场地里写字(不是在教室或其他场地)"；也可以理解为"老张把字写在车厢里了(可能是写在车厢壁或其他什么地方)"；B项"一边儿"可以理解为在一边，类似"卜"字；也可以理解为"每一边儿"，类似"小"字；D项"参考"可以理解为动词，借鉴、利用文献的意思；也可以理解为修饰限定"文献"，"参考文献"是名词性短语，指资料。

2. 下列各项语法没有错误的一项是（　　）。
A. 十年来，他的足迹踏遍了大半个中国。
B. 攀登珠峰，必须克服低温、低压、大风等不利的特殊气候条件，要充分考虑到可能遇到的各种困难。
C. 在老师和同学的帮助下，使我很快有了进步。
D. 明天有两位贵宾来我们学校参观。

答案： D

解析： A项中主语是"足迹"，谓语是"踏遍"，搭配不当。后半句可以改为"他踏遍了大半个中国"；B项中"克服"的宾语是"条件"，属于搭配不当。C项中"在……下"是条件状语，不能在后面带"使"字。可以去掉"使"字或者把句子改为"老师和同学的帮助，使我很快有了进步。"

3. 下列例句变换句式后，不正确的一项是（　　）。

例：九月的坝上草原真美。

A. 九月的坝上草原真美啊！（改为感叹句）

B. 九月的坝上草原难道不美吗？（改为疑问句）

C. 真美，九月的坝上草原。（改为倒装句）

D. 九月的坝上草原不真美。（改为否定句）

答案：D

解析：D项改变了句子原义。

4. 下列各项分析不正确的一项是（　　）。

A."参观访问"一词，从语法分析属于并列关系。

B."她的鞋做得很好"是歧义句。

C."衣服洗过了"这句话的主语是"衣服"，也是施事者。

D."我写好了报告"变成"把"字句为"我把报告写好了"。

答案：C

解析：C项中"衣服"是受事者，衣服只能被洗。句子的含义是"衣服被洗过了"，只是省略了"被"字。

三、学海导航

掌握基础语法知识

（一）语法

语法是一种语言中词语之间相互组合的结构方式和结构关系。例如：名词+动词，往往形成主谓关系；动词+名词，往往形成动宾（述宾）关系等。

语言由语音、词汇、语法三大要素构成，语法在语言结构中占据着重要的地位。在句式题、语序题、病句题等多种试题类型中，都会涉及语法知识，因此，考生有必要了解一些简单的语法知识。

（二）语法形式和语法意义

凡是能表达一定的附加语法意义或语法结构关系的表现形式，都属于语法形式。

语法意义是通过语法形式所产生出来的附加意义或结构意义。如"学习了"通过"学习"后面加"了"表示"学习"这个行为已经完成。一定的语法形式包含一定的语法意义，一定的语法意义要用一定的形式来表达。如"着"，表示动词"持续"的语法意义。"学习着"，意思是"学习"这个动作正在持续。"过"表示动词"经历过"。如"学习过"，说明"学习"这个动作发生在以前。再如"们"表示名词、人称代词"多数"的含义。上述这些例子都是通过语法才有的语法意义。如果单独看"了""着""过""们"这四个字，它们不具有任何像"桌子""跑步"等那样的实在意义，或者可以说没有什么含义。

注意：语法形式和语法意义既存在一对一的关系，也存在一对多或多对一的关系。考生只需简单了解，能在分析句子时意识到词语位置不同，反映出来的语法意义不同，整个句子的含义也会有区别即可。

（三）语法关系

语法关系是指词语与词语之间，或者说句子成分与句子成分之间从语法角度是按照怎样的关系连接在一起的。表1-1为短语语法关系及示例；表1-2为句子语法关系及示例。

表1-1 短语语法关系及示例

类别（词性角度）	语法关系	示例
名词+名词	并列关系	青山绿水
	定中关系	中国首都
	同位关系	首都北京
	主谓关系	小王工人（小张农民）
动词+动词	并列关系	调查研究
	述补关系	发展下去
	连动关系	展翅高飞
	述宾关系	开展批评
动词+形容词	述补关系	打扫干净
	主谓关系	运动好（不运动不好）
	述宾关系	喜欢热闹
	连谓关系	见面高兴
形容词+形容词	并列关系	聪明伶俐
	主谓关系	勤奋好（懒惰不好）
动词+名词	述宾关系	编写教材
	定中关系	编写价值

表1-2 句子语法关系及示例

语法关系	类别（词性角度）	示例
主谓关系	名词+动词	花儿开了。（"花儿"与"开"形成主谓关系）
	代词+动词	我买水果。（"我"和"买"形成主谓关系）
	名词+形容词	花团锦簇，江山秀美。（"花团"与"锦簇"、"江山"与"秀美"之间都形成主谓关系）
		经过精心打扮，她漂亮多了。（"她"与"漂亮"形成主谓关系）
述宾关系	动词+名词	他打乒乓球。（"打"和"乒乓球"形成述宾关系）
	动词+代词	警察帮助我了。（"帮助"和"我"形成述宾关系）

续表

语法关系	类别（词性角度）	示例
定中关系	名词+名词	河南洛阳是著名的历史古都。（"河南"与"洛阳"形成定语与中心词的关系）
	形容词+名词	他是一位慈祥的老人。（"慈祥的"与"老人"形成定语与中心词的关系）
	形容词+动词	他昂首挺胸走过去了。（"昂首挺胸"与"走"形成定中关系）
	副词+动词	见到老同学，她很高兴。（"很"与"高兴"形成定中关系）
述补关系	动词+形容词	风刮猛了。（"刮"与"猛"形成述补关系）

说明：生活中很多人把"述宾关系"称为"动宾关系"，"连谓关系"称为"连动关系"，"述补关系"称为"动补关系"。

（四）句子成分的划分

根据语法形式和语法意义相结合的标准，一般句子可以进行主、谓、宾、定、状、补等成分的划分。其中，主、谓、宾通常是最主要的，也是句子的主干。但也不是所有句子都具备主、谓、宾这三个成分，有的句子没有宾语，有的句子会省略主语，少数句子还有可能省略谓语。

主语——在正常情况下，主语是位于一个句子前半部分的陈述对象。一般回答"谁""什么"的问题，往往由名词、数量词或代名词充当，但也可以由动词、形容词或词组充当。

例：张华在学习。（"张华"为句子的主语）

谓语——在正常的情况下，谓语是位于句子后半部分（即主语之后）的陈述词语，是用来陈述主语"是什么""做什么""怎么样"的。一般由动词、形容词、疑问代词或谓词性词组（动词性词组）充当。

例：他每天锻炼一小时。（"锻炼"在句子中作谓语）

在说明年龄、籍贯的句子里，也可以由数量词、名词充当，或由主谓词组充当。

例：他十九岁了。（"十九岁"在句子中作谓语）

宾语——在正常情况下，在谓语动词后面，是谓语动词所支配、涉及的对象，一般回答"谁""什么"的问题。往往由名词、代名词、数量词充当，但也可由动词、形容词或词组充当。

例：小李正在看书。（"书"是"看"的对象，在句子中作宾语）

有时候也可以回答"哪里""何时"的问题，这些可由空间名词或时间名词充当。

例：我们要去浙江绍兴。（"绍兴"是"去"的地点，在句子中作宾语）

定语——一般是用来修饰、限制中心词（名词或代名词）的成分。结构助词"的"是定语的标志。

例：院子里开满了五颜六色的花。（"五颜六色"用来修饰"花"，在句子中作定语）

状语——常用在动词、形容词前面，起到修饰、限制的作用，表示动作行为、事物状态。结构助词"地"是状语的标志。

例：老奶奶耐心地讲故事。（"耐心"修饰"讲"，说明"讲"的状态，在句子中作状语）

时间状语、地点状语、目的状语，经常提前，放在句首，用逗号与其他成分隔开。

例：在石家庄，我留下了一个美好的回忆。（"在石家庄"在句子中作状语）

补语——通常用在谓语（动词或形容词）后边，作补充说明的成分，指出行为动作的情况、结果、可能性，动作延续的时间或者事物的形状等。结构助词"得"是补语的标志。

例：他跑得太快了。（"太快了"说明"跑"的情状、程度，在句子中作补语）

单句结构划分示例如下：

例1：我喜欢看电视。

句子层次划分：

第一层：我+喜欢看电视（主语部分+谓语部分）

第二层：　　喜欢+看电视（谓语部分划分为述宾结构）

第三层：　　　　　看+电视（划分到最小单位，"看"和"电视"依然是述宾结构）

说明：第一层划分，是句子的主干，也就是说句子的主干是"我喜欢（　　）"。

例2：满头银发的张教授面带微笑地走进了初三班的教室。

句子成分划分：

（满头银发的）张教授‖ ［面带微笑地］走进＜了＞　　（〔初三〕班的）教室。
　（定语）＋主语　　　＋［状语］　＋ 谓语动词＋＜补语＞＋　（定语）＋宾语
　　　主语部分　　　　　　　　　谓语部分　　　　　　　　　　宾语部分

说明："初三班的"作"教室"的定语，而"初三"又是"班"的定语，属于嵌套类型。

（五）语法分析的意义

对句子进行语法分析，目的在于掌握语法知识，规范使用语言。除了厘清句子的语法层次、把握句子的主干、明确句意外，还能通过语法分析，快速查找句子的语病。如成分残缺、搭配不当等问题，都可以通过语法分析快速找出来。语法分析还有助于解答语序排列、句式变换、阅读理解等试题。

掌握基本答题技巧

1. 抓主干。结合词性，对句子进行分析。尤其是对长句或者复句进行分析，要快速删掉次要成分，抓主要成分，把握句子的主旨。即通过找句子的主谓宾，弄清楚句子的主要含义。很多句子成分残缺或赘余的病句，都能够通过这种句子分析的方法找出语病。

2. 抓中心词。分析句子时首先要明确哪个是中心词，然后检查其他修饰成分是否与中心词搭配。很多搭配不当的语病，都能通过语法分析找出来。

3. 抓主客体，或者说施动者与受动者，了解二者的关系，再遇到类似"这部革命电影对于年轻人很陌生"一类的病句就会一眼看出来。

4. 抓语法结构和语法层次。特别是复句，一般语法结构较复杂，语法层次也较多，要按照从主到次的顺序进行结构分析，弄清句子的语法逻辑。

5. 抓语法顺序。对于中心词有多个修饰成分的句子，语法顺序很重要。一旦顺序排列不当，就会出现语病。

6. 抓语法特点。不同句式的句子语法特点不一样，可以根据同一性原则或平行性原则进行不同句式之间的变换。单句复句互变，长句短句互变，不同语气句子之间互变等，都要符合语法规范，以句意不变为前提。

7. 简单了解语义结构。语义结构分析要从语义角度出发，查看组成句子的事物与事物之间或成分与成分之间所构成的语义属性。例如：小王送我一本杂志。这个句子从语法关系上看是：主语+谓语+近宾语+定语+远宾语；从语义关系上看是：施事+行为+与事+数量+受事。角度不同，分析的侧重点不同。

8. 坚持"够用"原则。因单招考试语法知识部分不直接设题，属于隐性考查，在查找病句、变换句式、阅读理解文章，甚至作文是否合乎语法规范等方面才会涉及，而不会让考生进行语法学上的语法分析，所以考生只要掌握基本语法知识，能够正确进行语法分析，能够按照现代语法规范进行语言表达即可。

四、模拟练习（选择学习）

1. 下列各项句式变换不正确的一项是（　　）。
A. 我不喝酒了。/酒，我不喝了。（常式句变为特殊句式）
B. 班长把书送给了小燕。/书被班长送给了小燕。（"把"字句变为"被"字句）
C. 这次期末考试语文很难。/这次期末考试语文不难。（肯定句变为否定句）
D. 群众是真正的英雄。/难道群众不是真正的英雄吗？（陈述句变为反问句）

2. 下列各项句式变换不正确的一项是（　　）。
A. 我修好了空调。/空调被我修好了。（主动句变为被动句）
B. 这里的风景真好。/这里的风景真好啊！（陈述句变为感叹句）
C. 花园里开满了红、黄、白三色鲜花，风儿一吹，犹如跳动的火焰、闪闪发光的金子和即将飘落的雪花。/花园里开满了红、黄、白三色鲜花，风儿一吹，红的像跳动的火焰，黄的像闪光的金子，白的像飘落的雪花。（散句变整句）
D. 这种反马克思主义的主观主义的方法，是共产党、工人阶级、人民和民族的大敌以及党性不纯的一种表现。/这种反马克思主义的方法，这种主观主义的方法，是共产党、工人阶级、人民和民族的大敌以及党性不纯的一种表现。（长句变短句）

3. 下列各项有关语法内容的表述不正确的一项是（　　）。
A. "小狗咬猫"和"猫咬小狗"两个句子从语法结构上讲是不一样的。
B. "我来早了"和"我早来了"两个句子因为句子成分前后顺序不一样而含义不同。
C. "老刘打你"与"老赵打你"两个句子属于主语不同；"老刘打你"与"老刘叫你"两个句子属于谓语不同。
D. "打的是一位年轻人"是个歧义句，可以理解为年轻人是打人的人，也可以理解为年轻人是被打的人。

4. 下列各项有关语法分析的表述不正确的一项是（　　）。
A. 在正常情况下，一个句子的主语是位于句子前半部分的陈述对象，由名词、数量词、代词等充当。例如："他们在打球"的主语是"他们"。
B. 一般句子的谓语是用来陈述主语"是什么""做什么"或"怎么样"的，由动词、形容词、疑问代词或谓语性词组充当。例如："他拿了书"的谓语是"拿"。
C. 宾语一般位于谓语动词的后面，是谓语动词支配、涉及的对象，回答"谁""什么"的问题，由名词、代词、数量词等充当，也可以由动词、形容词或词组充当。例如："他学习文件"中"文件"是宾语。
D. 句子成分里面的主、谓、宾最重要，缺一不可，所以三者属于一个语法层次。

5. 下列各项有关语法分析的表述不正确的一项是（　　）。
A. "小王洗破了衣服"与"小刘洗怕了衣服"在语法结构上一样。
B. "他走了。"与"他走了？"两个句子的语调不同，含义也不同。
C. "晓霞要上学了"这个句子没有歧义。
D. "他看了一个月的报纸"是歧义句。

6. 下列各项句子的分析不正确的一项是（　　）。
A. "今天星期三"的主语是"今天"，宾语是"星期三"，句子谓语应该是"是"，省略了。
B. "狗咬了小张"与"小张咬了狗"在语法上讲都没有问题，但是后者不符合事理逻辑，所以判断后者是病句。
C. "厂子需要进口机器"出现歧义是因为"进口"可以理解为动词，指购买国外的机器；也可以理解为"进口的"，与"国产的"相对应。
D. "我喜欢看电视"这个句子的谓语是动词"看"。

7. 关于下面的例句分析不正确的一项是（　　）。
例：我国近代考古开始较早的地区之一是以西辽河和大凌河流域为主并波及京津唐地区的旨在探索燕山南北地区文明起源和发展的古文化的辽西区。
A. 这个句子是判断句。
B. "我国近代考古开始较早的地区之一"是主语部分，核心是"地区"。
C. 这个句子的宾语是"辽西区"。
D. "以西辽河和大凌河流域为主并波及京津唐地区的旨在探索燕山南北地区文明起源和发展的古文化的"可以划分为三个部分，分别为"……文明起源""和发展的""古文化的"。

8. 下列各项中的句子有歧义的是（　　）。
A. 他来班里才几天，好些同学还不认识。
B. 这篇论文写完半年了，还没有去发表。
C. 你要是去，我也去。
D. 我的记性不好，老是忘事儿。

9. 下列各句语法没有问题的一项是（　　）。
A. 今天是老刘的主席。

B. 昨天下了一天的雨。
C. 他脆脆地炒了一碟花生米。
D. 小王把弟弟骂哭了。
10. 下列各句语法没有问题的一项是（　　）。
A. 他学了四遍才会那首歌。
B. 他一看就懂那篇古文。
C. 小王读了六年的英语，还没学会。
D. 这件事我想了又想。

第六节　病　句

一、考纲解读

1. 病句是历年都会考查的内容。
2. 考查重点是语序不当、搭配不当、成分残缺或赘余、结构混乱、表意不清、不合乎逻辑等。
3. 要求考生能够辨析和修改病句。近年来，考试多采用单项选择题形式，所以考生只要能挑选出病句就可得分。
4. 一般病句考题中，每个句子只有一个语病，多重语病的情况较少。

二、经典例题

1. 下列句子没有语病的一项是（　　）。
A. 北京的香山是个美丽的季节，一片层林尽染的大好风光。
B. 中国的强大，关键在于能否具备强大的经济和国防力量。
C. 澳大利亚的森林大约70%左右因伐木遭到毁损。
D. 现代生活节奏加快，越来越多的年轻父母将养育孩子的责任转移给上一代。

答案： D

解析： A项句子语法结构混乱，搭配错误。主语是香山，谓语是"是"，宾语是"季节"，显然是错误的；B项句子成分赘余，表述不清。应改为"中国的强大，关键在于具备强大的经济和国防力量。"或"中国是否强大，关键在能否具备强大的经济和国防力量"；C项句子成分赘余，词义重复。"大约"和"左右"都是大概的意思，应删掉其中一个。D项表述正确。

2. 下列句子中没有语病的一项是（　　）。

A. 只有走好人生的每一步,我们才能真正拥有一个灿烂的明天。
B. 由于母亲对我的悉心培育,使我从小就养成了独立的性格。
C. 综艺节目深受欢迎的主要原因是其形式多样造成的。
D. 谁能否认李时珍没有对中国古代的医学事业作出过巨大贡献呢?

答案:A

解析:B项成分缺失,没有主语。应该去掉"使"字,让后面的"我"作主语,或者改为"母亲对我的悉心培育,使我……"的句式;C项结构混乱,应改为"综艺节目深受欢迎的主要原因是其形式多样"或者"综艺节目深受欢迎,是其形式多样造成的。"D项否定失当,应改为"谁能否认李时珍对中国古代的医学事业作出过巨大贡献呢?"

3. 下列句子中没有歧义的一句是(　　)。
A. 课上老师讲的知识点我都听懂了。
B. 今天,两个报社的记者对这则新闻进行了报道。
C. 现在只有我跟她学习弹钢琴。
D. 通知要求周六前去报道。

答案:A

解析:B项中"两个"可以理解为修饰"报社",也可以理解为修饰"记者",有歧义;C项中"跟"可以理解为"和",也可以理解为"向",有歧义;D项中"前"可以理解为时间节点,周六之前;也可以理解为动词"前去",有歧义。

4. 下列各句没有语病的一项是(　　)。
A. 全班同学和团员在课堂上都能积极发言。
B. 一只狗在一只麻雀看来该是多么大的怪物啊!
C. 通过这次党史学习,使我们明白了许多做人的道理。
D. 我国的人口占世界的五分之一是世界上最多的国家。

答案:B

解析:A项逻辑错误,"全班同学"包含"团员",二者不能并列;C项前面的句子作状语,不能跟"使"搭配。可以去掉"通过"二字,使前面的句子变成名词短语;或者去掉后面句子的"使"字。D项句式杂糅。两个句子连成了一个句子,句法混乱。可以改成:我国的人口占世界的五分之一,在世界上人口最多。或者改成:我国是人口最多的——占世界人口五分之一的国家。

三、学海导航

掌握常见语病类型

(一)搭配不当

1. 主谓搭配不当。

有时是单个主语和谓语搭配不当,有时是多个主语与一个谓语搭配不当。

例1:国足队近年来的表现不能令人满意,糟糕的防守问题一直没有改善,比赛连连失利。

  解析："问题"与"改善"搭配不当，可把"改善"改为"解决"。

  例2：他看到建筑工地的挖掘机、装载机和十几辆翻斗车正在工作人员的指挥下挖土。

  解析："挖掘机"可和"挖土"搭配，而"装载机"和"翻斗车"则不能。可把"挖土"改为"作业"之类的能和上述三个主语搭配的动词。

2. 主宾搭配不当。

  有的是同一个句子的主宾搭配不当，有的则是第一个搭配恰当，但在第二个句子中则暗换了主语，致使主宾搭配不当。

  例1：朝夕相处，谁也不能保证不发生矛盾，但一发生矛盾，就各执己见，争吵不休，互不通融，这其实是一种最愚蠢的见解。

  解析："各执己见，争吵不休，互不通融"，与"见解"搭配不当，可把"见解"改为"行为"。

  例2：中国史学家进一步提升了自己的辨析能力，越来越显示出相当高的学术含量，从对外国史学的一般性介绍走向研究和判断的层面，从而为中外史学家的真正对话提供了可能和前提。

  解析："中国史学家"与"提升能力"搭配，但是与"学术含量"不能搭配的，应在"显示出"的前面另加一个"其作品"之类的主语。

3. 动宾搭配不当。

  不少动词都有固定或合理的搭配对象，如果打破了这样的搭配习惯，则属误用。

  例：从2020年以来，林先生和他的朋友多次去灾区送温暖，迄今为止，他们共走访了五十多个社区、近四百户家庭和三千多公里路程。

  解析：谓语"走访"可以和宾语"社区""家庭"搭配，但不能和"路程"搭配，可修改为：他们共走访了五十多个社区、近四百户家庭，行程三千多公里。

4. 修饰、限制语与中心语搭配不当。

  主要指修饰或限制语用在中心语前面会造成表达上的不合习惯或不合事理的现象。

  例：90个有特殊编号的"奥运缶"在北京结束了网络竞价，以总价1 283.65万元成交，每个缶的均价都超过了14万元。

  解析："每个缶的均价"表意不合理，可改为"90个缶的均价超过了14万元"。

5. 一面与两面搭配不当。

  这种类型的主要特点是：句子前面（或后面）出现一正一反两方面意思的词语（能否、有无、好坏等），后面（或前面）却只有一方面意思（或正或反）的词句与之相呼应，从而造成前后内容搭配的不协调。

  例：做好生产救灾工作决定于干部作风是否深入。

  解析："做好"指一方面的内容，而"是否深入"指两方面的内容。

6. 关联词搭配不当。

  有一些关联词语有其固定的搭配对象，如"只有"和"才"、"只要"和"就"、"不但"和"而且"等；有些关联词搭配的对象不同，则其表意的功能也不同，如"不是"和"而是"搭配表示并列，和"就是"搭配则表示选择。

例：人们认为，团队有效性的关键因素不只是个体贡献的简单相加，而是能使队员行动一致、互相配合的团队协作技能。

解析："不只是"不能与"而是"搭配，只能与"而且是""更是"等词语搭配，表示递进，根据句意，句子应把"不只是"改为"不是"。

7. 否定与肯定搭配不当。

例：我想这应该是不必叙述的，没有谁不会想象不出的。

解析："没有谁不会想象不出"等于说"谁都想象不出"，句子原意应是"谁都想象得出"。

（二）成分残缺或赘余

1. 缺主语。

主语残缺多数情况是滥用介词或省略不当造成的。

例：或许连作者都没有想到，由于这一篇哀悼宠物的纪念文章刻在石上，使得文本的命运与石头的命运牵连在一起为后人留下了许多难解之谜。

解析：滥用介词"由于"导致句子主语残缺，"由于"和"使得"两个词应删去一个。

2. 缺谓语（动词）。

当句子的某个重要动词缺失时，往往会造成句子表达的不规范或表意的不合理。

例：2021年3月5日那天，我市万名青年志愿者走上街头学雷锋活动，这次活动的总口号是"弘扬雷锋精神，参与志愿行动，服务青年创业，建设和谐城市"。

解析：第一句的名词"活动"缺动词，可在"学雷锋"前加上"开展"。

3. 缺宾语。

这种类型，有的是缺主干成分中的宾语，有的是缺修饰成分中的宾语；有的是缺动词宾语，有的是缺介词宾语。

例：为了更好地调动教师的积极性，我们一定要做好考核教师的教学成绩，对贡献突出的教师要给予适当的物质奖励。

解析：动词"做好"缺宾语，可在"教学成绩"后加上"工作"。

4. 缺介词。

介词缺失会造成句子表意不清或使句子表达不规范。

例：我国的文化遗产是我们民族悠久历史的证明，是我们与祖先沟通的重要渠道，也是我们走向未来的坚实根基，我们应当永远保持对古代文明成果的尊重和珍惜，以及祖先的缅怀和感恩。

解析：最后一句应在"祖先"前加上介词"对"，使之与"祖先"组成介宾短语，作"缅怀和感恩"的定语。

5. 语义重复。

主要是修饰语和中心语之间的语义有交叉现象，或者多个意思相同或相近的修饰语修饰同一中心语而造成语义重复现象。

例1：一则"黑导游"视频在网络上疯狂传播，最后影响到整个凤凰古城的旅游业，这可能是当地旅游部门当初始料未及的。

解析："始料未及"中的"始"即"起初"之意，和前面的状语"当初"意思重复。应把"当初"删去。

例2：他不仅是个音乐爱好者，也是个文学爱好者，能写出很好的美妙诗篇。

解析："诗篇"前的两个定语"很好"和"美妙"意思重复，应删掉一个。

6. 滥用介词。

不该用介词的地方用介词就是滥用，滥用介词会使句子成分残缺，或造成句子表意不合逻辑。

例：这位曾经驰骋兵坛的名将，现就任于北京大学医学部教授，从事运动医学的教学与研究，为国家的体育事业贡献他的力量。

解析：滥用介词"于"致使动词"就任"与"医学部教授"搭配不当，应删掉"于"。

7. 滥用否定词。

这种类型常表现为下面三种情况：含有否定意味词语的句子中又出现否定词；句中有多个否定词；反问句中出现否定词。

例：老师反复强调要防止不再发生安全事故。

解析："防止"是一个含有否定意味的词语，它和该句子后面的"不再"构成了语义上的冲突，应删掉"不再"。

8. 滥用助词"的"。

"的"字省略不当会造成句子的结构混乱，同样，不该用而用也会造成句子结构上的混乱。

例：王维在继承传统的基础上，努力创造的具有鲜明个性的意境，丰富和提高了山水田园诗的表现技巧，对诗歌发展作出了贡献。

解析："创造"后面"的"字的出现，使该句的结构出现了混乱；去掉"的"，使"创造"充当句子的谓语，整个句子的结构就合理了。

9. 滥用关联词。

如果两个表意相同的关联词叠用在一起，就可能出现语病。

例：参加这次高山探险活动前他已写下遗嘱，万一若在探险中遇到不测，他的巨额遗产上交给国家。

解析："万一"和"若"连用，造成表意重复，应删去一个。

10. 滥用表约数或估量的词语。

这种类型的特点是：句中的约数后面赘用了"左右""上下"等表示概数的词语，有的甚至前面还再用"大概""大约"等表示概数的副词。

例：这些活儿要是全部干完的话，历时大约一个多小时。

解析："大约"是一个表约数的副词，"一个多小时"是一个概数，二者不能连用，可把"大约"删去。

（三）语序不当

语序不当的类型有以下几种：多项定语语序不当；多项状语语序不当；虚词位置不当，特别是主语与关联词语或并列词语语序不当；相关联的并列词语或短语语序不当；分句语序不当。

1. 多项定语次序不当。

例：一位优秀的有20多年教学经验的国家队的篮球女教练。

解析：例句属于多个定语顺序不当，与中心词关系越近的定语在位置上也越靠近中心词。正确顺序应该是"一位有20多年教学经验的国家队的优秀的篮球女教练"。

多项定语的一般顺序是：

（1）表领属性的或时间、处所的；

（2）指称或数量短语；

（3）动词或动词短语；

（4）形容词或形容词短语；

（5）名词或名词短语。另外，带"的"的定语放在不带"的"的定语之前。

2. 多项状语次序不当。

例：在休息室里许多老师昨天都同他热情地交谈。

解析：例句属于多个状语顺序不当，正确顺序应该是"昨天许多老师在休息室里都同他热情地交谈。"

多项状语排列的基本原则是：与中心语逻辑关系越密切，越靠近中心语。一般排列顺序是：

（1）表目的或原因的介宾短语；

（2）表时间或处所的；

（3）表语气（副词）或对象的（介宾短语）；

（4）表情态或程序的。另外，表示对象的介宾短语一般紧挨在中心语前。

从状语性质来看，状语分为：条件状语、时间状语、处所状语、语气状语、肯定状语、范围状语、否定状语、意愿状语、数量状语、程度状语、状态状语、性质状语、对象状语等。

3. 虚词位置不当。

（1）副词位置不当。

例：我们如果把这本书不认真读好，就谈不到读别的书了。

解析：通常否定词要在谓语动词前面，有"把""被"字的，要放在这些词的前面。例句的正确表述应该是"我们如果不把这本书认真读好，就谈不到读别的书了。"

（2）介词位置不当。

例：俄国著名的生理学家巴甫洛夫整天忙于做动物的条件反射试验，把动物用绳子缚在实验的架子上。

解析：后半句的核心意思是"把动物怎么样"，"用绳子"只是方式，它离核心词"缚"要远，也就是说"用绳子"要放在"把动物"的前面。例句的正确表述应该是"俄国著名的生理学家巴甫洛夫整天忙于做动物的条件反射试验，用绳子把动物缚在实验的架子上。"

（3）关联词语的位置不当。

复句中两个分句共用同一主语时，关联词语应在主语后边；主语不同时，关联词语应在主语前边。

例：一篇文章要是字迹过于潦草，那么内容即使很不错，也是要不得的。

解析：例句属于关联词的位置不当，正确表述应该是"一篇文章要是字迹过于潦草，那么即使内容很不错，也是要不得的。"

4. 相关联的并列词语或短语语序不当。

例：这是一本好书，它能催人进取，促人猛醒，引人深思。

解析：例句不符合事理逻辑，应该是先"深思"，后"进取"。正确表述应该是"这是一本好书，它能引人深思、促人猛醒，催人进取"。

5. 分句语序不当。

例：小马村很好地执行了党的富民政策。现在不但向国家交售了六万斤公粮，而且还不吃国家救济了。

解析：按照事理顺序，应该先说"不吃国家救济了"，然后再说还"向国家交售了六万斤公粮"。

注意：排列顺序问题要遵循语法原则和事理逻辑。句子成分排列的基本原则是：与中心词语义关系越紧密的，离中心词的位置越近；相反，语义上是普遍性特征或与中心词关系越远的，离中心词的空间位置越远；事理逻辑一般是人们认识事理的规律，从简单到复杂，从浅入深，从提出问题、分析问题，到解决问题。

（四）句式杂糅

句式杂糅，指有两种或两种以上类型的句子杂糅在一起，从而造成语句结构的混乱。句式杂糅主要有以下几种类型：

1. 表被动的句式。

典型结构：被（受）……所……。

例：《消费者权益保护法》深受广大消费者所欢迎，因为它强化了人们的自我保护意识，使消费者的权益得到最大限度的保护。

解析："深受广大消费者欢迎"与"深为广大消费者所欢迎"的句式杂糅在一起，应该删掉一个。

2. 表原因的句式。

典型结构：原因是……造成（引起、诱发、作怪）；由于……结果；之所以……的原因；是因为……的原因。

例1：不难看出，这起明显的错案迟迟得不到公正判决，其根本原因是党风不正在作怪。

解析："其根本原因是党风不正"与"是党风不正在作怪"两句杂糅在一起，应删掉一个。

例2：一个人之所以变坏的原因，除了受到坏的影响外，更主要的是他自己没有把握住自己。

解析："一个人之所以变坏"与"一个人变坏的原因"两种句式杂糅在一起，应删掉一个。

3. 表目的的句式。

典型结构：是为了……为目的；把……达到；防止……不再……。

例：为了防止这类事故不再发生，我们加强了交通安全教育。

解析："防止这类事故再次发生"与"使这类事故不再发生"两种句式杂糅在一起，应删掉一个。

4. 表意图的句式。

典型结构：本着……为原则；从……为出发点。

例：他们本着保证质量、降低成本为原则，采用了新的工艺和新的技术。

解析： 例句是两种句式杂糅在一起，可以修改为："本着保证质量、降低成本的原则"或者"以保证质量、降低成本为原则"。

5. 表对象的句式。

典型结构：对象……面向……；对于……问题上。

例：这本杂志的对象，主要是面向中学语文教师。

解析： "这本杂志的对象"与"面向"句式杂糅，应选择一种。可以修改为："这本杂志主要是面向中学语文教师。"或者"这本杂志的对象，主要是中学语文教师。"

6. 表组成的句式。

典型结构：还有来自……也参加了……；成分是……配制而成；分……部分组成；有……组成；大多是以……为主。

例1：这次家政短训班的学员，除家政行业的人员外，还有来自农村地区的留守妇女也参加了学习。

解析： "还有……学习"是两种句式杂糅在一起，可以修改为："还有来自农村地区的留守妇女"或者"农村地区的留守妇女也参加了学习。"。

例2：这届全运会会徽、吉祥物设计的应征者大多是以青年师生为主。

解析： "大多是以……为主"是两种句式杂糅在一起，可以修改为："……应征者大多是青年师生"或者"……应征者以青年师生为主"。

7. 表程度的句式。

典型结构：分外……多了。

例：他平时总是沉默寡言，但只要一到学术会议上谈起他那心爱的专业时，就变得分外活跃而健谈多了。

解析： "分外……多了"属于句式杂糅，可以修改为"分外活跃而健谈"，或者"活跃而健谈多了"。

8. 表依靠的句式。

典型结构：靠的是……取得的；关键在于……是十分重要的；是出于……决定的。

例：如何才能让大家富起来呢？关键的问题是知识在起决定性作用。

解析： "关键的问题是知识在起决定性作用"是两个句子杂糅成一个句子，可以修改为："关键的问题是知识"或者"……知识在起决定性作用"。

（五）表意不明

1. 指代不明。

主要是代词指代不明。代词有两类，一是指示代词，如"此""这""这方面"等；二是人称代词，如"自己""他（她）"等。

指示代词指代不明，常因为前面的句子叙述两种或两种以上的事实，后面的句子中用"此""这"等来替代造成的。句子采用"是……还是……""……或（者）……""有……也有……"等句式结构。

例1：最近的一项社会调查显示，不少网络游戏带有暴力情节和色情内容，这无疑会严重影响青少年的身心健康。

解析： "不少网络游戏带有暴力情节和色情内容"两种事实对应"这"，就出现了指代不明的语病。

例2：今天老师又在班会上表扬了自己，但是我觉得还需要继续努力。

解析：人称代词"自己"在句子表达中，既可以指文字叙述的作者（即"我自己"或"我"），又可以指句子主语自己（即"他自己"或"她自己"）。例句中的"自己"可以理解为说话者"我"自己，也可以理解为主语"老师"自己。

例3：当他把证书发给小张时，他对他笑了。

解析：很显然，句子中的"他"指代不明确，不能分清楚谁对谁笑。

2. 对象不明。

这种语病主要是因承前省略不当而引发的。

例1：孩子们很喜欢李大伯，一来到这里就有说有笑，十分高兴。

解析："一来到这里就有说有笑，十分高兴"既可以看作承前省略主语"孩子们"的谓语，也可以指孩子们喜欢李大伯的原因，李大伯"有说有笑，十分高兴"。

例2：我看见司机扶着一位老人走下车来，手里拿着一个黑色的包。

解析："手里拿着一个黑色的包"的是小张，还是老人，指代不明确。

例3：昨天在公交车站的站台上我发现了他。

解析：在站台上的是"我"还是"他"，指代不明确。如果是"我"，可以改为"昨天我在公交车站的站台上发现了他"；如果是"他"，可以改为"昨天我发现了他在公交车站的站台上"。

3. 多义词（短语）造成歧义。

（1）一个词有多个义项，作多种解读，其词性没有改变。

例1：开刀的是他父亲。

解析：句子中的"开刀的"既可能是病人，也可能是医生。

例2：这是孙燕摄于2002年11月的照片。

解析：句子中的"摄"可以理解成"孙燕自己动手拍摄"，也可以理解成"别人给孙燕拍摄"。

例3：他走了一个多钟头了。

解析：句子中的"走"，既可以理解为"行走"，也可以理解为"离开"，甚至可以理解为"过世"（"走"是"死亡"的一种委婉语）。

例4：躺在床上没多久，他想起来了。

解析：句子中的"想"既可指"回忆"，也可指"打算"。

例5：山上到处是杜鹃。

解析："杜鹃"既可指"杜鹃花"，也可指"杜鹃鸟"。如果说"山上开满了杜鹃"就没有歧义了，"开满"搭配的一定是"杜鹃花"。

（2）一个词语可以拆开作两个词用，所作的句子成分有差别。

例1：县里的通知说，让赵乡长本月15日前去汇报。

解析："前去"可以视为一个动词，相当于"前往"；也可以理解成两个词，相当于"在某个时候之前"。

例2：山上的水宝贵，我们把它留给晚上来的人喝。

解析："晚上"既可以理解成一个时间词语，夜晚；也可以理解成两个词语，相当于"晚一点儿上山"。

4. 多音字不同读音造成歧义。

这种情况常在书面表达时产生歧义，口语表达时往往能避免歧义。

例1：到2021年，小王还贷款1万元。

解析："还"读hái，是副词，"仍然"的意思；"还"读huán，是动词，"归还"的意思。

例2：好读书时不好读书。

解析：句中的两个"好"的字音既可分别读成"hào、hǎo"，意思是喜好读书的时候，不方便（条件不允许）读书；也可以分别读成"hǎo、hào"，意思是条件允许、读书容易的时候不喜好读书。所以两种读音含义不同。

例3：这个人好说话。

解析："好"读hào时，意思是这个人爱说话，喜好说话；"好"读hǎo时，意思是这个人容易交往，很容易沟通。

5. 词性不同造成歧义。

例1：我要炒肉。

解析："炒"作动词，就是炒肉这道菜；如果"炒"作形容词，修饰"肉"，意思是"我要'炒肉'（菜名）这道菜"。

例2：这辆车没有锁。

解析："锁"既可以作动词，意思是"锁上车"；也可以作名词，意思是"锁子，与钥匙相对应"。

例3：他背着总经理和副总经理偷偷地把这笔钱分别存入了两家银行。

解析："和"理解成连词，表示"背着"总经理、副总经理两个人；"和"理解成介词，作"跟、同"理解，表示"背着"总经理一个人。

注意："背"是多音字，如果后面是一个人，会造成歧义。即有"身体背着"或者"不让某人知道"两种含义。因为上例中出现了两个人，所以按照常理，不可能背得了两个人；还因为人物是总经理，所以用身体背总经理的可能性也不大，因此只能理解成"不让某人知道"这种情况。

6. 停顿不同造成歧义。

（1）句子中缺乏必要的标点导致语法结构划分不同。

例1：这份报告我写不好。

解析：如果从"写"后面停顿，意思是"不赞成我写"，应该让别人来写；如果从"我"后面停顿，意思是"这份报告没有把握写好"。

例2：我看到你那年才六岁。

解析：如果从"年"后停顿，可以理解为：我看到你那年，你/我才六岁（两种含义）。如果从"到"后停顿，意思是：我看到，你那年才六岁。

（2）中心名词前有多个定语造成歧义。

多个定语既可以同时修饰中心名词，也可以是定语之间相互修饰。

例1：这个精致的灯笼将作为全天得分最高的嘉宾的礼品赠送给他。

解析：两种不同停顿带来两种不同理解：一种是灯笼作为礼品是"今天得分最高

的",另一种是嘉宾是"今天得分最高的"。

例2：局长嘱咐几个学校的领导，新学期的工作一定要有新的起色。

解析："几个"既可以修饰"领导"，也可以修饰"学校"，造成歧义。

（3）定语修饰用"和"连接的多个中心名词造成歧义。

例：职教中心的大李和张红主任一起去新疆出差了。

解析："职教中心的"可以理解为修饰"大李"，大李一个人是职教中心的；也可以理解为修饰"大李和张红主任"，两个人都是职教中心的，这样就产生了歧义。

（4）短语结构关系不同造成的歧义。

例：咬死猎人的狗。

解析：看作动宾结构，意思为"猎人的狗被咬死"；看作偏正结构，意思为"狗咬死了猎人"。

（5）施事者不明造成的歧义。

例：巴勒斯坦游击队对以色列的进攻是早有准备的。

解析：可以理解为：巴勒斯坦游击队/对以色列的进攻是早有准备的，进攻者是以色列；也可以理解为：巴勒斯坦游击队对以色列的进攻/是早有准备的，进攻者是巴勒斯坦。

（6）标点符号乱用、滥用造成的歧义。

例1：只要你单位同意，报销旅差费，安排住宿，领取大会出席证的问题可由我们解决。

解析：逗号和顿号的标注不同，意义也不同。例句可分别修改为："只要你单位同意，报销旅差费、安排住宿、领取大会出席证的问题可由我们解决"或"只要你单位同意报销旅差费，安排住宿、领取大会出席证的问题可由我们解决"或"只要你单位同意报销旅差费、安排住宿，领取大会出席证的问题可由我们解决"。

例2：收购站营业员因认真执行规定，对收购进来的有病猪肉，未按该站主任的意图，加盖"合格肉"图章，所以遭到迫害。

解析：例句本意应是收购站营业员没有给有病猪肉加盖"合格肉"图章，违背了主任的意图，所以遭到迫害。但却在"意图"后加上一个逗号，意思变成了：收购站营业员给有病猪肉加盖"合格肉"图章，违背了主任的意图，所以遭到迫害，意思恰好相反。故根据句意的需要，如果表示前者意思，则在"意图"后不加逗号；如果表示后者意思，则可在"意图"后加逗号。

7. 重音不同造成歧义。

说话时重音不同就会造成歧义，书面语则不会出现此歧义现象。

例1：他一个早晨就写了三封信。

解析："就"轻读，是说他写信写得快；"就"重读，则说他工作效率低，只写了三封信。

例2：你为什么打他？

解析：重音放在"你"上，可以理解为"你不能打他，别人可以打他"；重音放在"他"上，可以理解为"为什么不打别人，而是打他"；重音放在"打"上，可以理解为"他可以其他方式教育，为什么要打？"重音放在"为什么"上，意思是打人总得

基础知识

有个理由吧,强调打他的原因。

8. 说话时同音词造成歧义。

例1:产品全部合格。/产品全不合格。

例2:这是致癌物质。/这是治癌物质。

例3:自从我省西部地区发生强烈地震以来,本市各界对震灾以后的人民生活十分关心,积极开展赈灾活动。("震灾"与"赈灾"读音相同,说话时容易造成歧义)

解析:上述三个例子均是同音字在说话时会造成对方听觉上的歧义,如果是书面文字,就不会产生歧义。

(六)不合逻辑

"不合逻辑"指句子内容不合事理、不合实际、不合客观规律,或者句子表述不够严密、不合情理、自相矛盾。

1. 内容不符合客观事实。

(1)不合事实。

例1:八百多人,几千条胳膊,同暴雨洪水搏斗了一天一夜。

解析:不合事实。"八百多人"不会有几千条胳膊。

例2:他发愤苦读,用三年时间就学完了大学所有课程。

解析:"大学所有课程"很多,一个专业的课程都难以数出来,何况还有很多专业,如果没有限定条件,仅用三年时间学完大学所有课程是不客观的。

(2)不合事理。

例1:汽车在盘山公路上像箭一样飞驰出去。

解析:不合事理。"盘山公路"是弯曲的,"像箭一样"应该是直的,二者矛盾。

例2:该市有人不择手段仿造伪劣产品。

解析:产品可以是伪劣的,但劣质产品没有人会去仿造,所以"仿造伪劣产品"是不合事理的。

(3)表述绝对。

例:凡是生活幸福的人,都是事业成功的人,都是社会上有头有脸的人。

解析:句子中"凡是""都"言过其实,表述绝对化,而且也不符合事实。

2. 概念分类不合逻辑。

(1)从属关系并列不当。

例1:我市已形成以机械、电子、食品、纺织、轻工、建材为支柱的工业体系。

解析:"轻工(业)"与前面的"食品、纺织"是种属关系,并列使用不合逻辑。

例2:洪水可以冲走我们的房屋、庄稼和各种财产,但它冲不走我们的意志和决心。

解析:"各种财产"包括"房屋、庄稼",不能并列使用。

例3:我在超市买了牙膏、牙刷、香皂和日用品。

解析:"牙膏、牙刷、香皂"与"日用品"之间是从属关系,不能并列表述。

(2)交叉关系并列不当。

例1:出席团代会的代表有干部和青年,还有不少女同志。

解析:"干部、青年、女同志"三者概念有交叉,不能并列使用。

例2：他是个文学爱好者，阅读了大量的小说、诗歌、散文以及外国名著。

解析："小说、诗歌、散文"与"外国名著"是交叉关系，不能并列使用。

（3）非同一范畴的概念不能并用。

例1：这个公园的门票分月票、季票、参观券、年票几种。

解析："参观券"不属于公园的门票，不能和其他的票并列使用。

例2：全体共青团员特别是中学生，参加建党100周年庆祝大会。

解析：用"特别"一词加以强调的对象应是前面所提概念的部分，与前面形成范围的大小关系，而"中学生"与"共青团员"是交叉关系，不属于此范围。

例3：屋里陈设着爷爷过去用过的各种各样的东西和鸟笼子。

解析："东西"和"鸟笼子"不是相同范畴内的概念，不能并列使用。

单招考试病句高频类型

第一类

病句特点：由前后两个句子构成，前面的句子是状语，后面句子的开头部分出现"使""让"等字，即"……，使/让……"。

例1：从老师的一席话中，使我受到了很大启发。

例2：经过老主任再三解释，才让他怒气逐渐平息，最后脸上勉强露出一丝笑容。

例3：通过读《纳谏与止谤》，使我受益匪浅。

第二类

病句特点：句子由"防止""避免""以防""以免""禁止"等词与表示否定或者相反含义的词语搭配，即"防止/避免……不再……"。

例1：为了防止这类交通事故不再发生，我们加强了交通安全的教育和管理。

例2：我们应该做好消防工作，避免生命财产少受损失。

例3：上级部门规定禁止取缔学校附近的网吧。

第三类

病句特点：两个方面同时与一个词语搭配，致使一个方面搭配不当。

例1：经过大家的努力，产品的数量和质量都显著地提高了。

例2：这个学期，他的学习态度和成绩比以前提升了。

例3：艺人们过去一贯遭人白眼，如今却受到人们热切的青睐，就在这白眼和青睐之间，他们体会着人间的温暖。

第四类

病句特点：主语和宾语的指向不一致，句子中有判断动词"是""成为""成了"等标志。

例1：今年，我校招生的人数成为历史上最多的一年。

例2：九月的香山是最漂亮的季节。

例3：放假前最后一天的劳动成了同学们最忙碌、最愉快，也最有意义的一天。

第五类

病句特点：搭配不当。特别是主谓宾之间搭配不当的情况较多。

例1：某厂研制新产品的技术人员，经过半个多月的艰苦奋战，终于研制成功了。

（研制成功的是新产品，而非技术人员）

　　例2：我国棉花的生产，过去长期不能自给。（不能自给的是棉花，而非生产）

　　例3：以前，爸爸挣的钱还不够养活一家人的生活。（应是养活一家人，而非养活生活）

　　第六类

　　病句特点：主客体位置颠倒。即（无生命的物）对/对于（有生命的人/动物）来说是怎样的。句子中一般有"对""对于"等字样，且客体在前，主体在后。

　　例1：《焦裕禄》这部电影对我国四十多岁的中年人是非常熟悉的。

　　例2：鸦片战争以来的中国近代史，对于大多学生来说是比较熟悉的。

　　例3：搜查来的物品里面的毒品对于训练有素的缉毒犬反应最大。

　　第七类

　　病句特点：成分残缺或赘余。

　　例1：据调查，我国已经有近80%左右的网民，每天上网时间不低于4个小时。（"近"与"左右"要去掉一个）

　　例2：女子篮球队在这次比赛中大力发扬了敢拼敢搏，最终夺得了冠军。（应该是"发扬……的精神"）

　　例3：每年的"3·15"晚会都深受广大消费者所欢迎，因为它曝光不良企业，强化人们的维权意识，让消费者的权利得到最大限度的保护。（应该是"深受……欢迎"或者"为……所欢迎"）

　　第八类

　　病句特点：多重否定导致句意与说话者的本意相左。句子常表现为疑问代词、否定词、疑问句等叠加的形式。

　　例1：谁能否认《三国演义》不是一部好的文学著作呢？

　　例2：哪个能否认我们这个时代不需要雷锋精神了呢？

　　例3：近年来，他无时无刻不忘收集、整理民间小调。

　　第九类

　　病句特点：歧义句。

　　例1：三个学校的学生会干部在教导处开会，研究本学期社团活动的开展问题。

　　例2：县里通知说，让赵乡长本月20日前去汇报。

　　例3：他背着总经理和副总经理偷偷地把这笔钱分别存入了两家银行。

　　第十类

　　病句特点：违背事理，不合逻辑。

　　例1：屋里陈设着鲁迅先生过去用过的各种各样的东西和书籍。（"东西"包含"书籍"）

　　例2：他是多少个死难者中幸免的一个。（"死难者"与"幸免"矛盾）

掌握基本答题技巧

　　1. 从语法角度入手，抓句子主干，抓基本含义。分析句子，一定要先把句子的主谓宾找出来，看看句子成分有没有残缺，各句子成分的搭配是否恰当。

　　2. 从语义角度入手，结合整段话，厘清各层次之间的关系，注意关联词的使用。看修饰语与中心词是否搭配恰当；实词、虚词运用是否恰当；整个句子的语义是否完整。

3. 从逻辑事理入手，看事理是否正确，前后是否矛盾，是否冲突。

4. 从语感角度入手，通读句子，查找感觉不清晰、不流畅、拗口、别扭的地方，然后再从语法、事理等方面分析，辨明病因。

5. 从对比角度入手，对某些实在拿不准的句子，可以仿照原句结构新写一个常用的、自己熟悉的句子，然后进行比对，这样就容易找出病因。建议考生将常考的病句类型牢记于心，在考试中将经典例题与考试题进行比对，这样就很容易找出病句。

四、模拟练习

1. 下列各句中没有语病的一句是（　　）。
A. 他父亲是大学语文教师，所以他的语文成绩特别好。
B. 截至目前，希望工程已累计接受海内外捐款22亿多元，改造和新建了9508所希望小学，让300多万名学生走进了新校舍。
C. 我打算到新建的市游泳馆去，司机告诉我在展览馆前一站下车。
D. 无论干部和群众，毫无例外，都不能在疫情防控上搞特殊。

2. 下列句子中没有语病的一句是（　　）。
A. 她是一位优秀的有13年教学经验的省体育队的女游泳教练。
B. 皮影戏对于70后的唐山人不陌生。
C. 我们高职教育应该培养学生善于观察、善于思考、善于创造的水平。
D. 一本好书可以给你带来许多教益，甚至可以影响你的一生。

3. 下列句子没有语病的一项是（　　）。
A. 为了避免此类事故不再次发生，政府专门制定了有关的规章制度。
B. 学生在购买文具用品时，要尽量选择无异味的橡皮擦、无刺鼻气味的涂改液和学习用品。
C. 经过三个月紧张的复习，同学们可以从容、镇定地面对这次中考了。
D. 抽查显示批发市场上手机充电器合格率不足10%左右。

4. 下列句子中没有语病的一项是（　　）。
A. 老师耐心地纠正并指出我这次作业中存在的问题。
B. 张三强向国家捐献了一件祖传的八扇屏，具有极高的观赏、保存价值。
C.《大山的呼唤》是他发表的第一部处女作。
D. 有专家指出，运动过少是导致部分青少年肥胖的主要原因。

5. 下列句子中没有语病的一项是（　　）。
A. 通过这次少数地区的金融风暴事件，使我们看到了国民心理承受能力和金融常识都有待提高。
B. 利比亚撤侨民行动，表达了党和政府坚持"立党为公，执政为民"和"外交为民"的理念。
C. 在今年的全国两会上，许多代表指出：环境污染、交通拥堵、发展成本过高，已成为城市发展必须面对的重大课题。
D. 全国青少年科技创新大赛具有广泛的群众基础，每年有超过1 000万名左右的青少年参加从基层学校到全国大赛的不同层次活动。

6. 下列句子中没有病句的一项是（　　）。
A. 我们班的同学将来都希望成为一个有作为的人。
B. 我们五人一组。
C. 去冬以来，各校开展学习雷锋的新高潮，广大学生思想面貌焕然一新。
D. 空气质量的好坏，对我们的生活有着很大的影响。
7. 下列句子中没有语病的一项是（　　）。
A. 从他的发言里，给了我很大的启发。
B. 我们要尽可能地节省不必要的开支和浪费。
C. 团结一致是能否搞好工作的关键。
D. 大家都讲究卫生，我们的健康就有保障了。
8. 下列各句中没有歧义的一项是（　　）。
A. 这次会议反对的是小王。
B. 这个人谁都不相信。
C. 这北房住过三家人家。
D. 老张家门楼上挂着彩灯。
9. 下列各句中没有歧义的一项是（　　）。
A. 我讲不好。
B. 老张已经问过了。
C. 祝贺小李考上了大学。
D. 三个学院的学生参加红歌大赛。
10. 下列各句中没有歧义的一项是（　　）。
A. 这个人连老张都不认识。
B. 今天下午开出了三列火车。
C. 他在办公室看材料。
D. 我想起来了。

第七节　句　　式

一、考纲解读

1. 掌握句型结构、特点，能够正确判断句式的类型。
2. 能够按照要求进行各种句式之间的变换。
3. 能够根据上下文语境选择恰当的句式，也能够为一组句子进行正确排序。
4. 具有一定的归纳总结和知识迁移能力，能够仿写句段或小诗。
5. 考查形式：主观题，包括句式变换和仿写（近些年这类试题渐少）；客观题，偶尔会以单项选择题或判断题的形式进行考查。

二、经典例题

1. 将下列语段改写成句式整齐、语意连贯的排比句。

我喜欢自然风光,还喜欢生活中的故事,情节曲折的小说让我喜欢,也喜欢大自然的音响,富于魅力的风光摄影更让我着迷,当然,那美妙动人的音乐尤其让我陶醉。

答案:我喜欢自然风光,更喜欢富于魅力的风光摄影;我喜欢大自然的音响,更喜欢美妙动听的音乐;我喜欢生活中的故事,更喜欢情节曲折的小说。

解析:题意是让考生把散句改为整句。方法:加上重复使用的词语,使之构成整齐句式即可。

2. 把下面三句话合并成一句话,词语可以增减,但是不能改变原意。

①我们要毫不动摇地发展我国社会主义经济建设。

②我们要坚持自力更生为主,争取外援为辅的方针。

③我们要学习和引进外国的先进技术。

答案:我们要毫不动摇地坚持自力更生为主,争取外援为辅,学习和引进外国的先进技术,发展我国社会主义经济建设的方针。

解析:题意是让考生把短句变为长句。方法:只要提取出重复项,以一个句子为主干,将其他句子改变成主干句的修饰成分即可。

3. 填入下列文段横线处的语句,衔接最恰当的一项是(   )。

一条弯弯曲曲的石板路从山脚蜿蜒而上,＿＿＿＿＿＿。花墙上飘着垂柳,绿白相映,＿＿＿＿＿＿。

A. 路边长满木香花,结成两道覆霜盖雪的花墙;绿的格外鲜嫩,白的格外皎洁

B. 木香花长满路边,结成两道覆霜盖雪的花墙;白的格外皎洁,绿的格外鲜嫩

C. 木香花长满路边,结成两道花墙,覆霜盖雪;绿的格外鲜嫩,白的格外皎洁

D. 路边长满木香花,结成两道花墙,覆霜盖雪;白的格外皎洁,绿的格外鲜嫩

答案:A

解析:本题涉及句式选择问题,选择什么样的句式,要根据上下文语境。根据语气连贯原则,可以判定第一个空白处,应该接着上句的石板路往下说,以路边开头,所以排除B、C两项;"绿白相映"提示后面的顺序,应该是先说绿的,后说白的。故选择A。

4. 根据下面例句,仿写句子。

山对海说:你博大辽远,深邃宽容,是值得我尊敬的老师。

海对山说:＿＿＿＿＿＿＿＿＿＿＿＿＿＿。

答案:你高耸挺拔,稳重坚强,是值得我信赖的朋友。

解析:仿写题要做到仿写句与例句结构相同、意思相近、修辞手法一致。因为是主观题,答案仅供参考,只要仿写的内容合理、形式相同即可。

三、学海导航

掌握与句式相关的基础知识

句式,指句子的结构方式。选择怎样的句式,与文章的思想内容、文体风格、句子的上下文有密切关系。按照不同的标准划分,句子可以划分为不同的句式。

(一)长句与短句

1. 概念。

从句子长短上,可以分为长句和短句。长句指字数多,结构比较复杂的句子。长句包括复杂的单句和复句里包含长分句的句子;短句指字数少,结构简单的句子。短句包括简短的单句和复句里面结构简单的分句。

例1:一跺脚,刀横起,大红缨子在肩前摆动。削砍劈拨,蹲越闪转,手起风生,忽忽直响。(这些练武卖艺的动作都是由短句构成的)

例2:许德珩同志对记者讲述了他的亲身经历,为了救国救民,他早年参加过孙中山领导的"辛亥革命",随后积极参加"五四"运动、"一二·九"运动和反蒋抗日的斗争,曾两次坐牢、被抄家,三次在他任教的大学被解聘,历经波折。(长句,由多个单句构成)

2. 长句变短句的方法。

(1)把修饰语或插入语抽出来,变成说明性的分句或句子。

例:这些干练的、细心的、总是什么都知道的社区督察员每个月都来我们小区检查治安情况。

改成短句:这些社区督察员每个月都来我们小区检查治安情况,他们非常干练,也很细心,总是什么都知道。

(2)把长修饰语抽出来提到前面作分句或句子,同时在后面句子里用一个代词复指这个分句或句子。

例:无产阶级必将战胜资产阶级和一切剥削阶级,社会主义必将战胜资本主义,共产主义一定能够在全世界实现的历史发展的总趋势是谁也改变不了的。

改成短句:无产阶级必将战胜资产阶级和一切剥削阶级,社会主义必将战胜资本主义,共产主义一定能够在全世界实现,这个历史发展的总趋势是谁也改变不了的。

(3)把长联合结构改成并列分句。

例:抗击新冠疫情,不仅是医务人员、科研工作者、党和政府的事,而且也是全国人民不能推卸的责任。

改成短句:抗击新冠疫情,是医务人员的事,是科研工作者的事,是党和政府的事,也是全国人民不能推卸的责任。

(4)把中心语前的并列修饰语抽取出来,变为解说复句。

例:从严密的综合科学体系讲,最基础的是研究物质运动基本规律的物理和指导我们推理、演算的数学这两门学问。

改成短句:从严密的综合科学体系讲,最基础的是两门学问,一门是研究物质运动基本规律的物理,一门是指导我们推理、演算的数学。

3. 短句变长句的方法。(略,利用长句变短句的方法进行逆向思维即可)

(二) 单句与复句

1. 概念。

单句是指语法上不能分拆成两个或两个以上的分句的句子。复句是指语法上能分成两个或两个以上相当于单句的分句的句子。同一复句里的分句,都是有关系的。一个复句只有一个句终语调(如句号、感叹号、问号等),它不同于连续几个单句。

2. 单句和复句之间的变换。

(1) 单句变复句的方法。

①给几个单句加上适当的关联词语组成复句,即通过关联词语连接分句,使之成为有整体意义的句式。

例:太阳下山了。工人们下班了。(两个单句)

改成复句:工人们下班了,是因为太阳下山了。(一个复句)

②把几个单句中的修饰成分,进行提取重构,使之形成主谓结构的句式。

例:遗传工程是一种遗传学技术。遗传工程要借助生物化学的手段。它将一种生物细胞中的遗传物质转移到另一种生物细胞内。目的是改变另一种生物的遗传性状或创造新的生物品种。(四个单句)

改成复句:遗传工程是借助生物化学的手段,将一种生物细胞中的遗传物质转移到另一种生物细胞内,以改变另一种生物的遗传性状或创造新的生物品种的一种遗传学技术。(一个复句)

(2) 复句变单句的方法。

将分句从原句中独立出来,根据意义加上恰当的主语,使之成为一个个单句。即取消原复句整体表意的句式。(相当于单句变复句的逆运算,进行逆向操作,对复句进行拆分即可)

(三) 整句与散句

1. 概念。

单个的句子无所谓整散,许多句子组织在一起,就有整散之说。整句是指结构相同或相似、形式匀称的句子;散句指结构不同、形式错落的句子。整句和散句是相对的概念。整句的主要形式是对偶、排比、叠用等。散句主要是长短句交错、非对偶句、非排比句等。

整句示例如下:

例1:黄花满地,白柳横坡。小桥通若耶之溪,曲径接天台之路。石中清流激湍,篱落飘香;树头红叶翩翩,疏林如画。西风乍紧,犹听莺啼;暖日常暄,又添蛩语。(曹雪芹《红楼梦》)

例2:在这千万的被饲养者的中间,没有光,没有热,没有温情,没有希望……没有法律,没有人道。(夏衍《包身工》)

例3:她美,她年轻,她要强,她勤俭,假若祥子想再娶,她是个理想的人。(老舍《骆驼祥子》)

散句示例如下:

例1：在古老的年代，玛瑙河对岸是一片森林，森林边上的村落里，有一个名叫米拉朵黑的年轻人，他是一个出色的猎手。

例2：院子里留下一个二十二三岁的青年，他穿得一身新，新裤、新袄、新衫子、新鞋、新袜、新帽子，连露出口袋的手帕也是头回用。

2. 整句与散句之间的变换。

整句与散句之间的变换，主要技巧是重复性用词，即叠用手法。可以借用数学公式（a+b）c=ac+bc 的思维模式，将叠用成分看作 c。如果整句是（a+b）c 模式，那么各分句就是 ac+bc 模式。

例：我喜欢自然风光，还喜欢古代民居，现代都市我也喜欢，总之，只要能走出去，都喜欢。（散句）

改成整句：我喜欢自然风光、古代民居、现代都市，总之，只要能走出去，都喜欢。

解析：句子中的"我喜欢"三个字可以看作数学公式（a+b）c=ac+bc 中的 c，如果重复说 c，就是原句的形式；如果提取"我喜欢"这个成分，就是改后的形式。

整散句之间的变换、长短句之间的变换都可以利用这个思维模式快速变换。

（四）肯定句与否定句

1. 概念和区别。

肯定句是从正面表述某种肯定的看法和情况，语气一般比较明确、强烈。否定句是从反面表述某种否定的看法或情况，语气一般比较灵活、缓和。否定句可以运用修饰语来加强否定的语气。

注意：肯定句和否定句的区别，主要不在句子的结构形式上，而在表达的语气角度上。同一个意思，可以用肯定句来表达，也可以用否定句来表达，但是它们在语义的深浅、口吻的轻重方面会有差别。

例1：他反对我的提议。（肯定句）

例2：他不同意我的提议。（否定句）

解析：例1与例2在语义和口气上就有少许差别，例1反对的意味更重。

2. 双重否定句。

如果一个判断句或陈述句中先后用了两个否定句，它们之间又不是并列关系（如不吃不喝），就构成双重否定句。双重否定句也可以由一个否定词加上否定意义的动词、副词或反问语气构成。双重否定表示肯定。

例1：我们应该承认，不犯错误的人是没有的。（句中包含"不"和"没有"两个否定词）

例2：难道我们不应该这样做吗？（句中包含"不"这个否定词和反问语气句式，整个句子意思表示肯定，即应该这样做）

3. 三重否定句式。

单招考试中经常出现三重否定的试题，让考生判断句意。

例1：他不得不承认自己不上学的事实。（句中有三个否定词，整句意思是承认不上学是事实）

例2：谁也不会否认地球不是绕着太阳转的。（该句是错误的表述。句中有三重否定，变成了都承认地球不是绕着太阳转，显然是不对的）

注意：双重否定表示肯定，三重否定则又表示否定！

（五）主动句与被动句

在主谓句中，主语是动作或行为的施事者的句子叫主动句；主语是动作或行为的受事者的句子叫被动句。

例1：我把他打了一顿。（主动句）

例2：我被他打了一顿。（被动句）

另有一些主语既非施事也非受事的句子（多半是表示判断、存在或社会、自然等现象），既不是主动句，也不是被动句。

例1：天亮了。

例2：小李爱看电影。

主动句包括一般主动句和"把"字句两种；被动句常带有"被"字或相当于"被"（为……所……）等字样。

主动句和被动句的变换主要是主语和宾语的变换。其中，"把"字句与"被"字句互换是常见的考试题型。

例1：云彩把月亮挡住了。（"把"字句）

例2：月亮被云彩挡住了。（"被"字句）

（六）常式句与变式句

汉语语法规则决定了句子结构安排各个成分的次序问题，句中各成分的次序和分句前后次序大都固定，一般不随意改变。例如：主语在前，谓语在后；定语、状语在前，中心语在后；偏句在前，正句在后。这种句子成分或分句居于经常性的、一般位置的句子叫常式句；为了强调某一方面，对句子的结构形式进行了改变，即改变了词语在句子中的习惯位置，就形成了变式句。

例1：你还到学校去吗？（常式句，主语在最前面）

例2：还到学校去吗，你？（变式句，主语在后面）

通常所说的主谓倒装句、定语后置句、状语后置句，以及有关联性质的因果、转折、条件、假设等倒置句都属于变式句。

例1：因为努力学习了，所以小李这次期末考试考得非常好。（常式句）

例2：小李这次期末考试考得非常好，是因为努力学习了。（变式句）

例3：北京城像一块大豆腐，四方四正。城里有大街，有胡同。大街、胡同的方位走向大都是正南正北，正东正西。（常式句）

例4：北平的地方那么大，事情那么多，我知道的真是太少了。虽然我生在那里，一直到二十七岁才离开。（变式句）

（七）陈述句、祈使句、疑问句与感叹句

根据语气不同划分句子类型，句子还可以分为陈述句、祈使句、疑问句与感叹句等。

1. 陈述句，是用来说明事实的句子。

例1：今天天气晴朗。

例2：深圳是我国的一个经济特区。

2. 祈使句，是用来要求听话人做某件事情的句子。

例1：把窗户关上吧！

例2：公共场合请不要抽烟。

3. 疑问句，是用来提出问题的句子。疑问句除了一般疑问句外，还包括设问句和反问句（反诘句）。

例1：我们会不会迟到呢？（一般疑问句）

例2：人的正确思想是从哪里来的？是从天上掉下来的吗？不是。是自己头脑里固有的吗？不是。（设问句）

例3：你不觉得我们的战士是可爱的吗？（反问句）

4. 感叹句，是用来抒发某种强烈感情的句子。

例1：塞上草原的风景真美啊！

例2：各族人民大团结万岁！

掌握扩写、缩写、仿写的基本技巧

（一）扩写

扩写是对句子进行扩展，使句子内容更完整、更丰富的一种形式。从外在形式看，扩展后的句子要比原句长，修饰或限定成分多。一般有成分填充式、连词成句式、情景描绘式、续写补写式、话题扩展式等。

例1：我是一位教师。（扩写）

扩写为：我是一位有着二十年教龄的在高职院校教授大学语文课的女教师。

例2：将"苏轼""词""美食家"三个词加上合理的想象连接成一个句子。

扩写为：北宋时期著名的豪放派词人苏轼不但在诗词上成就非常高，而且在美食上很有研究，研制出"东坡肘子""东坡肉"等名菜，是一位名副其实的美食家。

例3：请将"两个黄鹂鸣翠柳，一行白鹭上青天"这联诗扩写成一段意境优美的文字。

扩写为：初春时节，草长莺飞，一派大好风光。你看那翠绿的柳树间，有两只黄鹂在婉转地歌唱；再看蔚蓝的天空，有一队整齐的白鹭在向天而飞。这是一幅多么美丽的早春鸣禽图啊！

例4：在下面横线处补写恰当的语句，使整段文字语意完整连贯，内容贴切，逻辑严密，每处不超过15个字。

电子商务存在的价值之一，就是通过互联网进行网上购物，网上支付，节省消费者与商家的时间和空间，①＿＿＿＿＿＿＿。对于工作忙碌的上班族而言，②＿＿＿＿＿＿＿，还易于达到货比三家、快乐购物的目的，在信息多元化的21世纪，③＿＿＿＿＿＿＿，完成购物，已经成为许多消费者的习惯。

补写为：

①这种模式大大提高了交易效率。

②这种模式可以为其节省宝贵的时间。

③通过在线电子支付完成交易。

例5：请把"春天来了"扩写成一段话，要求能够体现春天来了的特征，不少于 50 个字。

扩写为：春天来了，万木吐绿，小草掀开厚厚的被子，露出它那嫩嫩的肌肤。娇艳的花朵竞相绽放，成群的蝴蝶嬉戏花间，小鸟在枝头高吭着歌喉。大自然的一切都沐浴在和煦温暖的阳光之中。

(二) 缩写

缩写包括缩写句子和缩写文章（段落）。缩写句子就是把结构复杂的句子中的修饰、限制和补充说明的成分去掉，保留主要成分，而不改变句子的主要意思。缩写文章（段落）就是删减描写、修饰性的语句，仅保留主要内容。

例1：万里长城在世界历史上是一个伟大的奇迹。

缩写为：长城是奇迹。

例2：当中国体育健儿在奥运会上获得金牌的喜讯传来时，他激动得热泪盈眶。

缩写为：他激动。

例3：将下面这段话进行缩写，使之精练、重点突出。

在天安门城楼、在观礼台，应邀出席庆祝中国共产党成立100周年大会的香港特区、澳门特区各界人士，带着激动、兴奋的心情，共庆世界第一大党的百年华诞。回望百年成就，共展千秋宏图。港澳各界代表恭迎盛会，倍感振奋，为中国共产党的光辉业绩欢欣鼓舞，对坚持"一国两制"，保持香港、澳门长期繁荣稳定信心十足，期盼在中国共产党的坚强领导下，中华民族迈向伟大复兴的美好未来。

缩写为：坚持"一国两制"，迈向民族复兴——港澳人士出席庆祝中国共产党成立100周年大会。

(三) 仿写

仿写句段就是根据题目中所给句式写句子或文段，要求跟被仿写的句段在形式、修辞、内容、意境等方面相似或相近。常见的题型有三种。

1. 仿照句式，补写句子，完成填空。

2. 仿照句式，围绕话题写句子。通常仿写的内容和被仿写的内容没有联系，而是在句子形式、修辞、字数等方面相同或相似。

3. 仿写小诗。仿写的小诗与被仿写的诗在意境或意蕴上，甚至感情上通常有相似点。

例1：根据上下文语境，仿照第二段中带下划线的句子，分别在第三、四段的横线处补充恰当的句子。

徽菜发端于南宋，兴盛于清代，如今更是享誉海内外。徽菜地方色彩鲜明，文化底蕴深厚，具有三大特色。

一是<u>就地取材，讲究新鲜</u>。徽州地处山区，林木葱茏，溪流遍布，盛产山珍野味、河鲜家禽，为徽菜制作提供了丰富多样、四时常鲜的食材。

二是①_____。常以木材为燃料，或柴禾急烧，或树块缓烧，充分呈现食材的特点。加以木炭火单炖，原锅上桌，可以最大程度地保持汤汁的鲜美。清炖是烹制徽菜的另一种重要方法，习用火腿佐味，汤色清白，香气浓郁。红烧是烹制徽菜的主要方法，多用酱油着色，色泽油亮，味道浓厚。

三是②_____。徽菜在发展过程中秉承"医食同源、药食并重"的传统，原料的选择和搭配都十分讲究。比如，多用具有药效的野菜入食，就体现了传统的滋补养生之道。

补写为：

①精于烧炖，讲究火功。

②秉承传统，注重养生。

例2：对下面的句子进行仿写，要求结构相同。

美，可以在金碧辉煌的宫殿中，也可以在坍塌破败的大桥旁。

仿写为：美，可以在绚烂绽放的鲜花上，也可以在孤寂飘飞的落叶里。

例3：仿写下面的小诗。

墙角的花，
当你孤芳自赏时，
天地便小了。

仿写为：

峭壁的松，
当你努力生长时，
高空便近了。

掌握基本答题技巧

1. 可以巧妙利用数学思维，进行句式的扩展或缩写变换。例如：利用数学公式 $(a+b)c=ac+bc$，找出相同的成分，巧妙拆分或综合句子成分。

2. 长句变成短句，可以利用化整为零法、分化解说法、语义分层法、提取主干法等，或者"$(a+b)c=ac+bc$"公式法。

3. 短句化为长句，可以利用添加修饰成分法，或者利用"$ac+bc=(a+b)c$"公式法。

4. 整句和散句互换主要考虑重复性用词。整句主要是排比、对偶句等；散句主要是长短句交错、非排比句、非对偶句等。整句的特点是形式整齐、气势贯通；散句的特点是机动灵活、富于变化。

5. 句式选择要根据上下文语境。注意话题一致、句式结构一致、时间空间一致、情调氛围一致，符合内在逻辑，揣摩语气轻重和语调的重点。

6. 语序排列，一定要从上下文语境和事理逻辑两个角度入手，排好顺序后再阅读一遍，检查整段话是否连贯、顺畅、合理，要确保排列的顺序正确无误。

7. 缩写、扩写、仿写题，一定要符合试题要求。特别是仿写题，首先要抓住被仿写内容的特点，从形式到内容，仿写一定要与被仿写的例句保持一致。

四、模拟练习

1. 下列句子的句式依次判断正确的一项是（　　）。

①在天安门广场上举行的70周年阅兵仪式真令人震撼啊！

②北京是我们国家的首都。

③问苍茫大地，谁主沉浮？
④最后进来的同学，请把门关上！
A. 陈述句　疑问句　祈使句　感叹句
B. 感叹句　陈述句　疑问句　祈使句
C. 祈使句　陈述句　疑问句　感叹句
D. 感叹句　祈使句　疑问句　陈述句

2. 下列句子按要求变换句式有误的一项是（　　）。
A. 公园管理人员批评了游客乱扔垃圾的不文明行为。
改成被动句：游客乱扔垃圾的不文明行为被公园管理人员批评了。
B. 请把你的笔借给我用一下。
改成疑问句：你的笔能借给我用一下吗？
C. 我喜欢看轻喜剧。
改成感叹句：我喜欢看轻喜剧呀！
D. 数学试卷很容易。
改成否定句：数学试卷不好答。

3. 下列句式变换不合乎语法的一项是（　　）。
A. 我明白这个道理。/这个道理，我明白。（变为强调句）
B. 老李喝完了葡萄酒。/老李把葡萄酒喝完了。（变为"把"字句）
C. 小王把他的书给了刘老师。/小王给了刘老师他的书。（变为非"把"字句）
D. 把门关上。/把门关上吧！（变为祈使句）

4. 把下列语段中画线部分改写成形式匀称整齐的四字句。
朗读时，我们要全方位调动目、口、耳、心。要做到<u>眼睛看文句，口诵其声，耳朵听字音，心里明白它的意思</u>，形成目观、口诵、耳听、心悟的综合效应。
_____。

5. 将下列一组句子组成一个语意连贯的单句。（可以增删词语，但不得改变原意）
①《左传》是一部不可多得的好文学作品。
②《左传》往往通过人物语言和行动来表现人物鲜明的个性。
③《左传》善于写细节，善于刻画人物。
④《左传》善于描写战争，善于描写大场面。
改为：_____。

6. 依次填入下面一段文字横线处的语句，衔接最恰当的一组是（　　）。
"中国结"的全称是"中国传统装饰结"，_____。_____，_____，_____，_____，_____，因此绳结也是中国古典服饰的重要组成部分。
①人们很早就开始用绳结装饰器物，为绳结注入了美学内涵
②当时的绳结是人们日常生活中的必备用具
③"中国结"的起源可以追溯到上古时期
④它是中华民族特有的一种手工编织工艺品，具有悠久的历史
⑤此外，绳结还被应用在人们的衣着、佩饰上
⑥同时也具有记载历史的重要功用，因而在人们心目中很神圣

A. ③②④⑥⑤①   B. ③①②⑤⑥④
C. ④①③②⑤⑥   D. ④③②⑥①⑤

7. 把下面的句子改写成排比句。

音乐家常把灵感变为跳动的音符，文学家呢，他们优美的辞章往往源于灵感，至于画家，他们完美的构图也常常与灵感相关，而一般人的灵感，则常是霎时的喜悦。

_____。

_____。

8. 请仿照例子，将下面的宣传语写得委婉、亲切一些。

例：（公园里）禁止乱扔垃圾。

改为：除了脚印，什么也别留下。

（1）（教学楼内）禁止喧哗，不许打闹。

改为：_____。

（2）（阅览室内）报刊不得带出，违者罚款。

改为：_____。

9. 仿照下面例句，写一个句式相同的句子。

例：苦难对于天才是一块垫脚石，对于能干的人是一笔财富，对于弱者来说是一个万丈深渊。

仿句：_____。

10. 仿照下面的例子，写一首小诗。

雨 伞

你一生与乌云为伴，
为别人遮风挡雨，
却湿透自己。

第八节 修 辞

一、考纲解读

1. 一般不考查修辞的概念，只考查对修辞格的判断、理解、分析和应用。

2. 要求考生掌握常用的修辞手法及其作用，考查最多的修辞有八种：比喻、拟人、借代、夸张、对偶、排比、设问、反问。

3. 能够正确运用常用修辞手法，增强语言表达的效果。

4. 考查形式：单项选择题、判断题、填空题、阅读理解题，作文题中如果能恰当运用修辞手法，会彰显文采，提高分数。

二、经典例题

1. 下列句子中采用的修辞手法，判断正确的一组是（　　）。

①乱石穿空，惊涛拍岸，卷起千堆雪。

②雨过天晴，太阳又露出脸来了。

③雨中山果落，灯下草虫鸣。

④荷塘中的月色并不均匀；但光与影有着和谐的旋律，如梵婀玲上奏着的名曲。

A. 拟人　暗喻　对比　通感

B. 拟人　拟人　对偶　比喻

C. 比喻　拟人　对偶　通感

D. 比喻　拟人　对偶　比喻

答案：C

解析：①是比喻（借喻），用雪来比喻浪花；②是拟人；③是对偶；④是通感，光和影是视觉看到的，旋律和名曲都是听觉听到的。

2. 下列句子中采用的修辞手法，判断不正确的一项是（　　）。

A. 这天黑沉沉的，好像要下雨。（比喻）

B. 他一天抽一盒红塔山。（借代）

C. 看见这绿油油的麦苗，就闻到面包的香味啦！（夸张）

D. 人的正确思想是从哪里来的呢？是从天上掉下来的吗？当然不是。（设问）

答案：A

解析：A项中的"好像"表示猜度，不构成比喻。B项中用红塔山品牌来代替香烟，属于借代；C项中看见麦苗就闻到面包香味，属于超前夸张；D项中选择自问自答，是设问句。

3. 下列各项中，没有运用修辞手法的一项是（　　）。

A. 每当看到这条红领巾，我就仿佛置身于天真烂漫的少年时代。

B. 溪流如弓背，山路如弓弦，故远近有了小小差异。

C. 苇眉子又薄又细，在她怀里跳跃着。

D. 没有十字架，没有墓碑，没有墓志铭，连托尔斯泰这个名字也没有。

答案：A

解析：A项没有使用修辞手法；B项为比喻；C项为拟人；D项为排比。

4. 下列各句中的修辞手法不同于其他三项的一项是（　　）。

A. 有两只蝴蝶正在花丛中翩翩起舞。

B. 春尚浅，几处山顶上的梅花却挣扎着吐出红苞来。

C. 月光如流水一般，静静地泻在这一片叶子和花上。

D. 我沐浴在大自然的怀抱中，让柔和的晚风轻抚着鬓角，吹去一切郁闷和烦恼。

答案：C

解析：C项是比喻，其他三项均为拟人。

三、学海导航

掌握修辞基础知识

（一）比喻

比喻，就是打比方，用某些有类似点的事物来比喻想要说的某一事物，以便表达得更加生动形象。在比喻句中，被比喻的事物叫本体，比喻的事物叫喻体。连接本体、喻体的标志性词语叫比喻词。常用的比喻词有"像""好像""好似""仿佛""犹如""如同""像……一样""像……似的"等。

例：弯弯的月亮，像小船一样。

比喻按照有无比喻词，或者有几个喻体等，还常分为明喻、暗喻、借喻、博喻四种类型。

1. 明喻，就是本体、喻体均出现，有"像""好像""像……似的"等比喻词，也就是比喻的特征在句子中非常明显。典型格式：甲（本体）像乙（喻体）。

例：这座五彩的桥，像雨后的彩虹似的。（"桥"是本体，"彩虹"是喻体，"像"是比喻词）

2. 暗喻，就是本体和喻体都出现，但比喻词变成了"是""就是""变成""变为"等，有时不用比喻词，也就是直接把甲（本体）说成乙（喻体）。

例：微笑是阳光，给寒冷的人以温暖。（"微笑"是本体，"阳光"是喻体，"是"为比喻词）

3. 借喻，指本体和比喻词都不出现，喻体直接出现在本体应该出现的地方。也就是说用乙（喻体）代替甲（本体）出现在句子中。

例：暴雨下了没多久，整座城市就成了一片汪洋。["汪洋"（海）是喻体，本体是"雨水"，句子中没有直接说"雨水"，而是用"汪洋"代替了"雨水"]

4. 博喻，就是用几个喻体从不同角度反复比喻说明一个本体。可以理解为一对多（本体一个，喻体多个）的关系。

例：神奇的北极光，有时像花海，色彩斑斓；有时如白云，浮在空中；有时似彩绸，上下飘飞；有时宛如蝶翼，轻盈薄透。（"北极光"是本体，只有一个；喻体有"花海""白云""彩绸""蝶翼"，共有四个。）

注意：构成比喻的必要条件是本体和喻体分属两类性质不同的事物，且本体和喻体之间有相似点。有几类句子虽然带有"像""好像""仿佛"等字眼，但并不是比喻句。考生需要特别重视。

一是同类相比的情况。

例：这个小孩长得像他父亲。[小孩和父亲属于同类（物种），没有构成比喻的要件]

二是表示想象的情况。

例：他仿佛听见了远处的歌声。（"他"和"听到歌声"没有相似性，也不形成本体和喻体的关系）

三是表示猜测的情况。

例：天气又闷又热，好像要下雨了。（"好像"在句中只表猜测，不是比喻词）
四是表示列举的情况。
例：这里地势太高，非常缺水，像水杉、竹子、柳树等喜水植物，都很难成活。（"像"在句中起到举例的作用，不是比喻词）

（二）比拟

比拟是把甲事物模拟为乙事物来写的修辞方式，既包括把物当作人来写（拟人），也包括把人当作物来写或把甲物当作乙物来写（拟物）。其中拟人是高频考点。

1. 拟人，指赋予"物"以人的言行或思想感情，简单来说就是把物当成人。

例：桃树、杏树、梨树，你不让我，我不让你，都开满了花赶趟儿。（树木被赋予了人的行为和性格，就构成了拟人手法）

2. 拟物，指把人当作物来写，使人具有物的情态和动作；或把甲物当作乙物来写。

例：帝国主义夹着尾巴逃跑了。（"夹着尾巴"是狗的常见表现，用于"帝国主义"，就构成了拟物）

（三）夸张

夸张是为达到某种表达效果，对人或事物故意言过其实，进行扩大或缩小的修辞方式。夸张一般可以分为扩大夸张、缩小夸张、超前夸张三种。

1. 扩大夸张，指故意把一般事物往大（高、多、快、长、强等）处说。

例：飞流直下三千尺，疑是银河落九天。["飞流"（瀑布）显然不可能有三千尺，但是说成三千尺，就构成了扩大夸张]

2. 缩小夸张，指故意把客观事物往小（矮、少、慢、短、弱等）处说。

例：进了他家的院子，只能看见巴掌大的一块天。（"巴掌大的一块天"是很小的，句中用来说他家的院子小，显然是故意缩小了，这就构成了缩小夸张）

3. 超前夸张，指在两件事之间，故意把后出现的事物提到前面或是同时出现。

例：一看见鲜绿的麦苗，就嗅出面包的香味来了。（从麦苗到面包，中间还有很多工序，需要很多时间，句中显然是超前感受了，属于超前夸张）

（四）借代

借代是用相关的事物来代替所要表达的事物的一种修辞方式。被代替的事物称为"本体"，用来代替的事物叫作"借体"。借代一般有以下几种类型。

1. 特征代本体，用人或物的特征、标志去代替本事物的名称。

例：秃头不作声，单是睁起了眼睛看定他。（"秃头"代替没有头发的人）

2. 部分代整体，用事物具有代表性的部分代替本体事物。

例：孤帆远影碧空尽，唯见长江天际流。（用船的"帆"代替了整个船）

3. 具体代抽象。

例：你们不需要再费口舌了。（"口舌"代替说话）

4. 牌号、产地代本体。

例：你喝咖啡吧，我喝普洱。（"普洱"是产地，这里代替普洱茶）

5. 专有名词代泛称，用具有典型性的人或事物的专有名称代替本体事物的名称。

例：瞧，红领巾开始给模范党员献花了！（"红领巾"代替少先队员）

6. 材料代本体。

例:"五十年间万事空,懒将白发对青铜。"("青铜"是做镜子的材料,这里代替镜子)

7. 结果代原因。

例:令人捧腹。("捧腹"是笑的结果,这里代替笑)

(五)排比

排比是将结构相同或相似、语气一致、意思相关联的三个或三个以上的句子(或句子成分)排列起来,增强语气,加深感情的修辞手法。这三个或三个以上的句子(或句子成分)之间是并列关系。通常排比可以分为以下四类。

1. 句子成分排比。

例:延安的歌声,是黑夜的火把,雪天的煤炭,大旱的甘霖。

2. 单句排比。

例:燕子去了,有再来的时候;杨柳枯了,有再青的时候;桃花谢了,有再开的时候。

3. 分句排比。即一个复句的各个分句构成排比。

例:他们的品质是那样的纯洁和高尚,他们的意志是那样的坚韧和刚强,他们的气质是那样的淳朴和谦逊,他们的胸怀是那样的美丽和宽广,他们是新时代最可爱的人。

4. 复句排比。

例:如果我们能够研制出一种类似鹰眼的搜索、观测技术系统,就能够扩大飞行员的视野,提高他们的视敏度;如果能研制出具有鹰眼视觉原理的"电子鹰眼",就有可能用于控制远程激光制导武器的发射;如果能给导弹装上小巧的"鹰眼系统",那么它就可以像雄鹰一样,自动寻找、识别、追踪目标,做到百发百中。

(六)对偶

对偶是指结构相同或基本相同、字数相等、意义上密切相连的两个短语或句子,对称排列的一种修辞方式。

根据上联和下联在意义上的联系,对偶可分为正对、反对、串对三种。

1. 正对:从两个角度、两个侧面表现同一事物或事理,在内容上是相互补充的关系。

例:墙上芦苇,头重脚轻根底浅;山间竹笋,嘴尖皮厚腹中空。

2. 反对:上下联内容相反相成、对立统一的对偶句。

例:满招损,谦受益。

3. 串对:上下联从事物发展过程或因果、递进、条件、假设等方面相关联的对偶句。

例:山重水复疑无路,柳暗花明又一村。

根据对偶是否工整、严格,可以分为宽对和严对。

严对,指对仗规定严格的对偶句,它要求上下两句字数相等,词性相对,平仄相对,结构相同,没有重复的字。宽对,形式要求不是太严格的对偶。

例1:明月松间照,清泉石上流。(严对,上下联在字数、词性、平仄上都对仗严格)

例2：昔人已乘黄鹤去，此地空余黄鹤楼。（宽对，上下联重复了"黄鹤"，没有严格对仗）

（七）设问

设问是一种无疑而问、自问自答的修辞方式，以引起读者注意或思考问题。其主要特点是自问自答。设问比陈述句、一般疑问句的语气都强。

例：谁是我们最可爱的人呢？我们的战士，我感到他们是最可爱的人。

注意：设问要结合上下文语境使用，设问不宜频繁，过于频繁可能降低表达效果。

（八）反问

反问也是无疑而问，是明知故问。设问只问不答，要表达的意思已经包含在句子中。反问句也叫反诘句。

例：池水涟漪，莺花乱舞，谁能说它不美呢？

（九）通感

通感又叫"移觉"或"联觉"，是在描述客观事物时，用形象的语言使感觉转移，将人的听觉、视觉、嗅觉、味觉、触觉等不同感觉互相沟通、交错，彼此挪移转换，或者说用甲感觉来表示乙感觉，使意象更为活泼、新奇的一种修辞方式。

例：微风过处，送来缕缕清香，仿佛远处高楼上渺茫的歌声似的。（清香乃是嗅觉闻到的，歌声乃是听觉听到的，作者将两种感觉互通，即为通感）

（十）反复

反复是指相同的词语、短语或者单句等重复出现，目的是强调或加强语气。

例：沉默呵，沉默呵！不在沉默中爆发，就在沉默中灭亡。

反复与排比的区别是：反复的部分，内容一定要完全相同，出现两次或两次以上均可；排比要三个或三个以上内容相关、结构相似、语气一致的短语或句子排列在一起，并且排比的内容一定要有所不同。

例1：我爱祖国，我爱人民，我爱中国共产党！（排比）

例2：我爱祖国，我爱祖国，我永远爱祖国！（反复）

（十一）双关

双关指利用字词多音多义，有意识让语句具有双重含义，从而达到言此意彼的效果。常见的有谐音双关和语义双关。很多歇后语就是利用谐音双关，达到幽默效果。如外甥打灯笼——照舅（旧）。

例1：春蚕到死丝方尽，蜡炬成灰泪始干。（谐音双关，"丝"通"思"）

例2：周繁漪：好，你去吧！小心，现在，（望窗外，自语）风暴就要起来了！（语义双关，"风暴"既指自然界的风暴，也指社会角度的大事件、大考验）

（十二）反语

反语就是说反话，正话反说或者反话正说，目的是加强讽刺、幽默等表达效果。反语有时也能表达一种亲切、喜爱的思想感情。

例1：有几个慈祥的老板到菜场去收集一些菜叶，用盐一浸，这就是他们难得的佳肴。（夏衍《包身工》）

句中的"慈祥"是褒义词贬用，用来讽刺老板的苛刻、毒辣。

例2：几个女人有点失望，也有些伤心，各人在心里骂着自己的狠心贼。（孙犁

《荷花淀》)

句中的"狠心贼",并没有恶意,属于贬义词褒用,更能表现出几个女人对自己丈夫深沉的爱。

(十三)顶真

顶真(顶针),亦称联珠、蝉联,是指上句的结尾与下句的开头使用相同的字或词,用以修饰两个句子的声韵的修辞方式。注意使用这个方式时,无须限制上下句的字数或平仄,但上下句交接点一定要使用相同的字或词。

例1:水面冻冰,冰积雪,雪上加霜;空中腾雾,雾成云,云开见日。

例2:归来见天子,天子坐明堂。(《木兰辞》)

(十四)互文

互文,也叫互辞,是由上下文意互相交错、互相渗透、互相补充来表达一个完整句子意思的修辞方式。互文在古诗文中很常见,古人解释说"参互成文,含而见文"。也就是说,上下两句或一句话中的两个部分,看似各说一件事,实则是互相呼应、互相阐发、互相补充,说的是一件事。

例:秦时明月汉时关。(王昌龄《出塞二首·其一》)

从字面上看,是秦时的明月,汉时的关塞。正确理解应该是秦、汉时期的明月和秦、汉时期的关塞。句中的"秦""汉""月""关"四个字是互文,整句诗表达了明月依旧,关塞依旧,但物是人非的感受。

(十五)对比

对比,是把具有明显差异、矛盾和对立的双方安排在一起,进行对照比较的修辞方式。对比是把对立的意思或事物,或把事物的两个方面放在一起作比较,让读者在比较中分清好坏、辨别是非。

例:政之所兴,在顺民心;政之所废,在逆民心。(《管子·牧民》)

对偶与对比的主要区别:对偶以结构为特征,结构相同,字数相等,也就是说要对称;对比是以意义为特征,意义相反或相对,语言结构比较灵活。

"蝉噪林逾静,鸟鸣山更幽"是对偶句,前后两句不仅字数相等、词性相对,而且两句中短语的结构也相同。

"朱门酒肉臭,路有冻死骨"两句虽字数相等,但句内词性不相对,语法结构也不相同,所以,此句是内容、意义上的对比,而不是对偶。

(十六)引用

引用,是指在说话或写作中引用现成的话,如诗句、格言、成语等,以表达自己思想感情的修辞方法。运用引用辞格,既可使文章言简意赅,有助于说理抒情,又可增加文采,增强表现力。引用可分为明引、暗引两种。

1. 明引,指直接引用原文,并加上引号,或者只引用原文大意,不加引号,但是都注明原文的出处。

例:"吹面不寒杨柳风",不错的,像母亲的手抚摸着你。("吹面不寒杨柳风"是宋朝志南和尚写的一句诗,这里是直接引用,为明引)

2. 暗引,指不说明引文出处,而将其纳入自己的话语中,或引原句,或只引大意。

例：失败乃成功之母，一次失败你千万不要气馁。（"失败乃成功之母"是被引的句子，直接用在句子中，为暗引）

（十七）移用（移就）

移用修辞就是某些词语中的语言有固定的意义和用法，具有一定的词性，利用词语的这些特点临时改变它的用法和词性，从而收到一定的修辞效果。一般可分为移人于物、移物于人、移物于物三类。移用可使文句更简洁生动、使语句表达力强、给人想象的空间并给人以无穷的诗意。

例：街上的柳树像病了似的，叶子挂着层灰土在枝上打着卷儿；枝条一动也懒得动，无精打采地低垂着。（老舍《骆驼祥子》）

将人的"懒"和"无精打采"移到柳树上，就是移用。

移用和拟人的区别如下：

1. 从内容上看，"拟人"重在把物人格化，把事物当作人来描写；"移用"则是把甲性状词语移属于乙，重在移而就之，它不把事物人格化，也就是不把事物当作人来描写。

2. 从形式上看，"移用"的语言成分限于表性状的词语（主要是形容词），在句子结构中大多充当定语；而"拟人"所选用的词语，在句子中大多作谓语。

掌握基本答题技巧

1. 排除法。单项选择题，宜采用排除法。只要确定选项是错误的，就果断排除，以提高答题准确率。

2. 比对法。考生牢记一些经典例题，考试时将之与试题进行比对，这样比较容易快速找出正确答案。

3. 分析法。分析上下文语境，对判断修辞类别非常有帮助。有些词语或标点符号有提示作用，例如："像""好像""仿佛"等词语提示从比喻的角度分析；如果句末是问号，可以从设问、反问等角度考虑。

4. 直感法。常考的修辞只有几种，根据它们不同的特点进行判断即可。如果实在无法确定修辞手法，可相信直感。有时候，虽然说不出理由，但直感有可能是正确的。

四、模拟练习

1. 下列各句所用的修辞手法，判断不正确的一项是（　　）。
A. 他以微笑战胜暴力，以嘲笑战胜专制，以坚毅战胜顽固，以真理战胜愚昧。（排比）
B. 乌云四合，层峦叠嶂都成了水墨山水。（比喻）
C. 盼望着，盼望着，春天来了！（反复）
D. 我难道就没有应该反省自己的地方吗？（设问）

2. 对下列各句修辞手法判断不正确的一项是（　　）。
A. 日出江花红胜火，春来江水绿如蓝。（比喻）
B. 白发三千丈，缘愁似个长。（夸张）

C. 白日依山尽，黄河入海流。（对偶）

D. 飞流直下三千尺，疑是银河落九天。（对比）

3. 下列句子中修辞手法运用不恰当的一项是（　　）。

A. 欢笑盛开在眼睛上、眉毛上，心啊，要从喉咙里跳出。

B. 端午节的湘江，人多得就像满天的星星一样，男人们顶着烈日，进行划龙舟比赛。

C. 无数条淙淙流淌的小河就像大地上的脉搏一样在不停地流动着，跳动着。

D. 墙角的花，你孤芳自赏时，天地便小了。青年人，珍重地描写吧，时间正翻着书页，请你着笔！

4. 下列句子中修辞手法运用恰当的一项是（　　）。

A. 小张是个二十出头的小伙子，自尊心跟弹簧一样，谁碰一下，就蹦得很高。

B. 那一棵一棵的大树，像我们的俘虏似的狼狈地躺在工地上。

C. 秋雨跳着欢乐的舞，一下就是几天，什么活也干不了，真闷死人。

D. 十五的晚上，皎洁的月光像透明的轻纱照着大地。

5. 下列各句中修辞手法分析不正确的一项是（　　）。

A. "日啖荔枝三百颗"，确实很诱人，但真能实现的究竟有几人呢？（反问）

B. 荔枝也有淡红色的，如广东产的"三月红"和"挂绿"等。（比喻）

C. 远远看去，那大片的荔枝，简直是"飞焰欲横天"或者是"红云几万重"。（夸张）

D. 岭南的荔枝，壳如红缯，膜如紫绡。（比喻）

6. 下列各句中，对修辞手法辨析不正确的一项是（　　）。

A. 向日葵花是骄傲的，快乐的；萝卜花却那样谦卑。（拟人）

B. 她还没有端起酒杯来，就已经醉了。（比喻）

C. 这样一座山看起来就好像什么人给了上帝一把大剪刀，叫他成天只修剪树木，不做其他事情。（比喻）

D. 一位女局长开着"霸道"，违规驾驶，轧死了一名学童。老百姓对此事反响很大。（借代）

7. 下列各句在修辞手法上与其他三项不同的一项是（　　）。

A. 习习凉风在树叶间演奏着优美动人的小夜曲。

B. 风儿轻唱着歌，唤醒了沉睡中的大地。

C. 她刚迈出院子，就看见远处有个小孩儿飞似的向她跑来，没错，是小孙子从城里回来了。

D. 他想到这里，车子已经开进了他家的大门，车轮在柏油路上丝丝地撒娇。

8. 下列各项有关修辞的分析，正确的一项是（　　）。

A. 谦虚使人进步，骄傲使人落后。（对比）

B. 石油工人一声吼，地球也要抖三抖。（夸张）

C. 采莲南塘秋，莲花过人头。低头弄莲子，莲子清如水。（借代）

D. 横眉冷对千夫指，俯首甘为孺子牛。（对偶）

9. 下列各句修辞手法与其他三项不同的是（　　）。

A. 三个臭皮匠顶个诸葛亮。
B. 我们的观点已经很明确，不需要再费口舌了。
C. 燕雀安知鸿鹄之志哉？
D. 我们应该多读点杜甫、鲁迅，而不是网络碎片。
10. 下列各项中的修辞手法，判断全部正确的一组是（　　）。
①一滴太白酒，十里草木香。
②海水又开始咆哮了。
③那又浓又翠的景色，简直就是一幅青山绿水画。
④春蚕到死丝方尽，蜡炬成灰泪始干。
A. 夸张　比拟　暗喻　双关
B. 通感　比喻　暗喻　对偶
C. 通感　比拟　明喻　双关
D. 夸张　比喻　明喻　对偶

第九节　语言表达

一、考纲解读

1. 了解语言表达效果，了解不同语体表现的不同风格，如口语与书面语。
2. 了解语言表达的基本要求：简明、连贯、得体。
3. 要求考生能够按照不同的语体，选择语句，使之符合上下文语境。
4. 准确掌握常用社交用语（谦辞、敬辞）、禁忌语、委婉语等。
5. 考查形式：单项选择题、阅读理解题、写作题。

二、经典例题

1. 下列各句中的礼貌用语运用正确的一项是（　　）。
A. 李教授的学问精深，经常见教我。
B. 李敏给她的父亲惠赠了生日贺卡。
C. 我们谨向各位代表表示热烈的欢迎。
D. 冯晓岚昨日收到张大妈的信，今日就马上赐复。
答案：C
解析：A项中的"见教"用于对方指教自己；B项中的"惠赠"用于他人赠与自己，长辈赠与晚辈；D项中的"赐复"用于别人给自己回复信件。

2. 下列各句中语言运用得体的一项是（　　）。
A. 这是你家母托我买的，您直接交给她老人家就行。
B. 我们夫妇屈尊到你家，你还不拿最好的茶叶出来？
C. 您老能到鄙人寒舍一聚，真可谓蓬荜生辉！
D. 小李对朋友说，"如此真心实意，这礼物我只好笑纳了。"

答案： C

解析： A项中"家母"只能称呼自己的母亲，用于对方，显然不恰当；B项中"屈尊"用于对方，句中称呼自己一方，不合适；D项中"笑纳"是指让对方收下自己的物品，对象适用错误。

3. 下面各项中的句子在语体色彩上与其他三项不同的是（　　）。
A. 张二有三个小孩，大的捡煤核，二的滚车辙，三的满院爬。
B. 怎么今儿老穿不合适哪！
C. 明儿见，咱们。
D. 巍巍黄河堤，蜿蜒千里，大堤下杨柳依依，堤坡上碧草萋萋。

答案： D

解析： D项是书面语，其余三项都是口语。

4. 下列各句填到横线上最恰当的一句是（　　）。
秋天的阴山，像一座青铜的屏风安放在它们的北边，从阴山高处拖下来的深绿色的山坡，安详地躺在黄河岸上，沐浴着阳光。_____但这个平静的原野在民族关系紧张的历史时期，却经常是一个风浪最大的地方。
A. 这不能不说是一个平静的原野。
B. 这是多么平静的一个原野啊！
C. 难道这里不是一个平静的原野吗？
D. 请珍惜这个平静的原野吧！

答案： B

解析： 从语意连贯、得体的角度上，前面叙述了阴山的风光后，很自然发出感慨，所以选择感叹句式恰当。至于"请珍惜这个平静的原野吧"，应该放在"民族关系紧张的历史时期，却经常是一个风浪最大的地方"之后，故答案为B。

三、学海导航

掌握语言表达基础知识

（一）语体风格

语体是指人们在进行各种特定的交际过程中所逐渐形成的不同风格的语言体例。下面将按照不同的角度进行简单分类。

从语言的交际方式和功能出发，可将语体分为口语和书面语两类。

1. 口语。

口语语体多用于人们的日常交谈,它可以是双方对话,也可以是单方面抒情叙事,是语言的自然表现状态,一般生动、灵活、富于变化,语法松散、语境影响大。

例1:怎么不敢,可是一个人玩有什么意思?

例2:刚才老太太还念呢,可巧就来了。

2. 书面语。

书面语是在口语基础上发展形成的,通常在用词造句上比口语有较严格的规范,在表意方式上也比较精确严密。

在词汇量上,书面语比口语要大得多。口语中常见的方言、俗语、昵语在书面语中很少用。在感叹词、语气词的运用上,书面语也明显少于口语。从句子形式上看,书面语更舒展、严密,讲究音节整齐、句式对称。口语常借助声音、语调、手势、表情等表情达意,书面语则可以借助各种符号做辅助手段。例如:天才=1%灵感+99%汗水(文章标题)。书面语的特点是准确、严谨、庄重、讲求章法、词汇丰富、句式多样。

书面语按照不同标准还可以划分为不同类型。

(1)按照时代划分,可以分为文言文和现代文。

例1:先帝创业未半而中道崩殂,今天下三分,益州疲弊,此诚危急存亡之秋也。(文言文)

例2:瑞金城外有个村子叫沙洲坝。毛主席在江西领导革命的时候,在那儿住过。(现代文)

(2)按照应用领域可以划分为:政论语体、公文事务语体、科技语体、文艺语体等多种。

①政论语体运用范围很广,包括政治评论、思想评论、文艺评论、新闻报道、方针政策等。政论语体的特点是严肃、庄重、严谨、规范等。

例:日前,外交部发表郑重声明:台湾地区是中国的一部分。一个中国原则,是公认的国际关系准则。我们敦促有关国家和组织切实恪守有关承诺,停止在国际上制造"两个中国"和"一中一台"。

②公文事务语体是国家机关、事业单位办理公务时使用的文体,特点是明确、简要、平实。

例:为深入贯彻党中央、国务院决策部署,促进外贸新业态、新模式健康持续创新发展,经国务院同意,现提出以下意见。

③科技语体主要用于科学、技术方面的专著、论文和报告。科技语体一般学术性、专业性较强,专业术语较多,风格比较严谨、郑重;专业性和实用性是科技语体最明显的特征。

例:通常人只能听见每秒钟振动16次~2万次的声波,超过每秒2万次的振动,人耳是听不见的,故叫作超声波。

④文艺语体也称为文学艺术体或文学语体,主要运用在文学艺术作品中。文艺语体最接近口语语体。它不仅包含各种书面语体的表达方式,还包括口语语体的各种表达方式。从是否押韵角度,可以分为韵文体和散文体。文学语体通常比较生动形象,多使用辞藻和修辞,人物语言、行为、心理等描写细致入微、生动形象。

例：豫章故郡，洪都新府。星分翼轸，地接衡庐。襟三江而带五湖，控蛮荆而引瓯越。

注意：在实际生活中，各类语体特征并不是严格区分的。在不同的文章里或者在不同的语境下，各类语体风格可能会有变化。如政论文也可能有生动的描述，文艺作品也离不开事务、科技等方面的用语，科技文章也有可能写得通俗易懂、生动形象。

（二）语言表达效果

语言表达简明、连贯、得体是最基本的要求。大体而言，简明即简单明白。连贯指连接贯通、顺畅；得体指符合语言环境。

1. 简明。

（1）使用精练词句，不重复，无赘余。技巧：围绕中心，抓住要点，详略得当。善于概括，巧用代词。不滥用修饰语。

（2）避免产生歧义。写句子不能为了节约用字而产生歧义。

（3）删繁就简，化长为短，尽量不使用多重复句或特别长的句子。句子如果太长，容易出现语法错误，朗读起来也会困难。

2. 连贯。

（1）保持话题或陈述角度的一致。在句群中频繁变换陈述角度（句子主语变换），容易造成语法错误，人物关系混乱。

（2）线索清晰，叙述顺序要恰当。常见语序可以分为时间顺序、空间顺序和逻辑顺序三种。

（3）语言连贯还体现在句子衔接和前后呼应上。

3. 得体。

语言是否得体关键在于是否符合语境。这里的语境包括上下文和说话的目的、对象、场合等各种情景条件。做到得体，应注意如下几点。

（1）明确目的。说话目的往往会影响说话方式。要根据说话意图，恰当组织语言。

（2）区别对象。不同对象，说话的方式不同，分寸也不同，注意谦辞、敬辞的使用。

（3）适应场合。说话场合不同，风格有异。或庄重严肃，或轻松幽默。必须因地制宜，随机应变，以求表达效果最佳。

（4）注意语体。不同语体，差异很大。例如：公文语体要求庄重、严谨、准确、简明；科技语体要求专业、客观、逻辑缜密；文艺语体要求生动、形象、活泼；演讲语体要求口语化、简单、明快。

（5）准确选用词语。不同的词语，表达效果不同。即便是近义词，在词义轻重、感情色彩、适用范围等方面，都会有不同，需要选择恰当的词语，达到最佳表达效果。

（三）社交语言

1. 称谓语。

交际中的"称谓"很重要，也就是怎样称呼对方。称谓语用得是否恰当，不但关系到交际的顺利与否，而且能反映一个人文化修养的高低。古代称谓语名目繁杂，有谦称、敬称、雅称、俗称、婉称、绰号等。例如：古人对人称字，对己称名，特别是有时称呼自己用"仆""肖""鄙人"等故意贬低自己身份的说法，一方面表现对别人的尊重，另一方面表示谦虚和礼让。还有一些自称，如"朕""寡人"是皇帝专用的。

现代社会，交际中的很多称谓发生了变化。有的是在某种场合下特指，有的是感情色彩发生变化，有的是使用范围扩大。如"同志""先生""女士""老师"等。不同场合、不同对象，称谓不一样，一定要根据具体语境选用恰当的称谓。

2. 禁忌语。

在语言交际中，有些词不能随便说，说出来会引起听话人的不快甚至反感，这样的语言属于禁忌语。例如：杜甫的诗句"抚迹犹酸辛，平人固骚屑"中的"人"是"民"字改来的。因为要避讳唐太宗李世民中的"民"，诗人就把"平民"改成了"平人"。现代社会习俗中也有很多禁忌语，例如：到渔民家做客，不能说"翻""沉"之类的词语。某些生意人还忌讳"干""赊""折"等字眼。虽然这些例子不普遍，但是实际生活中，在某些特殊场合，说话也要有所忌讳。例如：探望病人时，要避免说与"死"有关的话题，否则容易对病人的心理产生刺激。在乘坐飞机时，尽量不要提飞机失事等不吉利的话题，以免加重心理负担。

3. 委婉语。

交际语言中有禁忌，也就有变通的说法，这就是委婉语。例如：鲁迅的《祝福》中短工把祥林嫂死了说成"老了"，就是使用了委婉语。在实际生活中，说某人死亡，还会使用"走了""去了""离开了"等说法，这些都是委婉语。

使用委婉语不都因为避开忌讳。有时候发出请求或者批评、拒绝别人，为了避免伤害彼此的感情，也需要把话说得婉转一些。例如：不想让别人抽烟，如果说"抽烟有害健康"，就比说"你不要抽烟"更容易让人接受。

下面这则交通安全广告，就使用了多个委婉语。

驾驶汽车时速不超过30英里（约为48公里），你可以饱览本地美丽景色；超过60英里（约为97公里），请到法庭做客；超过80英里（约为129公里），欢迎光顾本地设备最新的急救医院；上了100英里（约为161公里），请君安息吧！

掌握基本答题技巧

1. 分析语言表达是否简明、连贯、得体，首先，要厘清句子语法结构，分析各分句之间的关系，查找句子是否有赘余成分，从而判断整个句子是不是简明；其次，要从语气角度入手，看句子是否衔接不当，有无随意变换主语的现象，导致语气不连贯；或者是逻辑顺序不合理，造成语义跳跃、不连贯；或者是上下文感情基调不协调不统一；再次，要结合上下文语境，辨别词语的感情色彩，谦辞、敬辞使用是否恰当，语言表达是否符合规范等。

2. 有关语体风格的试题，多从口语和书面语角度进行考查。一般来说，语感上觉得"文绉绉"的句子书面语较多。考生可以多读几遍句子，符合生活用语习惯的就是口语，不符合的多为书面语。

3. 有关谦辞、敬辞的语病，主要是适用对象错误，可以从此方面查找问题。

4. 通过朗读，产生语感。很多试题如果语感别扭，试题的表述有可能错误。在不能完全肯定正误的情况下，不妨相信语感。

5. 语言表达属于考查考生综合能力的试题，要结合上下文语境进行多方面分析。

四、模拟练习

1. 下列各项对句子语体风格判断不正确的一项是（　　）。
   A. 新华社北京 7 月 2 日电（记者郭强）"中国网事·感动 2021"二季度网络感动人物评选结果 2 日揭晓，一群可敬可爱的人在不同岗位、以不同方式带给人们以感动。（新闻语体）
   B. 社论：没有共产党就没有中国人民的幸福生活。（政论语体）
   C. 有人说，天不怕地不怕，就怕广东人说普通话。其实，我们广东人的普通话挺标准的，系不系呀？（文艺语体）
   D. 智能变色窗，它们可以随着太阳光的强弱，自动调节光线强度，改善室内采光；还能将酷热的太阳光直射温度降低超过 9 ℃。（科技语体）

2. 下列各项对句子语体风格判断不正确的一项是（　　）。
   A. 一束光每秒钟传播 18.6 万英里，约 30 万公里，也就是 7 倍于地球的周长。（科技语体）
   B. 外交部：敦促美方停止对中国留学生的无端限制打压。（政论语体）
   C. 绵绵不断的梅雨，催育着栀子花蕾，络绎不绝地含露绽放。（文艺语体）
   D. 早告诉过男朋友我不喜欢红色，可是他又给我买了一辆红色的法拉利，上一辆卡宴也是红色的，唉，真拿他没办法。（凡尔赛体）

3. 依次填入横线处的语句，最恰当的一组是（　　）。
   杂文像一切文学作品一样，贵在创新；如果_____。杂文家邵燕祥的作品不仅具有创新性，而且很讲究文章气势，智慧结合了勇毅，_____，形成了一种特有的气势。
   ①不能见人所未见，只能败坏读者的胃口，就会显得十分陈旧
   ②不能发人所未发，就会因显得陈旧，只能败坏读者的胃口
   ③使他的文章无媚态，有棱角，显风骨
   ④在其文字中有棱角，显风骨，无媚态
   A. ①③　　　　B. ②③　　　　C. ①④　　　　D. ②④

4. 填入下面横线处的句子，与上下文衔接最恰当的一项是（　　）。
   在全世界，_____。京剧以其独特的艺术魅力和深厚的民族情愫，成为联系大陆同胞和台、港、澳同胞，联系海内外中华儿女的重要艺术纽带。京剧_____，最富民族性，同时也最富世界性，在我国对外文化交流中发挥着重要的作用。
   ①凡有中华儿女的地方几乎都有京剧爱好者
   ②京剧爱好者遍布于所有有中华儿女的地方
   ③不但是人类文化宝库中的精品，而且也是中华民族文化的瑰宝
   ④不但是中华民族文化的瑰宝，而且也是人类文化宝库中的精品
   A. ①③　　　　B. ①④　　　　C. ②③　　　　D. ②④

5. 下列各项中的字词依次填入句中横线处，最恰当的一项是（　　）。

月光如流水一般，静静地_____在这一片叶子和花上。薄薄的青雾_____起在荷塘里。叶子和花仿佛在牛乳中_____过一样；又像_____着轻纱的梦。虽然是满月，天上却有一层淡淡的云，所以不能朗照；但我以为这恰是到了好处——酣眠固不可少，小睡也别有风味的。

A. 泻、浮、洗、笼　　　　　　B. 照、飘、滤、托
C. 流、升、洗、笼　　　　　　D. 泻、浮、浸、罩

6. 下列各句中加点的词去掉后对句子意思影响相对较小的一项是（　　）。
A. 水是生态环境中最活跃、影响最广泛的因素。
B. 农业用水占了全球使用量的73%，这里主要指灌溉用水。
C. 现在世界上约2/3的国家都不同程度地反映出水的危机。
D. 我国是一个水资源十分短缺的国家，人均水资源量仅占世界平均水平的1/4。

7. 下列各句中表达得体的一句是（　　）。
A. 我刚在王老师家坐下，她就有事失陪了，我只好无聊地翻翻闲书，等她回来。
B. "令"是一种敬辞。我们在称呼别人的父母时，可用"令尊"和"令堂"这样的称呼。
C. 这种壁纸既环保又美观，贴在您家里会让寒舍增辉。
D. 我屈尊到你家，你怎么不早点迎出来？

8. 下列交际用语使用恰当的一项是（　　）。
A.（询问多年未见的老同学）令尊身体可好？令弟今年大学毕业了吧？
B.（听说朋友们来访）他高兴极了，说："我一定在府上恭候大家光临。"
C.（某市领导看望某医院医护人员）诸位辛苦了，今天我大驾光临你们医院，就是为了慰问战斗在抗疫一线的英雄！
D.（某杂志社征文通知）凡参加此次征文活动者，我社新出版的诗集《萌芽》就任你拿一本，数量有限，先到先得。

9. 请从词语感情色彩的角度，指出文段中加点词语"肆无忌惮"的用法及其表达效果。

那里的天是"碧云天"，地是"黄叶地"，"水是眼波横，山是眉峰聚"，有多情的词人"独上高楼，望尽天涯路"，多情至望穿秋水的境地；有浪漫的词人"兴尽晚回舟，误入藕花深处"，浪漫到肆无忌惮的地步……这包含各种滋味的宋词中，你总能体会到古人所饱受过的各种心境。

10. 下面句子中加点词"可能"能否删掉？为什么？
科学家们还预言，凭借其耐腐蚀、抗撞击、耐冷热的特性及优异的力学性能，金属玻璃在将来可能会成为航天、军事及民用领域的理想候选材料。

第十节 文学常识

一、考纲解读

1. 文学常识，狭义上指文学领域的基本常识，主要是作家、作品、流派、风格、文学主张、文学现象等；广义上指涵盖与文学有关的各种问题。有关文学常识，以作家、作品为考查重点，除此之外，作品中的人物、历史典故、诗词名句、节日文化、风俗习惯等也都会考查。

2. 考查范围一般是教材中涉及的文学常识。如古今中外著名的作家作品，以中国的为主；作家的基本情况，包括国别、年代、称谓（名、字、号、谥号、称号等）、代表作品、风格、流派、文学地位、历史影响等。作品的考查点，包括作品名称、成就或贡献、作品中的主要人物、作品中的名句等。

3. 考查形式：单项选择题、填空题、判断题、连线题等。

二、经典例题

1. 下列作品、体裁、作者对应有误的一项是（　　）。
A. 《雷雨》——戏剧——曹禺
B. 《长恨歌》——诗歌——白居易
C. 《项链》——小说——欧·亨利
D. 《荷塘月色》——散文——朱自清

答案：C

解析：《项链》是莫泊桑写的小说。

2. 下列诗句不是李白写的一项是（　　）。
A. 孤帆远影碧空尽，唯见长江天际流。
B. 竹深树密虫鸣处，时有微凉不是风。
C. 我寄愁心与明月，随风直到夜郎西。
D. 长风破浪会有时，直挂云帆济沧海。

答案：B

解析：B项出自杨万里的《夏夜追凉》。

2. 下列文学常识表述不正确的一项是（　　）。
A. 《史记》是我国第一部编年体史书，作者司马迁是北宋著名史学家
B. 《诗经》是我国第一部诗歌总集，由风、雅、颂三个部分组成，使用赋、比、兴的手法

C. 《祝福》的作者是鲁迅，小说中的主要人物祥林嫂是被封建礼教迫害的旧社会中国劳动妇女的典型形象

D. 《红楼梦》以贾、史、王、薛四大家族的兴衰为背景，以贾宝玉和林黛玉的爱情悲剧为主线，真实而艺术地反映了我国封建社会从兴盛走向衰亡的趋势

答案： A

解析： 《史记》是纪传体史书，司马迁是西汉时期的史学家。

4. 下列各项中说法有误的一项是（　　）。

A. "高山流水遇知音，阳春白雪传雅趣""看似点横撇捺，实则恢弘豁达""万代文章尊李杜，千秋翰墨秉苏黄"这三副对联分别适宜赠送音乐家、书法家、文学家

B. 京剧脸谱中，红脸代表忠勇，黑脸代表猛智，蓝脸和绿脸代表草莽英雄，黄脸和白脸代表凶诈，金脸和银脸代表神妖

C. 小说塑造人物的方法是丰富多样的。其中有外貌和心理描写，也有动作和语言描写

D. "三曹"是指三国时期的曹操、曹丕和曹植，而"三苏"则指南宋时期的苏洵、苏轼和苏辙

答案： D

解析： "三苏"指苏洵、苏轼和苏辙，但他们是北宋时期的人。

三、学海导航

易考作家作品汇总

（一）中国作家作品

易考中国作家作品如表 1-3 所示。

表 1-3　易考中国作家作品

序号	作者	人物/作品关键信息	代表作	备注
1	佚名	我国第一部诗歌总集，收录了自西周初年至春秋中叶 500 多年的诗歌 305 篇，又称《诗三百》，是我国现实主义文学的源头	《诗经》	《诗经》六义：风、雅、颂、赋、比、兴。《诗经》为高频考点
2	老子	姓李名耳，字聃，春秋末期人。道家学派创始人	《道德经》（又称《老子》）	
3	孔子	名丘，字仲尼，春秋时期人，儒家学派创始人。其思想核心是"仁"		《论语》是记录孔子及其弟子言行的语录体散文集，儒家思想代表作。孔子本人未参加该书编写（高频考点）

续表

序号	作者	人物/作品关键信息	代表作	备注
4	左丘明	春秋末期人	《左传》（又名《春秋左氏传》或《左氏春秋》）	《左传》是我国第一部叙事详备的编年体史书
5	孟子	名轲，字子舆，战国时期人，是孔子之后的儒家代表。孟子主张"仁政"	《孟子》	
6	庄子	名周，战国中期道家学派代表人物。与老子合称"老庄"	《庄子》	《逍遥游》为名篇
7	荀子	战国末期赵国人，儒家学派代表人物	《荀子》	《劝学》为名篇
8	韩非	战国末期法家学派代表人	《韩非子》	
9	屈原	名平，字原，战国末期楚国诗人，中国历史上第一位伟大的爱国诗人，浪漫主义文学的奠基人，楚辞体的杰出代表	《离骚》《九歌》《九章》《天问》	民间流传端午节来历与屈原自沉汨罗江有关。屈原与《楚辞》为高频考点
10	司马迁	西汉武帝时期史学家、文学家。撰写我国第一部纪传体通史《史记》，为后世开辟史传新体例	《史记》	鲁迅评价《史记》："史家之绝唱，无韵之离骚"（高频考点）
11	刘向	西汉经学家、目录学家、文学家	《战国策》	《战国策》是一部国别体史书
12	班固	东汉时期著名的史学家、文学家	《汉书》	《汉书》是我国第一部纪传体断代史
13	佚名	我国文学史上第一部长篇叙事诗，选自《玉台新咏》。与南北朝的《木兰辞》并称"乐府双璧"	《孔雀东南飞》	"乐府双璧"常考查
14	曹操	字孟德，三国时政治家、军事家、诗人，汉献帝时官至丞相，后被封为魏王，死后其子曹丕代汉建魏，曹操被追尊为魏武帝	《观沧海》《龟虽寿》《蒿里行》	曹操与其子曹丕、曹植合称为"三曹"（高频考点）
15	诸葛亮	字孔明，三国时期政治家、军事家，官至蜀汉丞相	《出师表》《诫子书》	杜甫《蜀相》评价诸葛亮：三顾频烦天下计，两朝开济老臣心。出师未捷身先死，长使英雄泪满襟
16	陶渊明	字元亮，又名潜，私谥"靖节"，有"五柳先生"之称，东晋末期诗人，是中国第一位田园诗人，被称为"古今隐逸诗人之宗"	《桃花源记》《五柳先生传》《归园田居》《饮酒》	高频考点

续表

序号	作者	人物/作品关键信息	代表作	备注
17	王勃	字子安,"初唐四杰"之首	《滕王阁序》《送杜少府之任蜀州》	王勃与杨炯、卢照邻、骆宾王合称为"初唐四杰"(高频考点)
18	贺知章	字季真,自号"四明狂客",唐朝诗人	《咏柳》《回乡偶书》	
19	王之涣	唐朝著名边塞诗人	《凉州词》《登鹳鹊楼》	
20	孟浩然	号孟山人,襄州襄阳人,世称"孟襄阳"。未曾入仕,是唐朝著名田园派诗人	《过故人庄》《春晓》	李白有诗《送孟浩然之广陵》
21	王昌龄	盛唐著名边塞诗人,擅长七绝,后人誉为"七绝圣手"	《从军行》《芙蓉楼送辛渐》和《出塞》	
22	高适	曾任散骑常侍,世称高常侍。与岑参齐名,并称"高岑"。盛唐边塞诗派的代表之一	《燕歌行》《塞下曲》《别董大》	
23	王之涣	唐朝著名边塞诗人	《凉州词》《登鹳雀楼》	
24	王维	字摩诘,官至尚书右丞,世称王右丞。唐朝著名田园诗人	《山居秋暝》《鸟鸣涧》《送元二使安西》《相思》	苏轼赞王维:"味摩诘诗,诗中有画,画中有诗"(高频考点)
25	李白	字太白,号"青莲居士",又号"谪仙人",人称"诗仙"。唐朝浪漫主义诗人代表,与杜甫并称"李杜",或"大李杜"(晚唐杜牧、李商隐合称"小李杜")	《静夜思》《秋浦歌》《望天门山》《梦游天姥吟留别》《行路难》	高频考点
26	杜甫	字子美,自号少陵野老,世称杜少陵,唐朝现实主义诗人,人称"诗圣"。杜甫的诗大多集于《杜工部集》。杜诗也被称为"诗史"	"三吏"(《新安吏》《石壕吏》《潼关吏》)、"三别"(《新婚别》《垂老别》《无家别》);兵车行》《春望》《茅屋为秋风所破歌》《闻官军收河南河北》《登高》	高频考点
27	岑参	官至嘉州刺史,世称"岑嘉州"。唐朝边塞诗人,风格与高适相近,后人多并称二人"高岑"	《白雪歌送武判官归京》	"忽如一夜春风来,千树万树梨花开"一句常从季节、修辞等角度考查
28	孟郊	字东野,唐朝苦吟诗人,有"诗囚"之称。与贾岛齐名,人称"郊寒岛瘦"	《游子吟》	
29	贾岛	唐朝苦吟诗人,人称"诗奴",留下"推敲"典故	《寻隐者不遇》《题李凝幽居》	

79

续表

序号	作者	人物/作品关键信息	代表作	备注
30	韩愈	字退之。官至吏部侍郎，世称"韩吏部"；谥号文，又称"韩文公"；因郡望昌黎，还称"韩昌黎"。唐朝古文运动倡导者，"唐宋八大家"之首，与柳宗元并称"韩柳"	《师说》《马说》《原毁》《祭十二郎文》	唐宋八大家：韩愈、柳宗元、欧阳修、苏洵、苏轼、苏辙、王安石、曾巩（高频考点）
31	柳宗元	字子厚，河东（今山西）人，世称"柳河东"。因参加政治革新失败被贬为永州司马，又迁柳州刺史，故又称"柳柳州"。与韩愈共同倡导古文运动，也是"唐宋八大家"之一。柳宗元是我国第一位把寓言正式写成独立的文学作品的作家	"永州八记"；《捕蛇者说》《黔之驴》《渔翁》《江雪》	
32	刘禹锡	唐朝文学家、哲学家，有"诗豪"之称。刘禹锡诗文俱佳，与柳宗元并称"刘柳"，与韦应物、白居易合称"三杰"，并与白居易合称"刘白"	《陋室铭》《竹枝词》《杨柳枝词九首》《乌衣巷》《酬乐天扬州初逢席上见赠》	
33	白居易	字乐天，号香山居士，又号醉吟先生，曾官至太子少傅，又称白太傅，唐朝著名诗人，新乐府运动的倡导者。白居易是现实主义传统的继承者，主张"文章合为时而著，歌诗合为事而作"	《长恨歌》《琵琶行》《秦中吟十首》《新乐府》《卖炭翁》《钱塘湖春行》	《长恨歌》《琵琶行》为高频考点
34	杜牧	字牧之，号樊川居士，世称"杜樊川"，唐朝著名诗人。杜牧与李商隐齐名，并称"小李杜"。著有《樊川文集》	《阿房宫赋》《江南春绝句》《清明》《泊秦淮》《秋夕》	"小李杜"考查较多
35	李商隐	字义山，号玉溪生，又号樊南生。晚唐著名诗人，著有《李义山诗集》	《锦瑟》《无题》《乐游原》《夜雨寄北》	"春蚕到死丝方尽，蜡炬成灰泪始干。"一句常从双关修辞角度考查
36	李煜	五代时南唐国主，世称"李后主"。李煜在975年兵败降宋，被俘至东京后，从早年的奢华帝王生活变成亡国后的屈辱俘虏生活，所写词的词风大变。从前期多写风流奢靡帝王生活和花间婉约转变为后期多写亡国之痛和沉重悲凉的心境	《虞美人》《相见欢》《浪淘沙令》	王国维评价李煜说"词至李后主而眼界始大，感慨遂深，遂变伶工之词而为士大夫之词"
37	柳永	北宋著名婉约派词人。原名三变，字耆卿，别称"柳七""柳屯田"	《雨霖铃》《八声甘州》	婉约派代表人，考查较多
38	范仲淹	北宋政治家、军事家、文学家，谥号"文正"，著有《范文正公文集》	《渔家傲》《岳阳楼记》	"先天下之忧而忧，后天下之乐而乐"考查较多

续表

序号	作者	人物/作品关键信息	代表作	备注
39	欧阳修	字永叔,号醉翁、六一居士,谥号文忠,北宋文学家、史学家,北宋古文运动的领袖,"唐宋八大家"之一	《醉翁亭记》《秋声赋》《蝶恋花·庭院深深几许》	欧阳修的文章成就很高。在提携后辈方面也非常突出
40	司马光	字君实,号迂叟,世称涑水先生,谥号文正,死后追封温国公。北宋著名史学家、文学家。主持编纂了编年体通史《资治通鉴》,与《史记》一起被誉为"史学双璧"	《司马文正公文集》	
41	王安石	字介甫,晚号半山,官至宰相,封荆国公,世称王荆公,谥号文,也称"王文公"。北宋政治家、文学家,"唐宋八大家"之一	《游褒禅山记》《伤仲永》《元日》《泊船瓜州》	
42	苏轼	字子瞻,号东坡居士,"唐宋八大家"之一。苏轼在诗歌上与黄庭坚并称"苏黄";在散文上与欧阳修并称"欧苏";在书法上与蔡襄、黄庭坚、米芾并称"宋四家";与南宋辛弃疾同为豪放派代表,并称"苏辛"。苏轼是豪放词派的代表。苏轼与其父苏洵和其弟苏辙合称为"三苏"	《赤壁赋》《石钟山记》《题西林壁》《水调歌头》《念奴娇》	高频考点
43	李清照	字易安,号"易安居士",南宋女词人,婉约词派代表,有"千古第一才女"之称	《如梦令》《一剪梅》《声声慢》	高频考点
44	陆游	字务观,号放翁,南宋爱国诗人,诗作今存9 000多首。著有《剑南诗稿》《渭南文集》等。陆游与杨万里、尤袤、范成大并称为南宋"中兴四大诗人"	《示儿》《关山月》《书愤》《十一月四日风雨大作》《诉衷情》《钗头凤》	考查较多
45	辛弃疾	字幼安,号稼轩,南宋爱国词人,人称"词中之龙"。与苏轼合称"苏辛",与李清照并称"济南二安"。著有词集《稼轩长短句》	《西江月·夜行黄沙道中》《清平乐·村居》《南乡子·登京口北固亭有怀》《菩萨蛮·书江西造口壁》	考查较多
46	姜夔	字尧章,号白石道人,南宋文学家、音乐家。著有《白石道人诗集》	《扬州慢·淮左名都》	
47	文天祥	南宋末年政治家、文学家,抗元英雄,与陆秀夫、张世杰并称为"宋末三杰"	《过零丁洋》《正气歌》	
48	关汉卿	元代杂剧奠基人,戏剧作家。关汉卿与郑光祖、白朴、马致远并称"元曲四大家"。关汉卿创作的杂剧达60多种,今存14种。著有《关汉卿戏曲集》	《窦娥冤》《救风尘》《望江亭》《单刀会》	"元曲四大家"考查较多

续表

序号	作者	人物/作品关键信息	代表作	备注
49	马致远	字千里,晚号东篱,元代戏曲家、散曲家。马致远被称为"秋思之祖"	杂剧《汉宫秋》,散曲《天净沙·秋思》	
50	王实甫	名德信,元代杂剧作家	《西厢记》	
51	汤显祖	明代杰出的剧作家、文学家,被誉为"东方的莎士比亚"	《牡丹亭》与《紫钗记》《邯郸记》《南柯记》合称"临川四梦"	
52	施耐庵	元末明初小说家。代表作《水浒传》是我国第一部反映农民起义的长篇章回体小说	《水浒传》	古典四大名著考查较多
53	罗贯中	元末明初小说家。代表作《三国演义》是我国文学史上第一部长篇历史章回体小说	《三国演义》	
54	吴承恩	明代小说家。晚年著就我国第一部神话长篇小说《西游记》	《西游记》	
55	蒲松龄	清代文学家,代表作《聊斋志异》是我国第一部文言短篇小说集	《聊斋志异》	
56	吴敬梓	清代小说家,代表作《儒林外史》是我国第一部长篇讽刺小说	《儒林外史》	
57	曹雪芹	名霑,字梦阮,号雪芹,又号芹溪、芹圃,清朝小说家。其创作的章回体小说《红楼梦》(原名《石头记》)是我国古典小说艺术成就的高峰	《红楼梦》	《红楼梦》中的主要人物需要了解
58	龚自珍	清代思想家、诗人、文学家和改良主义的先驱者,是近代文学的开山作家	《病梅馆记》《己亥杂诗》	"落红不是无情物,化作春泥更护花"考查较多
59	梁启超	字卓如,号任公,别号饮冰室主人,戊戌变法的领袖之一,政治家、文学家,著有《饮冰室合集》	《少年中国说》	
60	鲁迅	曾用名周樟寿,后改名周树人,字豫山,我国现代伟大的文学家、思想家、革命家,中国现代文学的奠基者,新文化运动的主将。主要作品集有《朝花夕拾》《野草》《华盖集》《华盖集续编》《而已集》《呐喊》《彷徨》等。《狂人日记》是中国第一篇现代白话文小说	《狂人日记》《孔乙己》《药》《祝福》	高频考点
61	郭沫若	中国新诗的奠基人之一、中国历史剧的开创者之一、古文字学家、考古学家,是继鲁迅之后中国文化战线上的又一面旗帜。代表作《女神》是一部杰出的浪漫主义诗集,是我国新文学史上第一部不朽的诗歌作品,奠定了新诗运动的基础	诗集有《女神》,历史剧作有《棠棣之花》《屈原》《虎符》等	

续表

序号	作者	人物/作品关键信息	代表作	备注
62	茅盾	原名沈德鸿,字雁冰,我国现代文学家。著有"农村三部曲"(《春蚕》《秋收》《残冬》),"《蚀》三部曲"(《幻灭》《动摇》《追求》)等	小说有《子夜》《春蚕》《林家铺子》,散文名篇有《白杨礼赞》《风景谈》	
63	徐志摩	现代诗人、散文家,新月派代表。主要作品有诗集《志摩的诗》《猛虎集》等	《再别康桥》	
64	朱自清	现代著名散文学、学者、爱国的民主战士	《背影》《荷塘月色》《春》《匆匆》《威尼斯》	《荷塘月色》考查较多,特别是文中的通感修辞手法
65	老舍	中国现代小说家、著名作家,杰出的语言大师、人民艺术家,新中国第一位获得"人民艺术家"称号的作家	《骆驼祥子》《四世同堂》《老张的哲学》《茶馆》《龙须沟》	
66	冰心	原名谢婉莹,福建福州人,现代女作家,著名儿童文学家	诗集有《繁星·春水》,小说有《斯人独憔悴》,散文有《小橘灯》《寄小读者》等	
67	沈从文	原名沈岳焕,字崇文,湖南凤凰人。近代著名作家、历史文物研究者	中篇小说《边城》,短篇集《沈从文短篇小说习作选》,散文《湘西散记》	
68	巴金	原名李尧棠,字芾甘。现代著名作家、翻译家,社会活动家、爱国民主人士	激流三部曲(《家》《春》《秋》)和爱情三部曲(《雾》《雨》《电》),代表作《家》	"三部曲"常考查
69	曹禺	原名万家宝,中国杰出的现代话剧剧作家	《雷雨》《日出》《北京人》《王昭君》	《雷雨》考查较多
70	孙犁	现代著名作家。他的著名短篇小说《荷花淀》《风云初记》等,开启了中国"诗化小说"的先河,孙犁也被称为"白洋淀派"创始人	《荷花淀》	
71	王蒙	当代著名作家。因短篇小说《组织部来了个年轻人》一举成名	《青春万岁》	
72	莫言	当代著名作家,诺贝尔文学奖获得者	《红高粱》《蛙》《丰乳肥臀》等	
73	史铁生	当代著名作家,残疾作家,自称"职业是生病,业余是写作"	《我与地坛》	
74	铁凝	当代著名女作家,中国作家协会主席	《哦,香雪》《大浴女》	
75	毕淑敏	当代著名女作家、医生	《昆仑殇》《红处方》《预约死亡》	

（二）外国作家作品

易考外国作家作品如表 1-4 所示。

表 1-4 易考外国作家作品

序号	作者	人物/作品关键信息	代表作	备注
1	莎士比亚	文艺复兴时期英国伟大的剧作家和诗人。马克思称之为"人类最伟大的戏剧天才"	悲剧有《哈姆雷特》《奥赛罗》《麦克白》《李尔王》和《罗密欧与朱丽叶》等，喜剧有《威尼斯商人》《第十二夜》《皆大欢喜》等，历史剧有《理查二世》《亨利四世》等	高频考点
2	丹尼尔·笛福	18 世纪英国启蒙主义文学家，被称为欧洲的"小说之父""英国现实主义小说之父"等	《鲁滨逊漂流记》	
3	狄更斯	19 世纪英国批判现实主义文学的杰出代表	《匹克威克外传》《雾都孤儿》《老古玩店》《艰难时世》《大卫·科波菲尔》《双城记》	
4	夏洛蒂·勃朗特	英国女作家。她与两个妹妹，即艾米莉·勃朗特和安妮·勃朗特，在英国文学史上有"勃朗特三姐妹"之称	《简·爱》	
5	莫里哀	17 世纪法国伟大的喜剧家，是世界喜剧作家中成就最高者之一	《伪君子》《悭吝人》《无病呻吟》	
6	司汤达	法国批判现实主义文学的奠基人	《红与黑》	
7	巴尔扎克	法国作家，也是欧洲批判现实主义文学的杰出代表。主要作品《人间喜剧》得到了马克思和恩格斯的高度评价	《人间喜剧》，包括《高老头》《欧也妮·葛朗台》《贝姨》《邦斯舅舅》	
8	维克多·雨果	法国作家，19 世纪前期积极浪漫主义文学的代表作家，人道主义的代表人物，法国文学史上卓越的资产阶级民主作家	《巴黎圣母院》《悲惨世界》《笑面人》《九三年》	考查较多
9	都德	法国著名作家	长篇小说代表作《小东西》等，短篇小说有《最后一课》《柏林之围》等	
10	莫泊桑	19 世纪末法国优秀批判现实主义作家，被誉为"世界短篇小说之王"。他与俄国契诃夫和美国欧·亨利并称为"世界三大短篇小说巨匠"	《羊脂球》《我的叔叔于勒》《项链》《漂亮朋友》	"世界三大短篇小说巨匠"是高频考点
11	歌德	德国伟大的诗人、小说家和戏剧家，代表作《浮士德》的创作延续了 60 年之久	有书信体小说《少年维特之烦恼》、诗剧《浮士德》	

续表

序号	作者	人物/作品关键信息	代表作	备注
12	列夫·托尔斯泰	俄国杰出的批判现实主义作家。列宁称列夫·托尔斯泰为"俄国革命的一面镜子"	代表作有长篇小说《战争与和平》《安娜·卡列尼娜》《复活》等	高频考点
13	契诃夫	俄国世界级短篇小说巨匠和俄国19世纪末期最后一位批判现实主义艺术大师,与莫泊桑和欧·亨利并称为"世界三大短篇小说巨匠"	《小公务员之死》《变色龙》《套中人》《第六病室》,剧本《万尼亚舅舅》《三姊妹》	
14	高尔基	苏联社会主义、现实主义文学奠基人	主要作品有自传体三部曲《童年》《在人间》《我的大学》,长篇小说《母亲》,散文诗《海燕》	
15	安徒生	19世纪丹麦童话作家。代表作《安徒生童话》已经被译为150多种语言,在全球发行	代表作品有《丑小鸭》《皇帝的新装》《卖火柴的小女孩》等	
16	马克·吐温	美国批判现实主义作家、演说家	《镀金时代》《汤姆·索亚历险记》《哈克贝利·费恩历险记》《百万英镑》《竞选州长》等	
17	欧·亨利	美国短篇小说家。欧·亨利与契诃夫和莫泊桑并称为"世界三大短篇小说巨匠",曾被评论界誉为曼哈顿桂冠散文作家和美国现代短篇小说之父,他的作品被誉为"美国生活的百科全书"	主要作品有《麦琪的礼物》《警察与赞美诗》《最后一片叶子》《二十年后》等	考查较多
18	海明威	美国作家、记者,被认为是20世纪最著名的小说家之一,是诺贝尔文学奖获得者	《老人与海》	考查较多

必备诗文名句汇总

易考诗文名句如表1-5所示。

表1-5 易考诗文名句

序号	名句	出处	备注
1	关关雎鸠,在河之洲。窈窕淑女,君子好逑	《诗经·关雎》	
2	蒹葭苍苍,白露为霜。所谓伊人,在水一方	《诗经·蒹葭》	
3	昔我往矣,杨柳依依;今我来思,雨雪霏霏	《诗经·采薇》	考查较多
4	桃之夭夭,灼灼其华。之子于归,宜其室家	《诗经·桃夭》	
5	风萧萧兮易水寒,壮士一去兮不复还	《荆轲歌/渡易水歌》	
6	路漫漫其修远兮,吾将上下而求索	屈原《离骚》	考查较多
7	东临碣石,以观沧海	曹操《步出夏门行·观沧海》	

续表

序号	名句	出处	备注
8	对酒当歌，人生几何？譬如朝露，去日苦多	曹操《短歌行》	
9	老骥伏枥，志在千里；烈士暮年，壮心不已	曹操《龟虽寿》	
10	少壮不努力，老大徒伤悲！	《长歌行》	
11	采菊东篱下，悠然见南山	陶渊明《饮酒·其五》	考查较多
12	种豆南山下，草盛豆苗稀	陶渊明《归园田居·其三》	
13	蝉噪林逾静，鸟鸣山更幽	王籍《入若耶溪》	多从"以动写静"角度考查
14	天苍苍，野茫茫，风吹草低见牛羊	北朝民歌《敕勒歌》	
15	海内存知己，天涯若比邻	王勃《送杜少府之任蜀州》	考查较多
16	落霞与孤鹜齐飞，秋水共长天一色	王勃《滕王阁序》	考查较多
17	昔时人已没，今日水犹寒	骆宾王《于易水送人/于易水送别》	
18	前不见古人，后不见来者。念天地之悠悠，独怆然而涕下	陈子昂《登幽州台歌》	
19	春江潮水连海平，海上明月共潮生	张若虚《春江花月夜》	
20	海上生明月，天涯共此时	张九龄《望月怀远》	考查较多
21	不知细叶谁裁出，二月春风似剪刀	贺知章《咏柳》	
22	绿树村边合，青山郭外斜	孟浩然《过故人庄》	
23	春眠不觉晓，处处闻啼鸟	孟浩然《春晓》	
24	红豆生南国，春来发几枝	王维《相思》	
25	空山不见人，但闻人语响	王维《鹿柴》	
26	人闲桂花落，夜静春山空。月出惊山鸟，时鸣春涧中	王维《鸟鸣涧》	
27	明月松间照，清泉石上流	王维《山居秋暝》	考查较多
28	大漠孤烟直，长河落日圆	王维《使至塞上》	考查较多
29	白日依山尽，黄河入海流	王之涣《登鹳雀楼》	
30	劝君更尽一杯酒，西出阳关无故人	王维《送元二使安西》	
31	独在异乡为异客，每逢佳节倍思亲	王维《九月九日忆山东兄弟》	多从节日角度考查
32	黄河远上白云间，一片孤城万仞山	王之涣《凉州词二首·其一》	

续表

序号	名句	出处	备注
33	黄沙百战穿金甲,不破楼兰终不还	王昌龄《从军行七首·其四》	
34	秦时明月汉时关,万里长征人未还	王昌龄《出塞二首·其一》	考查较多,注意互文手法
35	洛阳亲友如相问,一片冰心在玉壶	王昌龄《芙蓉楼送辛渐》	
36	葡萄美酒夜光杯,欲饮琵琶马上催	王翰《凉州词二首·其一》	
37	黄鹤一去不复返,白云千载空悠悠	崔颢《黄鹤楼》	
38	潮平两岸阔,风正一帆悬	王湾《次北固山下》	
39	莫愁前路无知己,天下谁人不识君	高适《别董大》	
40	忽如一夜春风来,千树万树梨花开	岑参《白雪歌送武判官归京》	多从季节角度考查
41	举头望明月,低头思故乡	李白《静夜思》	
42	花间一壶酒,独酌无相亲	李白《月下独酌》	
43	青山横北郭,白水绕东城。浮云游子意,落日故人情	李白《送友人》	
44	白发三千丈,缘愁似个长	李白《秋浦歌十七首·其十五》	夸张手法
45	桃花潭水深千尺,不及汪伦送我情	李白《赠汪伦》	夸张手法
46	飞流直下三千尺,疑是银河落九天	李白《望庐山瀑布》	夸张手法
47	两岸青山相对出,孤帆一片日边来	李白《望天门山》	
48	孤帆远影碧空尽,唯见长江天际流	李白《黄鹤楼送孟浩然之广陵》	
49	君不见,黄河之水天上来,奔流到海不复回。君不见,高堂明镜悲白发,朝如青丝暮成雪	李白《将进酒》	多从修辞(夸张)角度考查
50	天生我材必有用,千金散尽还复来	李白《将进酒》	考查较多
51	长风破浪会有时,直挂云帆济沧海	李白《行路难·其一》	考查较多
52	我寄愁心与明月,随风直到夜郎西	李白《闻王昌龄左迁龙标遥有此寄》	
53	安能摧眉折腰事权贵,使我不得开心颜	李白《梦游天姥吟留别》	
54	会当凌绝顶,一览众山小	杜甫《望岳》	考查较多
55	星垂平野阔,月涌大江流	杜甫《旅夜书怀》	
56	国破山河在,城春草木深。感时花溅泪,恨别鸟惊心	杜甫《春望》	注意句中词类活用现象

续表

序号	名句	出处	备注
57	迟日江山丽,春风花草香	杜甫《绝句·迟日江山丽》	
58	露从今夜白,月是故乡明	杜甫《月夜忆舍弟》	
59	好雨知时节,当春乃发生。随风潜入夜,润物细无声	杜甫《春夜喜雨》	
60	读书破万卷,下笔如有神	杜甫《奉赠韦左丞丈二十二韵》	
61	三顾频烦天下计,两朝开济老臣心。出师未捷身先死,长使英雄泪满襟	杜甫《蜀相》	多从人物身份角度考查
62	无边落木萧萧下,不尽长江滚滚来	杜甫《登高》	考查较多
63	安得广厦千万间,大庇天下寒士俱欢颜,风雨不动安如山	杜甫《茅屋为秋风所破歌》	
64	月落乌啼霜满天,江枫渔火对愁眠	张继《枫桥夜泊》	
65	春潮带雨晚来急,野渡无人舟自横	韦应物《滁州西涧》	
66	林暗草惊风,将军夜引弓	卢纶《塞下曲·其二》	
67	月黑雁飞高,单于夜遁逃	卢纶《塞下曲·其三》	
68	慈母手中线,游子身上衣	孟郊《游子吟》	
69	只在此山中,云深不知处	贾岛《寻隐者不遇》	
70	鸟宿池边树,僧敲月下门	贾岛《题李凝幽居》	
71	天街小雨润如酥,草色遥看近却无	韩愈《早春呈水部张十八员外二首·其一》	
72	千山鸟飞绝,万径人踪灭。孤舟蓑笠翁,独钓寒江雪	柳宗元《江雪》	意境寒冷、孤独
73	东边日出西边雨,道是无晴却有晴	刘禹锡《竹枝词·其一》	多从双关修辞角度考查
74	沉舟侧畔千帆过,病树前头万木春	刘禹锡《酬乐天扬州初逢席上见赠》	多从哲理角度考查
75	旧时王谢堂前燕,飞入寻常百姓家	刘禹锡《乌衣巷》	
76	曾经沧海难为水,除却巫山不是云	元稹《离思五首·其四》	
77	野火烧不尽,春风吹又生	白居易《赋得古原草送别》	
78	几处早莺争暖树,谁家新燕啄春泥	白居易《钱塘湖春行》	
79	田家少闲月,五月人倍忙	白居易《观刈麦》	

续表

序号	名句	出处	备注
80	人间四月芳菲尽，山寺桃花始盛开	白居易《大林寺桃花》	
81	在天愿作比翼鸟，在地愿为连理枝	白居易《长恨歌》	
82	千呼万唤始出来，犹抱琵琶半遮面	白居易《琵琶行》	
83	日出江花红胜火，春来江水绿如蓝	白居易《忆江南》	注意比喻修辞手法
84	三更灯火五更鸡，正是男儿读书时	颜真卿《劝学诗》	
85	男儿何不带吴钩，收取关山五十州	李贺《南园十三首·其五》	
86	去年今日此门中，人面桃花相映红	崔护《题都城南庄》	
87	南朝四百八十寺，多少楼台烟雨中	杜牧《江南春》	
88	一骑红尘妃子笑，无人知是荔枝来	杜牧《过华清宫绝句三首·其一》	
89	商女不知亡国恨，隔江犹唱后庭花	杜牧《泊秦淮》	
90	东风不与周郎便，铜雀春深锁二乔	杜牧《赤壁》	
91	停车坐爱枫林晚，霜叶红于二月花	杜牧《山行》	坐：因为
92	二十四桥明月夜，玉人何处教吹箫	杜牧《寄扬州韩绰判官》	多从地名（扬州）考查
93	清明时节雨纷纷，路上行人欲断魂	杜牧《清明》	
94	夕阳无限好，只是近黄昏	李商隐《乐游原》	
95	君问归期未有期，巴山夜雨涨秋池	李商隐《夜雨寄北》	考查较多
96	沧海月明珠有泪，蓝田日暖玉生烟	李商隐《锦瑟》	
97	春蚕到死丝方尽，蜡炬成灰泪始干	李商隐《无题》	多从双关修辞角度考查
98	身无彩凤双飞翼，心有灵犀一点通	李商隐《无题》	
99	鸡声茅店月，人迹板桥霜	温庭筠《商山早行》	
100	问君能有几多愁？恰似一江春水向东流	李煜《虞美人·春花秋月何时了》	
101	无可奈何花落去，似曾相识燕归来，小园香径独徘徊	晏殊《浣溪沙·一曲新词酒一杯》	
102	多情自古伤离别，更那堪，冷落清秋节！今宵酒醒何处？杨柳岸，晓风残月	柳永《雨霖铃·寒蝉凄切》	婉约风格
103	疏影横斜水清浅，暗香浮动月黄昏	林逋《山园小梅·其一》	考查较多

续表

序号	名句	出处	备注
104	月上柳梢头,人约黄昏后	欧阳修《生查子·元夕》	多从节日角度考查
105	不畏浮云遮望眼,自缘身在最高层	王安石《登飞来峰》	多从哲理角度考查
106	春风又绿江南岸,明月何时照我还	王安石《泊船瓜洲》	绿:形容词动用
107	爆竹声中一岁除,春风送暖入屠苏	王安石《元日》	
108	墙角数枝梅,凌寒独自开。遥知不是雪,为有暗香来	王安石《梅花》	
109	大江东去,浪淘尽,千古风流人物	苏轼《念奴娇·赤壁怀古》	考查较多
110	乱石穿空,惊涛拍岸,卷起千堆雪。江山如画,一时多少豪杰	苏轼《念奴娇·赤壁怀古》	
111	明月几时有?把酒问青天	苏轼《水调歌头·丙辰中秋》	
112	人有悲欢离合,月有阴晴圆缺,此事古难全。但愿人长久,千里共婵娟	苏轼《水调歌头·丙辰中秋》	考查较多 婵娟:月亮
113	十年生死两茫茫,不思量,自难忘	苏轼《江城子·乙卯正月二十日夜记梦》	
114	老夫聊发少年狂,左牵黄,右擎苍。锦帽貂裘,千骑卷平冈	苏轼《江城子·密州出猎》	
115	竹外桃花三两枝,春江水暖鸭先知	苏轼《惠崇春江晚景二首·其一》	
116	欲把西湖比西子,淡妆浓抹总相宜	苏轼《饮湖上初晴后雨二首·其二》	多从修辞(比喻)和地点(杭州)角度考查
117	不识庐山真面目,只缘身在此山中	苏轼《题西林壁》	多从哲理角度考查
118	生当作人杰,死亦为鬼雄	李清照《夏日绝句》	考查较多
119	知否,知否,应是绿肥红瘦	李清照《如梦令》	
120	莫道不消魂,帘卷西风,人比黄花瘦	李清照《醉花阴》	
121	寻寻觅觅,冷冷清清,凄凄惨惨戚戚	李清照《声声慢》	
122	红藕香残玉簟秋。轻解罗裳,独上兰舟。云中谁寄锦书来,雁字回时,月满西楼	李清照《一剪梅·红藕香残玉簟秋》	
123	山外青山楼外楼,西湖歌舞几时休	林升《题临安邸》	
124	春色满园关不住,一枝红杏出墙来	叶绍翁《游园不值》	

续表

序号	名句	出处	备注
125	三十功名尘与土，八千里路云和月。莫等闲，白了少年头，空悲切	岳飞《满江红·写怀》	
126	山重水复疑无路，柳暗花明又一村	陆游《游山西村》	多从哲理角度考查
127	小楼一夜听春雨，深巷明朝卖杏花	陆游《临安春夜初霁》	考查较多
128	纸上得来终觉浅，绝知此事要躬行	陆游《冬夜读书示子聿》	考查较多
129	王师北定中原日，家祭无忘告乃翁	陆游《示儿》	
130	夜阑卧听风吹雨，铁马冰河入梦来	陆游《十一月四日风雨大作》	
131	此生谁料，心在天山，身老沧洲	陆游《诉衷情·当年万里觅封侯》	
132	驿外断桥边，寂寞开无主。已是黄昏独自愁，更着风和雨	陆游《卜算子·咏梅》	
133	小荷才露尖尖角，早有蜻蜓立上头	杨万里《小池》	考查较多
134	接天莲叶无穷碧，映日荷花别样红	杨万里《晓出净慈寺送林子方二首·其一》	多从季节角度考查
135	等闲识得东风面，万紫千红总是春	朱熹《春日》	
136	问渠那得清如许，为有源头活水来	朱熹《观书有感》	含有哲理，考查较多。渠：它
137	千古兴亡多少事？悠悠。不尽长江滚滚流	辛弃疾《南乡子·登京口北固亭有怀》	考查较多
138	千古江山，英雄无觅，孙仲谋处	辛弃疾《永遇乐·京口北固亭怀古》	
139	想当年，金戈铁马，气吞万里如虎	辛弃疾《永遇乐·京口北固亭怀古》	
140	八百里分麾下炙，五十弦翻塞外声	辛弃疾《破阵子·为陈同甫赋壮词以寄之》	
141	众里寻他千百度。蓦然回首，那人却在，灯火阑珊处	辛弃疾《青玉案·元夕》	考查较多，为王国维所说"三大境界"之一
142	明月别枝惊鹊，清风半夜鸣蝉。稻花香里说丰年，听取蛙声一片	辛弃疾《西江月》	
143	人生自古谁无死？留取丹心照汗青	文天祥《过零丁洋》	考查较多
144	枯藤老树昏鸦，小桥流水人家，古道西风瘦马。夕阳西下，断肠人在天涯	马致远《天净沙·秋思》	

续表

序号	名句	出处	备注
145	粉骨碎身浑不怕，要留清白在人间	于谦《石灰吟》	考查较多
146	人生若只如初见，何事秋风悲画扇	纳兰性德《木兰花·拟古决绝词柬友》	
147	咬定青山不放松，立根原在破岩中	郑燮《竹石》	
148	儿童散学归来早，忙趁东风放纸鸢	高鼎《村居》	
149	落红不是无情物，化作春泥更护花	龚自珍《己亥杂诗·其五》	考查较多
150	我劝天公重抖擞，不拘一格降人才	龚自珍《己亥杂诗·其二百二十》	考查较多
151	苟利国家生死以，岂因祸福避趋之	林则徐《赴戍登程口占示家人·其二》	
152	横眉冷对千夫指，俯首甘为孺子牛	鲁迅《自嘲》	考查较多
153	大雪压青松，青松挺且直。要知松高洁，待到雪化时	陈毅《冬夜杂咏·其一》	
154	恰同学少年，风华正茂；书生意气，挥斥方遒	毛泽东《沁园春·长沙》	
155	风雨送春归，飞雪迎春到。已是悬崖百丈冰，犹有花枝俏	毛泽东《卜算子·咏梅》	
156	天高云淡，望断南飞雁。不到长城非好汉，屈指行程二万	毛泽东《清平乐·六盘山》	
157	一桥飞架南北，天堑变通途	毛泽东《水调歌头·游泳》	
158	江山如此多娇，引无数英雄竞折腰	毛泽东《沁园春·雪》	
159	红军不怕远征难，万水千山只等闲。五岭逶迤腾细浪，乌蒙磅礴走泥丸	毛泽东《七律·长征》	
160	天若有情天亦老，人间正道是沧桑	毛泽东《七律·人民解放军占领南京》	
161	天行健，君子以自强不息；地势坤，君子以厚德载物	《周易》	
162	祸兮，福之所倚；福兮，祸之所伏	《老子》	
163	千里之行，始于足下	《老子》	考查较多
164	学而时习之，不亦说乎？有朋自远方来，不亦乐乎？	《论语》	
165	三人行，必有我师焉。择其善者而从之，其不善者而改之	《论语》	
166	学而不思则罔，思而不学则殆	《论语》	考查较多
167	己所不欲，勿施于人	《论语》	

续表

序号	名句	出处	备注
168	君子坦荡荡，小人长戚戚	《论语》	
169	敏而好学，不耻下问	《论语》	
170	人无远虑，必有近忧	《论语》	
171	吾十有五而志于学，三十而立，四十而不惑，五十而知天命，六十而耳顺，七十而从心所欲，不逾矩	《论语》	
172	鱼，我所欲也；熊掌，亦我所欲也。二者不可得兼，舍鱼而取熊掌者也。生，亦我所欲也；义，亦我所欲也。二者不可得兼，舍生而取义者也	《孟子·鱼我所欲也》	
173	故天将降大任于斯人也，必先苦其心志，劳其筋骨，饿其体肤，空乏其身，行拂乱其所为，所以动心忍性，曾益其所不能	《孟子·生于忧患死于安乐》	
174	穷则独善其身，达则兼济天下	《孟子》	考查较多
175	仓廪实而知礼节，衣食足而知荣辱	《管子·牧民》	
176	君子曰：学不可以已。青，取之于蓝，而青于蓝；冰，水为之，而寒于水。……故不积跬步无以至千里；不积小流，无以成江海	《荀子·劝学》	
177	北冥有鱼，其名为鲲。鲲之大，不知其几千里也；化而为鸟，其名为鹏。鹏之背，不知其几千里也；怒而飞，其翼若垂天之云。是鸟也，海运则将徙于南冥，——南冥者，天池也	《庄子·逍遥游》	
178	千里之堤，毁于蚁穴	《韩非子·喻老》	
179	知己知彼，百战不殆	《孙子兵法》	考查较多
180	一鼓作气，再而衰，三而竭	《曹刿论战》	
181	项庄舞剑，其意常在沛公也	《史记·鸿门宴》	
182	智者千虑，必有一失；愚者千虑，必有一得	《史记·淮阴侯列传》	
183	精诚所至，金石为开	《后汉书·广陵思王荆传》	
184	不入虎穴，焉得虎子	《后汉书·班超传》	
185	非淡泊无以明志，非宁静无以致远	诸葛亮《诫子书》	考查较多
186	勿以恶小而为之，勿以善小而不为	陈寿《三国志·蜀书·先主传》	
187	忽逢桃花林，夹岸数百步，中无杂树，芳草鲜美，落英缤纷，渔人甚异之	陶渊明《桃花源记》	
188	文章合为时而著，歌诗合为事而作	白居易《与元九书》	
189	世有伯乐，然后有千里马。千里马常有，而伯乐不常有	韩愈《马说》	

续表

序号	名句	出处	备注
190	师者，所以传道受业解惑也	韩愈《师说》	考查较多
191	是故弟子不必不如师，师不必贤于弟子，闻道有先后，术业有专攻，如是而已	韩愈《师说》	
192	业精于勤荒于嬉，行成于思毁于随	韩愈《进学解》	
193	山不在高，有仙则名。水不在深，有龙则灵。斯是陋室，惟吾德馨。苔痕上阶绿，草色入帘青。谈笑有鸿儒，往来无白丁	刘禹锡《陋室铭》	
194	先天下之忧而忧，后天下之乐而乐	范仲淹《岳阳楼记》	考查较多
195	醉翁之意不在酒，在乎山水之间也	欧阳修《醉翁亭记》	
196	予独爱莲之出淤泥而不染，濯清涟而不妖，中通外直，不蔓不枝，香远益清，亭亭净植，可远观而不可亵玩焉	周敦颐《爱莲说》	
197	六国破灭，非兵不利，战不善，弊在赂秦。赂秦而力亏，破灭之道也	苏洵《六国论》	
198	清风徐来，水波不兴。举酒属客，诵明月之诗，歌窈窕之章	苏轼《赤壁赋》	
199	这正如地上的路；其实地上本没有路，走的人多了，也便成了路	鲁迅《故乡》	
200	微风过处，送来缕缕清香，仿佛远处高楼上渺茫的歌声似的	朱自清《荷塘月色》	常从修辞（通感）角度考查

掌握基本答题技巧

1. 从题干找答题线索。有的题干会提示考虑范围。例如：下列诗句中哪项是唐朝诗人写的？回答这样的问题，要紧抓"唐朝"这个字眼，结合作品风格，即可推断。因为从总体上讲，唐诗重抒情，宋诗重说理。再者，每个时代都有每个时代的特征，如果对历史有所了解，可以结合历史知识及诗句的内容进行推测，得出答案。

2. 从选项入手，比较作者的身份和知名度。通常考查的作家作品都是非常著名的，例如：李白、杜甫、苏轼、辛弃疾、李清照等人及其代表作品、诗句是高频考点。外国作家中，莎士比亚、巴尔扎克、托尔斯泰、三大短篇小说之王（莫泊桑、欧·亨利、契诃夫）等是高频考点。

3. 抓关键词。带有"第一""之最"等评价的作家作品是高频考点，设题时常故意出现张冠李戴的错误，让考生辨别。

4. 认真比较试题选项，发现选项中某个词语多次重复的地方，要特别留意，有可能暗示一些信息。另外，对相似相近的知识点要认真进行比较。

5. 有关作家作品，设题常有意让作家与年代、作品名称或者与作品中的人物对应不一致，以此来考查考生的判断能力。如果考生感觉试题没有任何问题，反倒要慎重考虑，以免误将错误的表述判断为正确的。

6. 如果选项中包含多个作家作品，要注意其排列的先后顺序，有时前后顺序不一致，也会导致整个句子描述的意思不正确。

7. 作家作品经常与其他文学常识融合在一起考查，如诗句、典故、历史背景、传统文化等，所以考试时不要将这些知识割裂开来。

8. 对作品、文段、句子、词语理解的题型，要联系上下文理解诗句，抓题眼、诗眼（关键词、关键句）。

9. 有关诗词，要善于利用诗歌的对偶性、对仗关系进行判断，尤其适用于上下句对接的题型。

10. 注意选项中自相矛盾的地方，表述绝对的选项一般都是错误的。

11. 单项选择题要善于利用排除法，以提高答题正确率；填空题可以从上下文语境找线索，找思路。另外，还要注意拼写是否正确。判断题切忌一味贪图速度快，自己认为简单的，反倒会做错。

12. 文学常识的内容主要从识记角度考查，备考时字、词、句、篇、题目、作者都要系统记忆，不要出现对应不一致的情况。考试中如果遇到不熟悉的内容，可以与同一个作家的其他篇目或相似含义或意境的其他作家的作品作比较，找解题思路。

四、模拟练习

1. 下列属于晚唐诗人的是（　　）。
 A. 王维　　　　B. 韩愈　　　　C. 李商隐　　　D. 文天祥

2. "苦心人，天不负，卧薪尝胆，三千越甲可吞吴"描写的是（　　）。
 A. 伍子胥　　　B. 勾践　　　　C. 李世民　　　D. 孙权

3. 下面的成语和曹操有关的是（　　）。
 A. 画饼充饥　　B. 望梅止渴　　C. 神机妙算　　D. 破釜沉舟

4. "大漠孤烟直，长河落日圆"出自（　　）。
 A.《终南山》　　　　　　　　B.《送元二使安西》
 C.《汉江临泛》　　　　　　　D.《使至塞上》

5. "月上柳梢头，人约黄昏后"描写的节日是（　　）。
 A. 中秋节　　　B. 元宵节　　　C. 端午节　　　D. 七夕节

6. 我国古代有很多计量单位，如诗句"黄河远上白云间，一片孤城万仞山"中的"仞"，一仞相当于（　　）。
 A. 一个成年人的高度　　　　B. 成年人一臂的长度
 C. 三尺　　　　　　　　　　D. 三丈

7. 下列诗句属于描写夏天景象的是（　　）。
 A. 草色遥看近却无　　　　　B. 候馆梅残，溪桥柳细
 C. 碧云天，黄叶地　　　　　D. 小荷才露尖尖角，早有蜻蜓立上头

8. "丞相祠堂何处寻，锦官城外柏森森，映阶碧草自春色，隔叶黄鹂空好音。"这两联诗描写的景色在（　　）。

A. 杜甫草堂　　　B. 武侯祠　　　C. 白帝城　　　D. 先主庙

9. 下列作家、作品等文学常识搭配有误的一项是（　　）。

A. 王勃——《送杜少府之任蜀州》——初唐四杰

B. 郦道元——《三峡》——《水经注疏》

C. 笛福——《鲁滨逊漂流记》——美国

D. 高尔基——《童年》——自传体小说

10. 下列说法有误的一项是（　　）。

A. 茅盾，原名沈德鸿，字雁冰，我国伟大的革命文学家。长篇小说代表作是《子夜》，农村三部曲《春蚕》《秋收》《残冬》。他的散文《白杨礼赞》和《风景谈》被称为散文的姊妹篇

B. 老舍，原名舒庆春，字舍予，现代著名作家。长篇小说代表作有《骆驼祥子》《四世同堂》，话剧代表作是《茶馆》，他被北京市人民政府授予"人民艺术家"的称号

C. 朱自清，我国著名的散文家，被毛泽东同志高度赞扬为"表现了我们民族的英雄气概"

D. 巴金，原名李尧棠，字芾甘，现代著名作家。小说代表作有激流三部曲《雾》《雨》《电》，爱情三部曲《家》《春》《秋》

第二章

阅读理解

第一节 古诗词

一、考纲解读

1. 考查范围主要涉及诗词理解与鉴赏两个方面。考查内容主要是唐诗,其次是宋词、宋诗。多考田园诗、边塞诗、怀古诗、咏怀诗、赠别诗等,然后是羁旅诗、隐逸诗、闺怨诗等。宋朝的诗词多考查具有哲理性的名句。

2. 关于诗词的理解侧重考查关键字、关键词;关于诗词的鉴赏重在考查表达技巧、主题内容、思想感情、观点态度等。

3. 考查形式:诗词涉及的作家作品、文化常识、上下句对接等经常放到基础知识板块中,以单项选择题、判断题、填空题等形式出现。以阅读理解的形式出题时,常进行综合考查,除对某个字词或诗句进行考查外,整首诗词的思想感情、表现手法、艺术特色等也是考查重点。

二、经典例题

1. 阅读下面这首诗歌,完成后面的问题。

蜀 相

杜 甫

丞相祠堂何处寻,锦官城外柏森森。
映阶碧草自春色,隔叶黄鹂空好音。
三顾频烦天下计,两朝开济老臣心。
出师未捷身先死,长使英雄泪满襟。

(1) 对这首诗的首联理解不正确的一项是(　　)。

A. 一个"寻"字表示诗人是专程到访
B. "柏森森"写出了祠堂历史悠久
C. "锦官城"是古都南京的别称
D. 此联烘托出诗歌庄严肃穆的氛围

（2）联系全诗，对颔联理解正确的一项是（　　）。
A. 颔联赞美了武侯祠一派生机勃勃的景象
B. 以"绿草莺啼"的美景衬托出诸葛亮高洁的品格
C. 绿草掩映台阶，黄鹂叶下鸣叫，令诗人心情愉悦
D. 写美景反衬诗人拜谒武侯祠的心情，无意春色，只在仰慕诸葛亮

（3）对全诗赏析不恰当的一项是（　　）。
A. 这是一首咏史诗，诗人拜谒武侯祠，称颂诸葛亮
B. 诗人感慨为国为民的心中大英雄，由人及己，伤感自身际遇
C. 通过对历史人物的缅怀，寄托了诗人忧国忧民的情怀
D. 诗人凭吊先贤，感叹诸葛亮"出身未捷身先死"，庆幸自己能为国效力

（4）对这首诗赏析不恰当的一项是（　　）。
A. 首联以设问引起，开门见山。"寻"字表达了诗人对诸葛亮的仰慕之情、向往之意
B. 颔联由远及近，以草绿莺啼的美景衬托诸葛亮人格的清高
C. 颈联高度概括了诸葛亮一生的行事，"天下计"见匡时雄略，"老臣心""身先死"显报国忠诚
D. 诗的前四句写祠堂之景，后四句写丞相之事。全诗通过对历史人物的缅怀和赞颂，寄托了诗人忧心忧国、痛感济世的哀伤

答案：（1）C　（2）D　（3）D　（4）B

解析：
（1）"锦官城"是成都的别称。
（2）写美景反衬诗人拜谒武侯祠的心情，是反衬手法。
（3）诗人凭吊先贤、泪满衣襟，是因为自己怀才不遇，不能为国效力。
（4）颔联由近及远的顺序，以草绿莺啼的美景反衬诗人心情沉重、伤感。

2. 阅读下面两首诗歌，完成后面的问题。

诗 1

泊 秦 淮

杜　牧

烟笼寒水月笼沙，夜泊秦淮近酒家。
商女不知亡国恨，隔江犹唱后庭花。

诗 2

乌 衣 巷[①]

刘禹锡
朱雀桥边野草花，乌衣巷口夕阳斜。

　　　　旧时王谢堂②前燕，飞入寻常百姓家。

注：①乌衣巷：位于秦淮河畔，东晋时名门望族的聚居区。②王谢：指王导和谢安，二人均为东晋时的权贵。

（1）关于这两首诗的赏析，不正确的一项是（　　）。
A. 杜诗前两句写景叙事，后两句议论抒情。作者寓情于景，表现出作者对国家命运的无比关怀和深切忧虑的情怀
B. 杜诗含蓄委婉，通过歌女演唱《后庭花》这种靡靡之音，牵出"不知亡国恨"，间接批判了当朝权贵沉溺于声色，不问国事的腐朽生活
C. 刘诗怀古，蕴藉含蓄之美。乌衣巷昔日繁华鼎盛，而今野草丛生，荒凉残照。作者感慨沧海桑田，人生多变
D. 刘诗以燕栖旧巢唤起人们想象，含而不露。燕子从东晋飞到唐朝，采用的是夸张的修辞手法

（2）关于这两首诗的赏析，不正确的一项是（　　）。
A.《泊秦淮》首句先渲染水边夜色的清淡素雅，第二句点明夜泊的地点，从第四句的"隔江"可以分析得出诗人是在船上听到"商女"歌唱《后庭花》的
B.《乌衣巷》中"野草花""夕阳斜"等意象，反映的是一种荒凉、冷落、衰败的景象
C. 诗人用今昔对比的手法，说明朝代更迭，富贵不能永久的道理
D.《泊秦淮》和《乌衣巷》都与秦淮河一带有关系，前者直接写了秦淮河的风景，后者提到的"乌衣巷"就在秦淮河边

答案：（1）D　（2）A
解析：
（1）燕子不是从东晋飞到唐朝的，没有采用夸张的修辞手法。
（2）诗人是在岸上，而"商女"是在船上歌唱《后庭花》。

3. 阅读下面这首诗歌，完成后面的问题。

行　路　难

李　白

金樽清酒斗十千，玉盘珍羞直万钱。
停杯投箸不能食，拔剑四顾心茫然。
欲渡黄河冰塞川，将登太行雪满山。
闲来垂钓碧溪上，忽复乘舟梦日边。
行路难！行路难！多歧路，今安在？
长风破浪会有时，直挂云帆济沧海。

（1）对于这首诗的理解，不正确的一项是（　　）。
A."金樽清酒""玉盘珍羞"说明生活条件非常好，"停杯投箸""拔剑四顾"说明对物质生活还是不满足，但是不知该怎么办，所以心很茫然

B. "欲渡黄河冰塞川,将登太行雪满山"暗喻仕途艰难

C. "闲来垂钓碧溪上,忽复乘舟梦日边"分别使用了吕尚和伊尹辅佐帝王建立不朽功业的典故,借此表达诗人对仕途有所期待

D. "长风破浪会有时,直挂云帆济沧海"引用了《宋书·宗悫传》中宗悫的典故,比喻政治理想实现,也展现了诗人的豪情壮志

(2) 对于这首诗的理解,正确的一项是( )。

A. 抒发了作者壮志难酬、命途艰难、怀才不遇的愤慨和郁闷

B. 这首诗采用了比喻、夸张、引用、借景抒情等多种写作手法

C. 这首诗揭示了诗人从歧路彷徨的苦闷到最后充满信心激荡起伏的感情变化过程

D. "行路难"是乐府古题,多咏叹世路艰难及贫困孤苦的处境。李白这首《行路难》虽然也抒发了内心的苦闷,但却表现出了一种积极的追求、乐观的自信和顽强坚持理想的品格

答案: (1) A (2) B

解析:

(1) 诗人"心茫然"是因为仕途艰难,前途不明,而并不是对物质生活不满足。

(2) 这首诗没有采用借景抒情的写作手法。

4. 阅读下面这首诗歌,完成后面的问题。

渔家傲·秋思

范仲淹

塞下秋来风景异,衡阳雁去无留意。四面边声连角起,千嶂里,长烟落日孤城闭。浊酒一杯家万里,燕然未勒归无计。羌管悠悠霜满地,人不寐,将军白发征夫泪。

(1) 对于这首词的理解,不正确的一项是( )。

A. 这是北宋文学家范仲淹所写的一首词,"渔家傲"是其词牌名,"秋思"是词的题目

B. 词的上片紧扣"异"字来描写塞下秋景,展现了一幅奇丽秀美、流连忘返的边塞战地风光画面

C. "浊酒一杯家万里,燕然未勒归无计"兼具爱国激情和浓重乡思,情绪复杂而矛盾

D. 全词以作者亲眼所见之景表现了作者的英雄气概和戍边将士的艰苦,读来真切感人

(2) 下列对这首词的理解,不正确的一项是( )。

A. 这首词以军事征战为题材,写了边塞风光以及将士对家乡的怀念

B. "燕然未勒"是化用后汉窦宪追击匈奴,登上燕然山刻碑(勒石)纪功的典故。词人虽有时思乡心切,也是不打算归去的,因为他以戍边军务为重

C. 这首词的风格凄清、悲凉、壮阔、深沉,还有些伤感

D. 这首词词沉雄开阔的意境和苍凉悲壮的气概,对苏轼、辛弃疾等人都产生过

影响

答案：（1）B （2）A

解析：

（1）边塞战地风光凄冷、悲凉、开阔、壮大，用"奇丽秀美""流连忘返"表述不恰当。

（2）这首词不是以军事征战为题材，没有提到战事，只是写了边塞风景和将士对家乡的思念。

三、学海导航

掌握诗词基本概念

（一）意象

意象是为了传达诗人心中的情感和体验而在外部世界找到那个客观对应物，可以理解为"表意之象"。如月亮，就是一个客观存在的事物，是宇宙中围绕地球运转的一个星球体。它本身没有任何情感可言，但是在诗人的笔下，它却成了有意有情的物体，成为思念、相思、团圆等的代名词。月亮就是这些诗人诗歌里面的一个意象。

（二）意境

意境是指文艺作品中描绘的生活图景与所表现的思想情感融为一体而形成的艺术境界，可以理解为"意中之境"。特点是景中有情，情中有景，情景交融。如，王维的《山居秋暝》，描绘了秋雨初晴后傍晚时分山村的旖旎风光和山居村民的淳朴风尚。全诗将空山雨后的秋凉，松间明月的光照，石上清泉的声音以及浣女归来竹林中的喧笑声，渔船穿过荷花的动态，和谐完美地融合在一起，给人一种丰富新鲜的感受，创造出一个恬淡优美、清新秀丽的意境。

意象和意境的异同点如下：

相同点：都以意为前置词。

不同点：①意象是材料，概念外延小；意境概念外延大。意境由意象构成。②意象指的是审美的广度，而意境指的是审美的深度，意境是意象组合之后的升华。好诗是需要创造意境的。

（三）诗眼

诗眼是诗歌中最能开拓意旨和表现力最强的关键词句，如同人的眼睛一样，最能反映人的精神面貌和灵魂所在。诗眼有两种表现形式：一种是诗句中最精练传神的某个字，以一字为工，如王安石的"春风又绿江南岸"一句中，"绿"字就是诗眼；另一种是全篇最精彩和关键性的诗词句子，是一篇诗词的主旨所在。如李清照《如梦令·昨夜雨疏风骤》中"应是绿肥红瘦"就是这首诗词的诗眼，是点睛之笔。

（四）张力

张力，本是一个物理学名词，在物理中指某物体受到拉力后物体内部产生的一种牵引力。张力引申到文学上指作者对文章的情节内容驾驭熟练，可收可放，文章节奏恰当，不拖沓，如弓之开合，不平淡不夸张，恰到好处。文章写得张弛有度，就是说写文章应该有松有紧，有疏有密，跌宕起伏。有张有弛节奏感好的文章读起来令人赏心悦目。

诗歌的张力可以表述为"含不尽之意见于言外"，指有很大的想象空间，有很深邃的意境。在诗歌节奏上恰到好处、韵味无穷。例如：王昌龄的《从军行七首·其二》："琵琶起舞换新声，总是关山旧别情。撩乱边愁听不尽，高高秋月照长城。"既然已经"撩乱边愁听不尽"，所以诗人不再沿此思路写下去，而是话锋一转，写"高高秋月照长城"，于是就给读者留下了无限的想象空间，画面感很强。这首诗的张力也因此句而非常大。再如：辛弃疾的《丑奴儿·书博山道中壁》："少年不识愁滋味，爱上层楼。爱上层楼，为赋新词强说愁。而今识尽愁滋味，欲说还休。欲说还休，却道天凉好个秋。"因为千言万语都无法说尽"愁"，也或许因为愁太多诗人如今已不想说出来了，所以"欲说还休"。那就干脆不说，转移话题"却道天凉好个秋"。这样，诗词的含义更深，意味无穷。因此，也让诗句的张力更大。

（五）用典

用典即使用典故。典故有三重含义：一是指典制和掌故；二是指诗文中引用的古代故事和有来历的词语；三是指具有教育意义且大众耳熟能详的人物、事件。古典诗歌用典是常见现象，用典既可以使诗歌语言精练，又可以使内容更加丰富、生动、含蓄，增强作品的表现力和感染力。比如：苏轼在《念奴娇·赤壁怀古》中就运用了周瑜的典故，让诗歌含蓄而富有张力，语言精练而意境深邃。

（六）烘托

烘托是一种艺术表现手法，是从侧面着意描写，作为陪衬，使所要表现的主体事物更鲜明、更突出。可以人托人，如《陌上桑》中写道："行者见罗敷，下担捋髭须。少年见罗敷，脱帽著帩头。耕者忘其犁，锄者忘其锄。来归相怨怒，但坐观罗敷。"这是用"行者""少年""耕者"的行为来烘托罗敷的美貌。也可以物托物，如"蝉噪林逾静，鸟鸣山更幽""月出惊山鸟"等都是以动写静，来烘托气氛。最多的是以景托人，如《琵琶行》三次写到江中之月，分别衬托琵琶声的美妙动听、引人入胜和人物凄凉、孤独悲伤的心情。

（七）虚实

虚实概念是相对而言的，本义是虚假和真实。文学作品的虚实，通常指虚写和实写，是一种重要的写作手法。因为表现目的的不同，可能虚写，也可能实写，或者虚实结合，为的是增强表达效果，使结构更紧凑、形象更鲜明，内容更丰富，形式不呆板。如《林黛玉进贾府》一文中，从林黛玉的视角来介绍贾府中人物出场，贾母、王熙凤、贾宝玉等人均出场，是实写；贾赦、贾政没出场，是虚写。诗歌里的虚实也是同理。如贾岛的《寻隐者不遇》，通过一问一答的形式，描写了诗人寻访隐者而不遇的场景。童子"在场"，与诗人相互问答，是实写；隐者"不在场"，是虚写。即便隐者没出场，读者也能猜到诗人所访的隐者大概是一个喜欢云游、采药，很自由、洒脱的远离世俗的山中隐者形象。

掌握诗词语言的特点

（一）词法

古诗词中所用的词语，与现代汉语中的词语很多都有区别。

1. 词义不同。例如:"可怜九月初三夜,露似真珠月似弓。"(白居易《暮江吟》)"可怜"是可爱的意思,而现代汉语中的"可怜"是值得同情、怜悯的意思。

2. 用法不同。例如:"山光悦鸟性,潭影空人心。"(常建《题破山寺后禅院》)"悦"和"空"都是使动用法,翻译为:使……悦;使……空。同样,王安石的"春风又绿江南岸"中的"绿"也是使动用法。

(二)句法

古诗词中句子的概念与现代汉语不同。如律诗就是八句;而按照现代汉语以句号形成完整句子来说,才四句。这一点要按照古代的概念判断。律诗可以说八句,也可以说四联,但是不能说成共四句。古诗词为了押韵、对仗等需要,语序也经常会倒错,形成特殊句式。

1. 省略句。例如:"孤舟蓑笠翁,独钓寒江雪"(柳宗元《江雪》)一句,应该理解为"身披蓑衣、头戴斗笠的老翁",但是"身披""头戴"这样的动词都省略了。

2. 倒装句。例如:陆游的"中原北望气如山",正常语序应该是"北望中原气如山"。

3. 组合句。这类句子实际上就是由几个名词或形容词组合在一起,并不是严格意义上的句子,例如:最典型的是马致远的《天净沙·秋思》:"枯藤老树昏鸦,小桥流水人家,古道西风瘦马。夕阳西下,断肠人在天涯。"整首小令的前三句都是意象拼接,或者说名词叠加,共同营造出一幅萧瑟凄凉的天涯秋景图,表达游子漂泊异乡的凄苦惆怅。这样的句子也是最精练、最有张力的句子,是诗歌语言的典型。

(三)修辞

古诗词里经常用到比喻、夸张、借代等修辞手法,使语言更生动形象,更有艺术性。

1. 比喻。例如:"忽如一夜春风来,千树万树梨花开。"(岑参《白雪歌送武判官归京》)就是典型的比喻句。同样,"山河破碎风飘絮,身世浮沉雨打萍。"(文天祥《过零丁洋》)也是比喻句。

2. 借代。例如:"八百里分麾下炙"(辛弃疾《破阵子》)中"八百里"就是借代,指牛。

3. 夸张。例如:"飞流直下三千尺,疑是银河落九天。"(李白《望庐山瀑布》)就是利用了夸张的手法,写出了庐山瀑布的宏大气势。

4. 对偶。对偶是古诗词的重要特征,尤其是绝句、律诗的上下联,有很多要求严格的对偶。对偶可以分为正对、反对和串对(流水对)。例如:"无边落木萧萧下,不尽长江滚滚来"是正对;"横眉冷对千夫指,俯首甘为孺子牛"是反对;"才饮长沙水,又食武昌鱼"是串对。

5. 互文。例如:"秦时明月汉时关"(王昌龄《出塞二首·其一》)就是典型互文,意思是秦朝时的明月和关塞,与汉朝时的明月和关塞。

6. 偏指一方。例如:"儿童相见不相识"(贺知章《回乡偶书》)中"相见"就是偏指一方,指儿童见到我(作者)。

7. 比兴。这种修辞手法在《诗经》中最常见,例如:"蒹葭苍苍,白露为霜。所谓伊人,在水一方。"诗句就是以"蒹葭"起兴,再描写主旨内容的。

8. 铺陈。这也是《诗经》六义中"赋"的手法。例如:《诗经·七月》"七月流火,九月授衣。……"这首诗就用了铺陈的手法。

9. 反复。例如:《诗经》里的诗句重章叠句,一般都会进行反复。《汉乐府》中的"鱼戏莲叶东,鱼戏莲叶西,鱼戏莲叶南,鱼戏莲叶北"也属于语句反复。

10. 叠字。典型的是李清照的"冷冷清清,凄凄惨惨戚戚",用叠字手法加强了冷清悲惨之感。

11. 设问。例如:"天下英雄谁敌手?曹刘。生子当如孙仲谋。"(辛弃疾《南乡子·登京口北固亭有怀》)

12. 反问。例如:"本是同根生,相煎何太急?"(曹植《七步诗》)。

掌握基本答题技巧

1. 抓"诗眼""题眼",通过分析关键词,来掌握诗歌的主要内容。
2. 抓"意象""意境",通过分析意象、意境,来推测诗人的思想感情。
3. 联系上下文,理解诗句内容。典故一般靠知识积累,但有的典故,即便不熟悉,如果通过上下文分析也可以推测出作者用典的意图,弄懂含义。
4. 多对比。从不同角度进行对比,进行知识延展,寻找解题思路。
5. 反复诵读,感受诗歌韵律,分析诗歌语言特点。通过诵读,还能感受诗歌的语言特点。语言是深奥艰涩、不易理解的,还是直白浅显、通俗易懂的,都要清楚,这对于分析诗歌风格会有帮助。

四、模拟练习

1. 阅读下面的两首古诗词,完成后面的问题。

诗 1

绝 句

杜 甫

江碧鸟逾白,山青花欲燃。
今春看又过,何日是归年。

诗 2

绝 句

杜 甫

两个黄鹂鸣翠柳,一行白鹭上青天。
窗含西岭千秋雪,门泊东吴万里船。

(1) 关于诗 1 的理解不正确的一项是( )。
A. 首联传神地描绘了江山、花鸟在春日风光中所呈现出来的蓬勃生机

B. 一个"逾"字,以江水的碧绿衬托水鸟的毛色,使水鸟的白翎显得更加洁白
C. 一个"欲"字,用拟人的修辞方法表现山花的静态美,突出了花色的素雅
D. 诗句勾勒了一幅由碧绿、青葱、火红、洁白等色彩构成的明丽画面,极言春光绚烂

(2)关于诗2的理解不正确的一项是(   )。
A. 诗歌以一幅富有生机的自然美景切入,给人营造出一种清新轻松的情调氛围
B. 诗人充分调用了视觉、听觉手段,从颜色、声音等角度写出了"黄鹂""翠柳""白鹭""青天""千秋雪"(白雪)等事物,以及鸟鸣的声音
C. 因为写的是晚春景色,空气清新,晴天丽日,所以能看见西岭雪山
D. 这首诗反映作者在叛乱得以平定,好友严武还镇成都后诗人愉快的心情

(3)关于这两首诗,分析不正确的一项是(   )。
A. 两首诗都写景寄情,诗1用美景反衬怀乡愁思;诗2用美景正面映衬愉快的心情
B. 两首诗都表达了思乡之情,诗1是直接抒情,诗2是通过写景间接抒情
C. 两首诗都采用了情景交融的写作手法,都突出了对颜色的描写
D. 两首诗写于同一时期,都是春天,亦称为"绝句二首"

2. 阅读下面的古诗词,完成后面的问题。

黄 鹤 楼

崔 颢

昔人已乘黄鹤去,此地空余黄鹤楼。
黄鹤一去不复返,白云千载空悠悠。
晴川历历汉阳树,芳草萋萋鹦鹉洲。
日暮乡关何处是?烟波江上使人愁。

(1)关于这首诗,分析不恰当的一项是(   )。
A. "昔人"指仙人,所指仙人说法不一,其一是指仙人子安曾经骑黄鹤飞经此地
B. "千载"指千年,时间悠久;"空悠悠"指人去楼空,一切遥不可寻
C. "芳草萋萋"意思是芬芳的香草长得稀稀疏疏,"鹦鹉洲"指长江中的小岛
D. "乡关"指家乡,"烟波"指江上的烟霭。末句写出了游子的思乡之情

(2)对这首诗分析不正确的一项是(   )。
A. "黄鹤"二字接连重复三次,这种反复手法不仅增强了音律的美感,而且把读者带到一个辽远的虚拟世界
B. 这首诗写人去楼空,白云悠悠,日暮乡关,表达了诗人"人生短暂、宇宙无穷"的慨叹和淡淡的乡愁
C. 这首诗描绘了一幅长江壮丽的江天景色图,意境开阔景色鲜明,感情真挚
D. 这首七言律诗,中间三、四句和五、六句对仗工整,是严格地按照格律诗的标准来写的

(3)对这首诗的理解正确的一项是(   )。

A. 首联从传说落笔，在今昔变化中凸显眼前黄鹤楼的美好
B. 颔联抒发诗人对岁月流逝的感慨，也表达了对黄鹤归来的期盼
C. 颈联写登楼远眺，运用叠词突出了想象之景的美丽、可亲
D. 尾联写日暮时长江烟波浩渺，烘托出诗人越来越浓的思乡之情

3. 阅读下面的两首古诗词，完成后面的问题。

诗1

村　夜

白居易

霜草苍苍虫切切，村南村北行人绝。
独出前门望野田，月明荞麦花如雪。

诗2

秋　夜

朱淑真

夜久无眠秋气清，烛花频剪欲三更。
铺床凉满梧桐月，月在梧桐缺处明。

（1）这两首诗都写了夜景，请具体分析有什么不同。

（2）这两首诗都写秋天的景色，反映出的心境却不同，试结合诗文进行简要分析。

4. 阅读下面的古诗词，完成后面的问题。

观　沧　海

曹操

东临碣石，以观沧海。水何澹澹，山岛竦峙。树木丛生，百草丰茂。秋风萧瑟，洪波涌起。日月之行，若出其中；星汉灿烂，若出其里。幸甚至哉，歌以咏志。

（1）对这首诗的理解不恰当的一项是（　　）。

A. 开篇点题，交代了观察的方位、地点及观察的对象，"观"字统领全篇
B. "水何澹澹"描写了大海的近景，使人感到海边景色的壮丽多姿
C. "洪波涌起"中的"涌"字，不仅让我们看到了大海波涌连天的形态，而且仿佛听到了惊涛拍岸的声音
D. 诗的最后两句"幸甚至哉，歌以咏志"是合乐时加上的，是诗的附文，跟诗的内容没有联系

（2）"日月之行，若出其中；星汉灿烂，若出其里。"表达了诗人怎样的思想感情？

5. 阅读下面的古诗词，完成后面的问题。

登 飞 来 峰

王安石

飞来山上千寻塔，闻说鸡鸣见日升。
不畏浮云遮望眼，自缘身在最高层。

（1）关于这首诗的理解，不正确的一项是（　　）。
A. "飞来山上千寻塔"写出峰上古塔之高，及自己的立足点之高。寻，古时长度单位，八尺为寻
B. "闻说鸡鸣见日升"通过虚写的手法，写出在高塔上看到的旭日东升的辉煌景象，表现了诗人朝气蓬勃，对前途充满信心
C. "不畏浮云遮望眼，自缘身在最高层"与"欲穷千里目，更上一层楼"意思相似，都说明登高望远的道理；结构也相同，都是承接关系
D. 这首诗表现了一个政治改革家拨云见日、高瞻远瞩的思想境界和豪迈气概

（2）苏轼《题西林壁》中"不识庐山真面目，只缘身在此山中"，与本诗"不畏浮云遮望眼，自缘身在最高层"都写到了山。请简要说明两位诗人分别借"山"表达了什么含义。

6. 阅读下面的古诗词，完成后面的问题。

酬乐天扬州初逢席上见赠

刘禹锡

巴山楚水凄凉地，二十三年弃置身。
怀旧空吟闻笛赋，到乡翻似烂柯人。
沉舟侧畔千帆过，病树前头万木春。
今日听君歌一曲，暂凭杯酒长精神。

（1）关于这首诗的理解，不正确的一项是（　　）。
A. 诗题中"酬"的含义是酬谢，酬谢白乐天请客
B. 弃置身：指遭受贬谪的诗人自己。因为不被朝廷重用，如同被弃置一般
C. 颈联说明了新事物必将取代旧事物的道理
D. 尾联顺势点明了酬答的题意，表达了诗人重新投入生活的意愿及坚韧不拔的意志

（2）下列理解错误的一项是（　　）。
A. "巴山楚水"指诗人被贬所到之地
B. "沉舟""病树"都是比喻诗人自己

107

C. "怀旧空吟闻笛赋"一句抒发了诗人因朋友亡故的思念感伤之情
D. "暂凭杯酒长精神"一句抒发了诗人因不能改变现实的无奈之情

7. 阅读下面的两首古诗词,完成后面的问题。

诗 1

天净沙·秋思

马致远

枯藤老树昏鸦,小桥流水人家,古道西风瘦马。夕阳西下,断肠人在天涯。

诗 2

枫 桥 夜 泊

张继

月落乌啼霜满天,江枫渔火对愁眠。
姑苏城外寒山寺,夜半钟声到客船。

(1) 请在下面句子的横线处填上恰当的词语。

两首诗均为诗人身处人生困境时所写的作品,都刻画了＿＿＿＿＿＿的游子形象,并通过多个意象渲染出一种＿＿＿＿＿＿的气氛。

(2) 关于两首诗词的赏析,表述正确的一项是（   ）。

A. "天净沙"是曲牌名,"秋思"是题目,马致远写的是词,属于小令;"枫桥夜泊"是题目,张继写的是诗,属于七言律诗
B. 《天净沙·秋思》中借"夕阳"这一意象营造了萧瑟凄凉的意境,"断肠人"直抒胸臆,表达了诗人倦于漂泊的孤寂愁苦之情
C. 《枫桥夜泊》中通过"夜半钟声"以动写静,暗示诗人因愁绪满怀而难以入眠,含蓄表达出诗人的羁旅之思
D. 《天净沙·秋思》中的景象相互映衬:动态的"流水"与静态的"小桥"相映,动态的"西风"与静态的"古道"相映。《枫桥夜泊》中景象也是动静结合:月落、乌啼、渔火是动,江枫是静

8. 阅读下面的古诗词,完成后面的问题。

雁门太守行

李 贺

黑云压城城欲摧,甲光向日金鳞开。
角声满天秋色里,塞上燕脂凝夜紫。
半卷红旗临易水,霜重鼓寒声不起。
报君黄金台上意,提携玉龙为君死。

(1) 下列对这首诗的理解和分析,不正确的一项是（   ）。

A. 首句中"压"字形象地写出敌军人马众多，来势汹汹，体现守军将士处境的艰难
B. "角声满天秋色里"从听觉角度描写了秋天塞外漫天鸣鸣的号角声，意境苍凉
C. 诗中"半卷红旗"运用借代写敌军趁夜偷袭守军之状，"霜重"加剧悲凉的氛围
D. 这首诗歌构思大胆，诗人以浓艳斑驳的色彩、奇异的画面描写战争，颇有震撼力

（2）"黑云压城城欲摧，甲光向日金鳞开"是传诵千古的名句，请你谈谈它妙在何处。

（3）诗句"黄金台"与陈子昂的《登幽州台歌》中的"幽州台"同指战国燕昭王所建招贤台，但表达的情感各异，请指出有什么不同。

9. 阅读下面的古诗词，完成后面的问题。

和南丰先生①出山之作

陈师道

侧径②篮舆③两眼明，出山犹带骨毛清④。
白云笑我还多事，流水随人合有情。
不及鸟飞浑自在，羡他僧住便平生。
未能与世全无意，起为苍生试一鸣。

【注释】①南丰先生：即曾巩，陈师道敬重仰慕的师长。②侧径：狭窄的路。③篮舆：竹轿。④骨毛清：谓超凡脱俗，具有神仙之姿。

（1）下列对这首诗的理解和赏析，不正确的一项是（　　）。
A. 出山之初的曾巩，展现出来的是一个明净爽利、风骨秀异的高士形象
B. 颔联使用拟人的修辞手法，表现白云和流水对于曾巩出山的态度
C. 颈联说住在山中的僧人虽然不能像飞鸟一样自由自在，但其生活令人羡慕
D. 陈师道在诗中描写了曾巩的人生志趣与处世情怀，笔端饱含敬佩之情

（2）在陈师道看来，曾巩是如何处理"仕"与"隐"的关系的？请简要分析。

10. 阅读下面的两首古诗词，完成后面的问题。

诗词1

江城子·密州出猎

苏　轼

老夫聊发少年狂，左牵黄，右擎苍，锦帽貂裘，千骑卷平冈。

为报倾城随太守，亲射虎，看孙郎。
酒酣胸胆尚开张。鬓微霜，又何妨！持节云中，何日遣冯唐？
会挽雕弓如满月，西北望，射天狼。

诗词 2

破阵子·为陈同甫赋壮词以寄之

辛弃疾

醉里挑灯看剑，梦回吹角连营。八百里分麾下炙，五十弦翻塞外声，沙场秋点兵。马作的卢飞快，弓如霹雳弦惊。了却君王天下事，赢得生前身后名。可怜白发生！

（1）下列对这两首词的理解和分析，不正确的一项是（　　）。

A. 苏词开篇出手不凡，用一"狂"字笼罩全篇，借以抒写胸中雄健豪放的磊落之气

B. 辛词成功运用了"八百里""五十弦""沙场""的卢""霹雳"等多个历史典故

C. 苏、辛同为豪放词派，但风格不尽相同：苏词旷达，超迈洒脱；辛词豪壮，劲健悲慨

D. 两首词都集叙事、抒情、言志于一体，且都善于引用典故来抒发词人内心的情感

（2）苏词中的"鬓微霜"，辛词中的"可怜白发生"，都涉及"头发"这一意象，请简要分析这个意象在两词中的作用。

第二节　文　言　文

一、考纲解读

1. 文言文的考查内容主要来自课内必读篇目，课外阅读篇目较少。即便是课外阅读篇目，考查的知识点也是课内要求掌握的知识或是能够进行知识迁移解答的。
2. 考查重点是字、词、句等基本知识以及对文段的理解。
3. 通假字、古今异义、词类活用现象、特殊句式（判断句、倒装句、省略句、被动句）为高频考点。
4. 考查形式：单项选择题、判断题、填空题、文言文阅读理解题。对字、词、句、段的理解，以及中心观点、思想感情等内容，多以阅读理解题型考查。近年来，句子翻译题越来越少。

二、经典例题

1. 下面各句加点字的解释不正确的一项是（　　）。

   A. 父利其然也　　　　然：……的样子

   B. 会其怒，不敢献　　会：适逢，正赶上

   C. 不如因而善遇之　　因：趁机

   D. 君安与项伯有故　　故：交情

   答案：A

   解析：A项中"然"的含义是"这样"；其他选项均正确。

2. 下列选项中没有通假字的一项是（　　）。

   A. 甚矣，汝之不惠

   B. 师者，所以传道受业解惑也

   C. 青，取之于蓝，而青于蓝

   D. 人生如梦，一尊还酹江月

   答案：C

   解析：A项"惠"通"慧"；B项"受"通"授"；D项"尊"通"樽"。

3. 下列加点字的意思与现代汉语意思相同的一项是（　　）。

   A. 先国家之急而后私仇也　　　B. 率妻子邑人来此绝境

   C. 古之学者必有师　　　　　　D. 传以示美人及左右

   答案：A

   解析：A项中"私仇"古今同义；B项中"妻子"，古代指妻子儿女，今与"丈夫"相对，指男子的媳妇；C项中"学者"，古代指学习的人，今指在学术上有一定成就的人；D项中"左右"，古代指手下的人，今指方位。

4. 下列加点的字与例句中加点字用法相同的一项是（　　）。

   例：左右欲刃相如

   A. 假舟楫者，非能水也，而绝江河　　B. 卒廷见相如

   C. 且庸人尚羞之　　　　　　　　　　D. 铸以为金人十二，以弱天下之民

   答案：A

   解析：例句中的"刃"是名词动用；A项中的"水"是名词动用，游泳；B项中的"廷"是名词作状语，在朝廷上；C项中的"羞"是意动用法，以……为羞；D项中的"弱"是使动用法，使……弱。

5. 下列句子中句式与其他三项不同的一项是（　　）。

   A. 廉颇者，赵之良将也

   B. 醉翁之意不在酒，在乎山水之间也

   C. 项伯者，项羽季父也

   D. 蚓无爪牙之利，筋骨之强

答案： D

解析： D项是定语后置句式，其余三项均为判断句。

6．阅读下面的文言文，完成后面的问题。

陶潜，字元亮，大司马侃之曾孙也。祖茂，武昌太守。潜少怀高尚，博学善属文，颖脱不羁，任真自得，为乡邻之所贵。尝著《五柳先生传》以自况。

以亲老家贫，起为州祭酒，不堪吏职，少日自解归。州召主簿，不就，躬耕自资，遂抱羸疾。复为镇军、建威参军，谓亲朋曰："聊欲弦歌，以为三径之资可乎？"执事者闻之，以为彭泽令。在县，公田悉令种秫谷①，曰："令吾常醉于酒足矣。"妻子固请种粳，乃使一顷五十亩种秫，五十亩种粳。素简贵，不私事上官。郡遣督邮至县，吏白应束带见之，潜叹曰："吾不能为五斗米折腰，拳拳事乡里小人邪！"义熙二年，解印去县，乃赋《归去来》。

顷之，征著作郎，不就。既绝州郡觐谒，其乡亲张野及周旋人羊松龄、宠遵等或有酒要之，或要之共至酒坐，虽不识主人，亦欣然无忤，酣醉便反。未尝有所造诣，所之唯至田舍及庐山游观而已。

其亲朋好事，或载酒肴而往，潜亦无所辞焉。每一醉，则大适融然。又不营生业，家务悉委之儿仆。未尝有喜愠之色，惟遇酒则饮，时或无酒，亦雅咏不辍。尝言夏月虚闲，高卧北窗之下，清风飒至，自谓羲皇上人。性不解音，而畜素琴一张，弦徽不具，每朋酒之会，则抚而和之，曰："但识琴中趣，何劳弦上声！"以宋元嘉中卒，时年六十三，所有文集并行于世。

【注释】①秫谷：一种谷物，可酿酒。

（1）对下列句子中加点字的解释，不正确的一项是（　　）。
A. 不堪吏职，少日自解归　　堪：忍受，禁得起
B. 素简贵，不私事上官　　私：暗地里
C. 既绝州郡觐谒　　觐：拜见
D. 未尝有所造诣　　造诣：学问技艺达到的程度

（2）下面各句话，全部表现陶潜不受世俗羁绊的一组是（　　）。
①征著作郎，不就　②躬耕自资，遂抱羸疾　③不堪吏职，少日自解归　④素简贵，不私事上官　⑤吾不能为五斗米折腰，拳拳事乡里小人邪　⑥执事者闻之，以为彭泽令
A.①②③④　　B.①③④⑤　　C.③④⑤⑥　　D.②④⑤⑥

（3）下列对原文的叙述和分析，正确的一项是（　　）。
A. 陶潜为了有隐居之资，应对年老家贫的尴尬局面，做了州祭酒，但不堪吏职，不久便自解归，躬耕自资。后又得了病，执事者便让他当了彭泽县令
B. 陶潜担任彭泽县令时，郡里派遣督邮到县里来，别人告诉他应当束好腰带去拜见督邮，他叹道，我不能为五斗米折腰，便解印而去
C. 文中"高卧北窗之下，清风飒至，自谓羲皇上人"句与"采菊东篱下，悠然见南山"一句，都表现了陶渊明悠闲自得陶醉于自然的情态
D. 陶渊明深谙音乐，他自己备有一张琴，每逢朋友在一起喝酒，就抚琴作乐

答案： （1）D　（2）B　（3）C

解析：

（1）造诣在文中指造访、拜访。

（2）②句与官场无关；⑥句虽为彭泽令，但没有提到对官场的拒绝，或者是受仕途羁绊。

（3）A项是亲老家贫，不是陶渊明自己年老；B项原文是"义熙二年，解印去县"，文章没有说慨叹"不为五斗米折腰"即刻辞职；D项文中"畜素琴一张，弦徽不具"，意思是无琴弦，所以无法实际弹奏。

三、学海导航

掌握重点文言虚词

（一）而

主要作连词用，表示以下几种关系：

1. 并列关系，一般不译，有时可译为"又"。

例1：温故而知新，可以为师矣。(《论语》)

例2：中峨冠而多髯者为东坡。(《核舟记》)

例3：蟹六跪而二螯。(《荀子·劝学》)

2. 承接关系，可译作"就""接着"，或不译。

例1：扁鹊望桓侯而还走。(《扁鹊见蔡桓公》)

例2：尉剑挺，广起，夺而杀尉。(《史记·陈涉世家》)

例3：图穷而匕首见。(《荆轲刺秦王》)

3. 转折关系，译作"但是""可是""却"。

例1：予独爱莲之出淤泥而不染，濯清涟而不妖……可远观而不可亵玩焉。(《爱莲说》)

例2：人不知而不愠，不亦君子乎？(《论语》)

例3：环而攻之而不胜。(第一个"而"表示承接关系，第二个"而"表示转折关系)(《得道多助，失道寡助》)

4. 递进关系，译作"而且""并且"或不译。

例1：饮少辄醉，而年又最高，故自号曰醉翁也。(《醉翁亭记》)

例2：学而时习之，不亦说乎？(《论语》)

例3：君子博学而日参省乎己。《荀子·劝学》

5. 修饰关系，可译为"地""着"或不译。

例1：河曲智叟笑而止之曰(《愚公移山》)

例2：施施而行，漫漫而游。(《始得西山宴游记》)

例3：朝而往，暮而归。(《醉翁亭记》)

6. 表示原因，相当于"因而"。

例：表恶其能而不能用也。(《赤壁之战》)

7. 表示假设，相当于"如果""若"。

例：吾攻赵旦暮且下，而诸侯敢救赵者，已拔赵，必移兵先击之。(《史记·魏公子列传》)

8. 与方位词连用表示范围，相当于"以"。

例：今而后，吾将再病，教从何处呼汝耶？(《祭妹文》)

9. 代词，可译为"你""你的"。

例1：而翁知我，故不语郎君。(《清稗类钞·敬信》)

例2：而翁归，自与汝复算耳。(《促织》)

10. 助词，放在时间词后面，没有实际意义，如"俄而""既而""已而"等。

例1：已而夕阳在山，人影散乱。(《醉翁亭记》)

例2：以衾拥覆，久而乃和。(《送东阳马生序》)

11. 动词，相当于"如""像"。

例：军惊而坏都舍。(《吕氏春秋·察今》)

(二) 何

1. 用作疑问代词。

(1) 单独作谓语，问原因，后面常有语气助词"哉""也"等，可译为"为什么""什么原因"。

例：予尝求古仁人之心，或异二者之为，何哉？(《岳阳楼记》)

(2) 作宾语，主要代处所和事物，可译为"哪里""什么"。译时"何"要前置。

例1：何苦而不平？(《愚公移山》)

例2：豫州今欲何至？(《赤壁之战》)

例3：大王来何操？(《鸿门宴》)

(3) 作定语，可译为"什么""哪儿"。

例1：然则何时而乐耶？(《岳阳楼记》)

例2：其间旦暮闻何物？杜鹃啼血猿哀鸣。(《琵琶行》)

例3：莲之爱，同予者何人？(《爱莲说》)

2. 用作副词。

(1) 用在句首或动词前，常表示反问，可译为"为什么""怎么"。

例1：何不按兵束甲，北面而事之？(《赤壁之战》)

例2：徐公何能及君也？(《邹忌讽齐王纳谏》)

例3：若为人佣耕，何富贵也。(《史记·陈涉世家》)

(2) 用在形容词前，表示程度深，可译为"怎么""多么""怎么这样"。

例：渔歌互答，此乐何极！(《岳阳楼记》)

3. 复音虚词"何如""何以"。

(1) "何如"常用于疑问句中，表疑问或诘问，相当于"怎么样""什么样"。

例：樊哙曰："今日之事何如？"(《鸿门宴》)

(2) "何以"即"以何"，介宾短语，用于疑问句中作状语，根据"以"的不同用法，分别相当于"拿什么""凭什么"等。

例：何以战？(《曹刿论战》)

（三）乎

乎为语气助词。

1. 表示疑问"吗""呢"。

例1：览物之情，得无异乎？（《岳阳楼记》）

例2：子墨子曰："然胡不已乎？"（《公输》）

例3：指通豫南，达于汉阴，可乎？（《愚公移山》）

2. 表反问，可译为"吗"。

例1：学而时习之，不亦说乎？（《论语》）

例2：王侯将相宁有种乎？（《史记·陈涉世家》）

3. 表测度语气。

例1：师劳力竭，远主备之，无乃不可乎？（《蹇叔哭师》）

例2：王之好乐甚，则齐其庶几乎？（《庄暴见孟子》）

4. 用于感叹句，相当于"啊""呀"等。

例1：呜呼！孰知赋敛之毒，有甚是蛇者乎！（《捕蛇者说》）

例2：嗟乎！燕雀安知鸿鹄之志哉！（《史记·陈涉世家》）

5. 用于句中的停顿处。

例：胡为乎惶惶欲何之？（《归去来兮辞》）

6. 介词，相当于"于"。

例1：醉翁之意不在酒，在乎山水之间也。（《醉翁亭记》）

例2：先王之法，经乎上世而来者也。（《吕氏春秋·察今》）

例3：生乎吾前，其闻道也固先乎吾。（《师说》）

7. 可作词尾。

例：恢恢乎其于游刃必有余地矣。（《庖丁解牛》）

（四）乃

1. 作副词，有三种情况。

（1）表示动作在时间上的承接，译作"才"。

例1：断其喉，尽其肉，乃去。（《狼》）

例2：乃悟前狼假寐，盖以诱敌。（《狼》）

例3：太丘舍去，去后乃至。（《陈太丘与友期行》）

（2）表示动作在时间上的承接，译作"就"。

例1：乃诈称公子扶苏、项燕，从民欲也。（《史记·陈涉世家》）

例2：荆轲知太子不忍，乃遂私见樊於期。（《荆轲刺秦王》）

（3）表示出人意料，译作"竟""竟然"。

例1：问今是何世，乃不知有汉，无论魏晋。（《桃花源记》）

例2：而陋者乃以斧斤考击而求之。（《石钟山记》）

（4）用于判断句中，相当于"是""就是"。

例1：当立者乃公子扶苏。（《史记·陈涉世家》）

例2：嬴乃夷门抱关者也。（《史记·魏公子列传》）

2. 作连词，表示前后的衔接或转折，可译为"于是"。

例1：乃入吴寻二陆。(《周处》)

例2：乃重修岳阳楼。(《岳阳楼记》)

3. 作代词，译为"你""你的"。

例：王师北定中原日，家祭无忘告乃翁。(《示儿》)

(五) 其

1. 代词。

(1) 人称代词，译为第三人称代词。

例1：择其善者而从之，其不善者而改之。(《论语》)

例2：人有百手，手有百指，不能指其一端。(《口技》)

例3：秦王恐其破壁，乃辞谢。(《荆轲刺秦王》)

(2) 译为第一人称代词"我""自己的"。

例1：偶然得之，非其所乐。(《上枢密韩太尉书》)

例2：而余亦悔其随之而不得极夫游之乐也。(《游褒禅山记》)

例3：并自为其名。(《伤仲永》)

(3) 指示代词，译为"那""那个""那些""那里"。

例1：其人视端容寂，若听茶声然。(《核舟记》)

例2：复前行，欲穷其林。(《桃花源记》)

例3：以勉其学者邪？(《墨池记》)

(4) 译为"其中的"，后面多为数词。

例1：其一犬坐于前。(《狼》)

例2：蜀之鄙有二僧，其一贫，其一富。(《为学》)

例2：于乱石间择其一二扣之。(《石钟山记》)

2. 副词。

放在句首或句中，表示疑问、猜度、反诘、愿望等语气，常和放在句末的语气词配合，可译为"大概""恐怕""可要""难道"等，或省去。

例1：其如土石何？(《愚公移山》)

例2：其真无马耶？其真不知马也！(前一个"其"译为"难道"，后一个"其"译为"恐怕")(《马说》)

例3：安陵君其许寡人！(《唐雎不辱使命》)

例4：其皆出于此乎？(《师说》)

例5：其孰能讥之乎？(《游褒禅山记》)

3. 连词，表示假设，可译为"如果"。

例：其业有不精，德有不成者，非天质之卑，则心不若余之专耳。(《送东阳马生序》)

(六) 且

1. 用作连词。

(1) 表示递进关系。

例1：臣死且不避，卮酒安足辞！（《鸿门宴》）

例2：且焉置土石？（《愚公移山》）

（2）表示并列关系，可译为"和""而且""并且"。

例1：河水清且涟猗。（《诗经·伐檀》）

例2：盖余之勤且艰若此。（《送东阳马生序》）

（3）表示让步关系，相当于"尚且"。

例1：如此其贤也，不受之人，且为众人。（《伤仲永》）

例2：且欲与常马等不可得。（《马说》）

2. 用作副词。

（1）用在动词或数词前，表示动作行为将要发生，相当于"将""将要"。

例1：北山愚公者，年且九十。（《愚公移山》）

例2：驴一鸣，虎大骇，远遁。以为且噬己也，甚恐。（《黔之驴》）

例3：不出，火且尽。（《游褒禅山记》）

（2）表示递进关系，相当于"暂且""姑且"。

例1：存者且偷生，死者长已矣！（《石壕吏》）

例2：卿但暂还家，吾今且报府。（《孔雀东南飞》）

（七）若

1. 代词。

（1）表对称，相当于"你、你们、你的"。

例1：更若役，复若赋，则何如？（《捕蛇者说》）

例2：若属皆且为所虏。（《鸿门宴》）

（2）表近指，译为"这、这样、如此"等。

例1：此为何若人？（《公输》）

例2：以若说论之。（《论衡》）

2. 连词。

（1）表假设，相当于"如果""假如"。

例1：若能以吴越之众与中国抗衡，不如早与之绝。（《赤壁之战》）

例2：若士必怒，伏尸二人。（《唐雎不辱使命》）

（2）表示选择、或者。

例：以万人若一郡降者，封万户。（《汉书·高帝纪》）

（3）"若"和"夫""至"结合，放在一段或一层意思的开头，表示他转。

例：若夫淫雨霏霏……至若春和景明。（《岳阳楼记》）

3. 动词。

（1）可译为"如同""好像"。

例：众士仰慕，若水之归海。（《赤壁之战》）

（2）可译为"及""比得上"。

例：徐公不若君之美也。（《邹忌讽齐王纳谏》）

（八）所

1. 用作助词。经常放在动词前，同动词结合，组成"所"字结构。"所"字结构是名词性短语，表示"所……的人""所……的事物""所……的情况"等。

例1：置人所罾鱼腹中。（《史记·陈涉世家》）

例2：寻向所志，遂迷，不复得路。（《桃花源记》）

例3：鲁直左手执卷末，右手指卷，如有所语。（《核舟记》）

例4：彼所将中国人不过十五六万。（《赤壁之战》）

2. 在有些句子中，"为"和"所"呼应，组成"为……所"格式，表示被动。

例1：若属皆且为所虏。（《鸿门宴》）

例2：今不速往，恐为操所先。（《赤壁之战》）

3. 与"以"一起构成复音虚词"所以"。

（1）表示原因。

例1：亲贤臣，远小人，此先汉所以兴隆也；亲小人，远贤臣，此后汉所以倾颓也。（《出师表》）

例2：所以遣将守关者，备他盗之出入与非常也。（《鸿门宴》）

例3：吾所以为此者，以先国家之急而后私仇也。《廉颇蔺相如列传》

（2）表示手段、凭借或目的。

例1：吾知所以距子矣，吾不言。（《公输》）

例2：所以动心忍性，曾益其所不能。（《生于忧患，死于安乐》）

例3：师者，所以传道受业解惑也。（《师说》）

4. 用作名词，意思是"地方""处所"。

例1：欲至何所。（《宋定伯捉鬼》）

例2：必能使行阵和睦，优劣得所。（《出师表》）

（九）为

1. "为"作为动词有两种基本用法，一是表示判断，一是表动作行为。

（1）译为"做""治理"。

例：孟尝君为相数十年。（《冯谖客孟尝君》）

（2）译为"作为""当作"。

例：霓为衣兮风为马。（《梦游天姥吟留别》）

（3）译为"认为"。

例：窃为大王不取也。（《鸿门宴》）

（4）译为"是"。

例：四体不勤，五谷不分，孰为夫子。（《论语》）

2. "为"作为介词的用法。一般读去声。

（1）表示动作行为的对象，可译为"向""对"等。

例1：不足为外人道也。（《桃花源记》）

例2：此人一一为具言所闻。（《桃花源记》）

（2）表示被动，译作"被"。有时跟"所"结合，"为所"或"为……所"。

例1：父母宗族，皆为戮没。（《荆轲刺秦王》）

例2：不者，若属皆且为所虏。（《鸿门宴》）

例3：今不速往，恐为操所先。（《赤壁之战》）

（3）表示动作、行为的替代，可译为"替""给"等。

例1：若为佣耕，何富贵也？（《史记·陈涉世家》）

例2：公输盘为我为云梯。（《公输》）

例3：谁为大王为此计者？（《鸿门宴》）

例4：庖丁为文惠君解牛。（《庖丁解牛》）

（4）表示动作、行为的目的，可译作"为着""为了"。

例1：为宫室之美，妻妾之奉，所识穷乏者得我与？（《鱼我所欲也》）

例2：天下熙熙，皆为利来；天下攘攘，皆为利往。（《史记·货殖列传》）

（5）表动作、行为的时间，可译为"当""等到"。

例：为其来也，臣请缚一人，过王而行。（《晏子使楚》）

（6）表示原因。可译为"因为"。

例：上胡不法先王之法？非不贤也，为其不可得而法。（《吕氏春秋·察今》）

3. 语气词，读平声，用于疑问句末，表诘问。

例：如今人方为刀俎，我为鱼肉，何辞为？（《鸿门宴》）

（十）焉

1. 疑问代词，相当于"何"，可译为"哪里""为什么"。

例1：且焉置土石？（《愚公移山》）

例2：焉用亡郑以陪邻？《烛之武退秦师》

2. 代词，相当于"之"。可译为"他、她、它，这件事"等。

例1：忽啼求之，父异焉。（《伤仲永》）

例2：以俟夫观人风者得焉。（《捕蛇者说》）

3. 句末疑问语气助词，可以不译，也可译为"呢""啊""吧"等一类词。

例1：肉食者谋之，又何间焉。（《曹刿论战》）

例2：于是余有叹焉。（《游褒禅山记》）

例3：万钟于我何加焉！（《鱼我所欲也》）

4. 兼词，用于动词、形容词之后，即兼有介词和代词的作用，相当于"从（在）这里""在那里"。

例1：不复出焉。（《桃花源记》）

例2：针针丛棘，青麻头伏焉。（《促织》）

例3：夫大国，难测也，惧有伏焉。（《曹刿论战》）

5. 助词，作形容词词尾，可译为"……地"。

例：于乱石间择其一二扣之，硿硿焉。（《石钟山记》）

（十一）也

也是语气助词，常用于句末，表示各种语气。

1. 表示判断语气。

例1：操虽托名汉相，其实汉贼也。（《赤壁之战》）

例2：夫秋，刑官也。（《秋声赋》）

例3：死生，昼夜事也。（《指南录后序》）

例4：陈胜者，阳城人也，字涉。（《史记·陈涉世家》）

2. 表示肯定语气。

例1：环滁皆山也。(《醉翁亭记》)

例2：则汉室之隆，可计日而待也。(《出师表》)

例3：食马者不知其能千里而食也。(《马说》)

例4：昔人云："将以有为也。"(《指南录后序》)

有否定词的句子，也表示一种否定的肯定。

例1：虽杀臣，不能绝也。(《公输》)

例2：逼兵势耳，非心服也。(《赤壁之战》)

3. 表示疑问语气。

例1：若为佣耕，何富贵也？(《史记·陈涉世家》)

例2：安陵君不听寡人，何也？(《唐雎不辱使命》)

例3：吾王庶几无疾病与，何以能鼓乐也？(《庄暴见孟子》)

4. 表示感叹语气。

例1：君美甚，徐公何能及君也！(《邹忌讽齐王纳谏》)

例2：古之人不余欺也！(《石钟山记》)

例3：此诚危急存亡之秋也。(《出师表》)

5. 用在句中，表示停顿，以舒缓语气。

例1：然是说也，余尤疑之。(《石钟山记》)

例2：臣之壮也，犹不如人。(《烛之武退秦师》)

例3：师道之不传也久矣。(《师说》)

例4：余闻之也久。(《伤仲永》)

（十二）以

1. 介词。

（1）介绍动作行为产生的原因，可译为"因为""由于"。

例1：不以物喜，不以己悲。(《岳阳楼记》)

例2：是以先帝简拔以遗陛下。(前一个"以"表原因，后一个"以"表目的)(《出师表》)

例3：扶苏以数谏故，上使外将兵。(《史记·陈涉世家》)

（2）介绍动作行为所凭借的条件，可译为"凭借""按照""依靠"等。

例1：策之不以其道。(《马说》)

例2：以残年余力，曾不能毁山之一毛。(《愚公移山》)

例3：域民不以封疆之界，固国不以山溪之险，威天下不以兵革之利。(《得道多助，失道寡助》)

例4：余船以次俱进。(《赤壁之战》)

（3）表示动作行为的方式，可译作"把""拿""用"等。

例1：屠惧，投以骨。(《狼》)

例2：遂许先帝以驱驰。(《出师表》)

例3：使工以药淬之。(《荆轲刺秦王》)

（4）引进动作行为发生的时间、地点。同"于"，可译为"在""从"。

例：余以乾隆三十九年十二月，自京师乘风雪。(《登泰山记》)
2. 连词。
(1) 表示目的，相当于现代汉语里的"来""用来""而""以致"。
例1：意将隧入以攻其后也。(《狼》)
例2：以光先帝遗德。(《出师表》)
例3：属予作文以记之。(《岳阳楼记》)
(2) 表示因果，可译作"因为""以至""因而"。
例1：不宜妄自菲薄，引喻失义，以塞忠谏之路也。(《出师表》)
例2：犹不能不以之兴怀。(《兰亭集序》)
例3：樊将军以穷困来归丹，丹不忍以己之私，而伤长者之意。(《荆轲刺秦王》)
(3) 表示修饰，不译。
例1：黔无驴，有好事者船载以入。(《黔之驴》)
例2：醉则更相枕以卧。(《始得西山宴游记》)
例3：倚柱而笑，箕踞以骂曰。(《荆轲刺秦王》)
(4) 表示并列或递进，可译为"而""又""而且""并且"。
例：夫夷以近，则游者众。(《游褒禅山记》)
(5) 表示承接。
例：余与四人拥火以入。(《游褒禅山记》)
3. "以"还可作动词(实词)，可译为"认为"。
例1：先帝不以臣卑鄙，猥自枉屈。(《出师表》)
例2：魏武将见匈奴使，自以形陋。(《世说新语》)
4. 复音虚词"是以""以是"，相当于"因此"。
例：余是以记之，盖叹郦元之简，而笑李渤之陋也。(《石钟山记》)

(十三) 因
1. 介词。介绍动作行为的根据或原因、方式等。
(1) 可译为依照，根据。
例1：罔不因势象形。(《核舟记》)
例2：变法者因时而化。(《吕氏春秋·察今》)
例3：善战者因其势而利导之。(《孙子吴起列传》)
(2) 可译为依靠，凭借。
例1：因利乘便，宰割天下，分裂山河。(《过秦论》)
例2：因人之力而敝之，不仁。(《烛之武退秦师》)
例3：高祖因之以成帝业。(《隆中对》)
(3) 可译为趁着，趁此。
例1：不如因善遇之。(《鸿门宴》)
例2：寿毕，请以剑舞，因击沛公于坐，杀之。(《鸿门宴》)
(4) 可译为通过，经由。
例：因宾客至蔺相如门谢罪。(《廉颇蔺相如列传》)
(5) 可译为因为，由于。

例1：因造玉清宫，伐山取材，方有人见之。(《雁荡山》)

例2：恩所加，则思无因喜以谬赏。(《谏太宗十思疏》)

例3：振声激扬，伺者因此觉知。(《张衡传》)

2. 连词。

(1) 可译为"于是，就，因而"。

例1：安陵君因使唐雎使于秦。(《唐雎不辱使命》)

例2：因拔刀斫前奏案。(《赤壁之战》)

例3：相如因持璧却立。(《廉颇蔺相如列传》)

(2) 可译为"因此"。

例1：宅边有五柳树，因以为号焉。(《五柳先生传》)

例2：余因得遍观群书。(《送东阳马生序》)

3. 名词。可译为"原因、缘由、机缘"。

例：于今无会因。(《孔雀东南飞》)

4. 动词。

(1) 可译为"根据"。

例：故事因于世，而备适于事。(《五蠹》)

(2) 可译为"沿袭，继续"。

例1：蒙故业，因遗策。(《过秦论》)

例2：加之以师旅，因之以饥馑。(《论语》)

（十四）于

1. 介词。

(1) 表示动作发生的处所、时间，可译为"在""从""到"。

例1：青，取之于蓝，而青于蓝。(前一个"于"译为"从")(《荀子·劝学》)

例2：乃设九宾之礼于廷。(《廉颇蔺相如列传》)

例3：从径道亡，归璧于赵。(《廉颇蔺相如列传》)

例4：积于今六十岁矣。(《捕蛇者说》)

(2) 表示"在……方面""从……中"。

例1：荆国有余于地而不足于民。(《公输》)

例2：于人为可讥，而在己为有悔。(《游褒禅山记》)

例3：苟全性命于乱世，不求闻达于诸侯。(《出师表》)

(3) 表原因，可译为"由于、因为"。

例1：业精于勤，荒于嬉。(《进学解》)

例2：生于忧患，死于安乐。(《孟子·告天下》)

(4) 表示动作的对象，可译为"向"。

例1：请奉命求救于孙将军。(《赤壁之战》)

例2：每假借于藏书之家。(《送东阳马生序》)

可译为"对、对于"。

例1：爱其子，择师而教之，于其身也，则耻师焉。(《师说》)

例2：贫者语于富者曰。(《为学》)

（5）用在被动句中，介绍行为主动者，译为"被"。

例1：君幸于赵王。（《廉颇蔺相如列传》）

例2：故内惑于郑袖，外欺于张仪。（《屈原列传》）

例3：吾不能举全吴之地，十万之众，受制于人。（《赤壁之战》）

（6）可译为"与、跟、同"。

例1：每自比于管仲、乐毅。（《隆中对》）

例2：燕王欲结于君。（《廉颇蔺相如列传》）

例3：莫若遣腹心自结于东，以共济世业。（《赤壁之战》）

（7）用在形容词之后，表示比较，比。

例1：子曰："苛政猛于虎也"。（《论语》）

例2：青，取之于蓝，而青于蓝。（后一个"于"译为"比"）（《荀子·劝学》）

例3：使人之所恶莫甚于死者。（《鱼我所欲也》）

例4：生亦我所欲，所欲有甚于生者，故不为苟得也。（《鱼我所欲也》）

2. 于是。

（1）相当于"于+此"，可译为"对此""因此"。

例1：于是宾客无不变色离席。（《口技》）

例2：吾祖死于是，吾父死于是。（《捕蛇者说》）

例3：于是秦王不怿，为一击缶。（《廉颇蔺相如列传》）

例4：于是余有叹焉。（《游褒禅山记》）

例5：遂墨以葬文公，晋于是始墨。（《秦晋殽之战》）

（2）连词，表前后句的承接或因果关系，与现代汉语"于是"相同。

例：于是为长安君约车百乘，质于齐。（《触龙说赵太后》）

3. "见……于"，表示被动。

例：吾长见笑于大方之家。（《庄子·秋水》）

（十五）与

1. 介词。

（1）译为"和、跟、同"。

例1：沛公军霸上，未得与项羽相见。（《鸿门宴》）

例2：而翁归，自与汝复算耳。（《促织》）

例3：念无与为乐者。（《记承天寺夜游》）

（2）译为"给、替"。

例：陈涉少时，尝与人佣耕。（《史记·陈涉世家》）

（3）表示"比""和……比较"。

例1：吾孰与徐公美。（《邹忌讽齐王纳谏》）

例2：较秦之所得，与战胜而得者，其实百倍。（《六国论》）

2. 连词。译为"和、跟、同"。

例1：然谋臣与爪牙之士，不可不养而择也。（《勾践灭吴》）

例2：天与云与山与水，上下一白。（《湖心亭看雪》）

3. 动词。

（1）译为"给予，授予"。

例1：则与一生彘肩。(《鸿门宴》)

例2：父异焉，借旁近与之。(《伤仲永》)

（2）译为"结交，亲附"。

例1：因人之力而敝之，不仁；失其所与，不知。(《烛之武退秦师》)

例2：合从缔交，相与为一。(《过秦论》)

例3：与嬴而不助五国也。(《六国论》)

（3）译为"参加，参与"。

例1：蹇叔之子与师。(《蹇叔哭师》)

例2：未复有能与其奇者。（与：参与，这里指欣赏）(《答谢中书书》)

（4）译为"赞许，同意"。

例1：夫子喟然叹曰："吾与点也！"(《论语》)

例2：朝过夕改，君子与之。(《汉书》)

4. 通假，通"欤"。句末语气词，表示感叹或疑问。

例1：无乃尔是过与？(《季氏将伐颛臾》)

例2：虎兕出于柙，龟玉毁于椟中，是谁之过与？(《季氏将伐颛臾》)

5. 孰与。意思是"和某某比，怎么样？"

例1：谓其妻曰："我孰与城北徐公美？"(《邹忌讽齐王纳谏》)

例2：沛公曰："孰与君少长？"(《鸿门宴》)

例3：公之视廉将军孰与秦王？(《廉颇蔺相如列传》)

6. "孰若""与其……孰若"。表示选择（舍前取后），译为"哪如""与其……哪如……"。

例：卿言多务，孰若孤？孤常读书，自以为大有所益。(《孙权劝学》)

（十六）则

1. 连词。

（1）表示承接关系，译为"就""便"，或译为"原来是""已经是"。

例1：项王曰："壮士，赐之卮酒。"则与斗卮酒。(《鸿门宴》)

例2：故木受绳则直，金就砺则利。(《荀子·劝学》)

例3：徐而察之，则山下皆石穴罅。(《石钟山记》)

例4：居庙堂之高则忧其民，处江湖之远则忧其君。(《岳阳楼记》)

（2）表示条件、假设关系。译为"假使""如果""要是……就"等。

例1：入则无法家拂士，出则无敌国外患者，国恒亡。(《生于忧患，死于安乐》)

例2：万钟则不辩礼义而受之，万钟于我何加焉？(《鱼我所欲也》)

（3）表示并列关系。这种用法都是两个或两个以上的"则"连用，每个"则"字都用在意思相对、结构相似的一个分句里，表示分句之间是并列关系，可译为"就"，或不译。

例1：位卑则足羞，官盛则近谀。(《师说》)

例2：入则孝，出则悌。(《论语》)

例3：小则获邑，大则得城。(《六国论》)

（4）表示转折、让步关系，表示转折时，用在后一分句，译为"可是""却"。表示让步时，用在前一分句，译为"虽然"。

例1：则虽欲长侍足下，岂可得哉？（《荆轲刺秦王》）

例2：夜则以兵围所寓舍。（《指南录后序》）

例3：其室则迩，其人甚远。（《诗经》）

例4：至则无可用，放之山下。（《黔之驴》）

（5）表示选择关系。常和"非""不"呼应使用，译为"就是""不是……就是"。

例1：非死则徙尔。（《捕蛇者说》）

例2：非其身之所种则不食。（《勾践灭吴》）

2. 副词。

（1）用在判断句中，起强调和确认作用，可译为"是""就是"。

例：此则岳阳楼之大观也。（《岳阳楼记》）

（2）对已然或发现的强调。可译为"已经""原来""原来已经"。

例：及诸河，则在舟中矣。（《秦晋崤之战》）

3. 名词。

（1）指分项或自成段落的文字的条数。

例：《论语》六则。

（2）准则，法则。

例：以身作则。

4. 动词，效法。

例1：遵后稷、公刘之业，则古公、公季之法。《史记·周本纪》

例2：唯天为大，唯尧则之。（《论语》）

5. 通假。通"辄"，总是，常常。

例：居则曰："不吾知也"。（《论语》）

6. 则是。译为"只当是"。

例：与窦娥烧一陌儿，则是看你死的孩儿面上。（《窦娥冤》）

7. 则则。表示赞叹的声音。

例：闻两童子音琅琅然，不觉莞尔，连呼"则则"。（《祭妹文》）

（十七）者

1. 助词。

（1）指人、物、事、时、地等。"……的""……的（人、东西、事情）"。

例1：有复言令长安君为质者，老妇必唾其面！（《触龙说赵太后》）

例2：有怠而欲出者。（《游褒禅山记》）

例3：若有作奸犯科及为忠善者，宜付有司论其刑赏。（《出师表》）

（2）用在数词后面，译为"……方面""……样东西""……件事情"。

例1：此数者用兵之患也。（《赤壁之战》）

例2：或异二者之为，何哉？（《岳阳楼记》）

例3：此五者，邦之蠹也。（《五蠹》）

（3）用作"若""似""如"的宾语，译为"……的样子"。

例1：言之，貌若甚戚者。(《捕蛇者说》)
例2：然往来视之，觉无异能者。(《黔之驴》)
(4) 放在后置的定语后面，相当于"的"。
例1：石之铿然有声者。(《石钟山记》)
例2：顷之，烟炎张天，人马烧溺死者甚众。(《赤壁之战》)
(5) 放在主语后面，引出判断，不必译出。
例1：夺项王天下者必沛公也。(《鸿门宴》)
例2：诸葛孔明者，卧龙也。(《隆中对》)
(6) 用在"今""昔"等时间词后面，不必译出。
例1：今者有小人之言。(《鸿门宴》)
例2：古者以天下为主，君为客。(《原君》)
(7) 放在分句的句末，或引出原因，或表前后因果关系。
例1：然操遂能克绍，以弱为强者，非惟天时，抑亦人谋也。(《隆中对》)
例2：所以遣将守关者，备他盗之出入与非常也。(《鸿门宴》)
例3：吾妻之美我者，私我也。(《邹忌讽齐王纳谏》)
2. 语气词。
(1) 放在疑问句的句末，表示疑问语气等。
例：谁为大王为此计者？(《鸿门宴》)
(2) 与"也"连用，加重语气，表示确认。
例："客何为者？"张良曰："沛公之参乘樊哙者也。"(《鸿门宴》)

（十八）之
1. 代词。
(1) 第三人称代词，他、她、它（们），有时灵活运用于第一人称或第二人称。
例1：汝可去应之。(《孔雀东南飞》)
例2：公与之乘，战于长勺。(《曹刿论战》)
例3：陈胜佐之，并杀两尉。(《史记·陈涉世家》)
例4：取之无禁，用之不竭。(《赤壁赋》)
例5：輮使之然也。(《荀子·劝学》)
(2) 指示代词，这，此，这么，这件事。
例1：而卒葬之。(《游褒禅山记》)
例2：仰观宇宙之大。(《兰亭集序》)
例3：徐徐更谓之。(《孔雀东南飞》)
2. 助词。
(1) 相当于现代汉语的"的"，放在定语和中心之间。
例1：予尝求古仁人之心。(《岳阳楼记》)
例2：小大之狱，虽不能察，必以情。(《曹刿论战》)
例3：此亡秦之续耳。(《鸿门宴》)
(2) 放在主语和谓语之间，取消句子的独立性。
例1：客之美我者，欲有求于我也。(《邹忌讽齐王纳谏》)

例2：医之好治不病以为功。(《扁鹊见蔡桓公》)

例3：予独爱莲之出淤泥而不染。(《爱莲说》)

（3）放在倒置的动（介）宾短语之间，作为宾语提前的标志。

例1：何陋之有？(《陋室铭》)

例2：宋何罪之有？(《公输》)

（4）放在倒置的定语与中心语之间，作为定语后置的标志。

例1：蚓无爪牙之利，筋骨之强。(《荀子·劝学》)

例2：马之千里者。(《马说》)

例3：居庙堂之高则忧其民，处江湖之远则忧其君。(《岳阳楼记》)

（5）用在时间词或动词（多为不及物动词）后面，凑足音节，没有实在意义。

例1：公将鼓之。(《曹刿论战》)

例2：久之，目似瞑，意暇甚。(《狼》)

例3：顷之，烟炎张天。(《赤壁之战》)

例4：怅恨久之。(《史记·陈涉世家》)

3. 动词，译为"往""到达""到……去"。

例1：辍耕之垄上。(《史记·陈涉世家》)

例2：及其所之既倦。(《兰亭集序》)

例3：吾欲之南海，何如？《为学》

（十九）然

1. 代词，起指示作用，译为"这样""如此"。

例1：父利其然也。(《伤仲永》)

例2：輮使之然也。(《荀子·劝学》)

2. 连词，表转折关系，译为"然而""但是"等。

例1：然足下卜之鬼乎？(《史记·陈涉世家》)

例2：然视其左右，来而记之者已少。(《游褒禅山记》)

3. 助词，分两种情况。

（1）用在形容词之后，作为词尾，可译作"……的样子""……地"。

例1：秦王怫然怒。(《唐雎不辱使命》)

例2：大石侧立千尺，如猛兽奇鬼，森然欲搏人。(《石钟山记》)

（2）用于句尾，常与"如""若"连用，构成"如……然""若……然"的格式，译为"……的样子""像……似的"。

例：其人视端容寂，若听茶声然。(《核舟记》)

4. 副词，表示应对，常常单独成句。

例：然，诚有百姓者。(《齐桓晋文之事》)

5. 形容词，正确，对。

例：吴广以为然，乃行卜。(《史记·陈涉世家》)

6. 动词。认为正确。

例："死何裨益？不如自行搜觅，冀有万一之得。"成然之。(《促织》)

7. 复音虚词。

（1）然后：相当于现代汉语的"然后"。

例：权，然后知轻重；度，然后知长短。(《孟子·梁惠王上》)

（2）然则：相当于现代汉语"既然这样，那么……"。

例：然则王之所大欲可知已。(《齐桓晋文之事》)

（3）然而：相当于现代汉语的"虽然这样，可是……"。

例：七十者衣帛食肉，黎民不饥不寒，然而不王者，未之有也。(《寡人之于国也》)

（二十）故

1. 形容词，旧的，原来的。

例1：温故而知新。(《论语》)

例2：两狼之并驱如故。(《狼》)

2. 副词，特意。

例1：桓侯故使人问之。(《扁鹊见蔡桓公》)

例2：广故数言欲亡，忿恚尉。(《史记·陈涉世家》)

3. 连词，所以，因此。

例：故天将降大任于是人也。(《生于忧患，死于安乐》)

4. 名词。

（1）可译为"原因，缘故"。

例：既克，公问其故。(《曹刿论战》)

（2）可译为"事情，事故。"

例：中原遂多故。(《行次西郊作一百韵》)

（3）可译为"旧"，与"新"相对。

例：古今异俗，新故异备。(《五蠹》)

（4）可译为"老朋友，旧交情"。

例：若非吾故人乎？(《项羽之死》)

5. 动词，(人)死亡。

例：目今其祖早故，只有个儿子。(《红楼梦》)

掌握词类活用现象

一、名词活用

（一）名词作状语

例1：有席卷天下，包举宇内，囊括四海之意。(《过秦论》)

例2：岁征民间。(《促织》)

例3：南取百越之地。(《过秦论》)

（二）名词动用

例1：范增数目项王。(《史记·项羽本纪》)

例2：沛公军霸上。(《鸿门宴》)

例3：惑而不从师，其为惑也，终不解矣。(《师说》)

（三）名词使动用法

例1：先破秦入咸阳者王之。(《鸿门宴》)

例2：序八州而朝同列。(《过秦论》)

（四）名词意动用法

例1：孔子师郯子、苌弘、师襄、老聃。(《师说》)

例2：邑人奇之，稍稍宾客其父。(《伤仲永》)

二、动词活用

（一）动词活用为名词

例1：追亡逐北，伏尸百万，流血漂橹。(《过秦论》)

例2：未尝有坚明约束者也。(《廉颇蔺相如列传》)

（二）动词作状语

例1：弃甲曳兵而走。(《寡人之于国也》)

例2：大王来何操？(《鸿门宴》)

（三）动词使动用法

例1：项伯杀人，臣活之。(《鸿门宴》)

例2：秦王恐其破璧。(《廉颇蔺相如列传》)

三、形容词活用

（一）形容词用为名词

例1：将军身披坚执锐。(《史记·陈涉世家》)

例2：知否，知否，应是绿肥红瘦。(《如梦令》)

（二）形容词作动词

例1：是故圣益圣，愚益愚。(《师说》)

例2：素善留侯张良。(《鸿门宴》)

（三）形容词使动用法

例1：大王必欲急臣。(《廉颇蔺相如列传》)

例2：诸侯恐惧，会盟而谋弱秦。(《过秦论》)

（四）形容词意动用法

例1：则耻师焉，惑矣。(《师说》)

例2：且庸人尚羞之。(《廉颇蔺相如列传》)

掌握文言文特殊句式

古代汉语中与现代汉语不同的句式有判断句、被动句、省略句、疑问句、倒装句等。

（一）判断句

1. 用"者……也""者也""者"表示判断。

例1：廉颇者，赵之良将也。(《廉颇蔺相如列传》)

例2：城北徐公，齐国之美丽者也。(《邹忌讽齐王纳谏》)

例3：四人者，庐陵萧君圭君玉，长乐王回深父，余弟安国平父，安上纯父。(《游褒禅山记》)

2. 用动词"为"或判断词"是"表判断。

例1：为天下理财，不为征利。(《答司马谏议书》)
例2：汝是大家子。(《孔雀东南飞》)

3. 用"即""乃""则""皆""本""诚""亦""素"等副词表示肯定判断，兼加强语气，用"非"表示否定判断。

例1：今公子有急，此乃臣效命之秋也。(《信陵君窃符救赵》)
例2：此诚危急存亡之秋也。(《出师表》)
例3：此则岳阳楼之大观也。(《岳阳楼记》)
例4：臣本布衣。(《出师表》)
例5：且相如素贱人。(《廉颇蔺相如列传》)
例6：鱼，我所欲也；熊掌，亦我所欲也。(《鱼我所欲也》)

4. 无标志判断句。

例：刘备天下枭雄。(《三国志》)

注意：判断句中谓语前出现的"是"一般都不是判断词，而是指示代词，作判断句的主语，而有些判断句中的"是"也并非都不表示判断，"是"在先秦古汉语中少作判断词，在汉以后作判断词多起来。

(二) 被动句

所谓被动，是指主语与谓语之间的关系是被动关系，也就是说，主语是动词所表示的行为的被动者、受害者，而不是主动者、实施者。

1. 有标志。

(1) 用"为"或"为……所……"表被动。

例1：身死人手，为天下笑者。(《过秦论》)
例2：偏在远郡，行将为人所并。(《赤壁之战》)

(2) 用"被"表示被动。

例1：忠而被谤，能无怨乎？(《屈原列传》)
例2：予犹记周公之被逮，在丁卯三月之望。(《五人墓碑记》)

(3) 用"见"或"见……于……"表被动。

例：臣恐见欺于王而负赵。(《廉颇蔺相如列传》)

(4) 用"于"或"受……于"表被动。

例1：不能容于远近。(《五人墓碑记》)
例2：吾不能举全吴之地，十万之众，受制于人。(《三国志》)

2. 无标志。

这种情况是指没有被动词的被动句。

例：荆州之民附操者，逼兵势耳。(《赤壁之战》)

注意："见"有一种特殊用法和表示被动的"见"形式很相近。

例如："冀君实或见恕也"(《答司马谏议书》)中的"见"不表被动，它是放在动词前，表示动作行为偏指一方。"对自己怎么样"的客气说法，类似现代汉语中的"见谅"等都是此种用法。

(三) 省略句

1. 省略主语。

例：永州之野产异蛇，（蛇）黑质而白章……（《捕蛇者说》）
2. 省略谓语。
例：夫战，勇气也。一鼓作气，再（鼓）而衰，三（鼓）而竭。(《曹刿论战》)
3. 省略动词宾语。
例：以相如功大，拜（之）为上卿。(《廉颇蔺相如列传》)
4. 省略介词宾语。
例：此人一一为（之）具言所闻。(《桃花源记》)
5. 省略介词。
例：将军战（于）河北，臣战（于）河南。(《史记·项羽本纪》)

（四）疑问句

文言文的疑问句，一般都有疑问词，疑问词包括疑问代词（谁、何、曷、故、安、焉、孰等），疑问语气词（乎、诸、哉、欤、耶等）以及疑问副词（岂、独、其等）。有时不用疑问词。另外，还有些表示反问的习惯用法。

1. 使用疑问代词。疑问代词常与疑问语气词一起使用。

（1）使用疑问代词"谁"构成疑问句。

例1：谁为大王为此计者？（《鸿门宴》）

例2：谁为哀者？（《五人墓碑记》）

（2）使用疑问代词"孰"构成疑问句。

例1：人非生而知之者，孰能无惑？（《师说》）

例2：独乐乐，与人乐乐，孰乐？（《庄暴见孟子》）

（3）使用疑问代词"何"构成疑问句。

例1：肉食者谋之，又何间焉？（《曹刿论战》）

例2：刘豫州何不遂事之乎？（《赤壁之战》）

（4）使用疑问代词"曷"构成疑问句。

例1：蹈死不顾，亦曷故哉？（《五人墓碑记》）

例2：缚者曷为者也？（《晏子使楚》）

（5）使用疑问代词"胡"构成疑问句。

例1：上胡不法先王之法？（《吕氏春秋·察今》）

例2：胡不见我于王？（《公输》）

（6）使用疑问代词"安"构成疑问句。

例1：安得广厦千万间，大庇天下寒士俱欢颜。(《茅屋为秋风所破歌》)

例2：沛公曰："君安与项伯有故？"（《鸿门宴》）

（7）使用疑问代词"焉"构成疑问句。

例1：则将焉用彼相矣？（《季氏将伐颛臾》）

例2：且焉置土石？（《愚公移山》）

（8）使用疑问代词"奚"构成疑问句。

例1：子奚哭之悲也？（《和氏璧》）

例2：奚暇治礼义哉？（《齐桓晋文之事》）

（9）使用疑问代词"恶"构成疑问句。

例1：以小易大，彼恶知之？（《齐桓晋文之事》）

例2：君子去仁，恶乎成名？（《论语》）

（10）使用疑问代词"盍（盖）"构成疑问句。

例1：善哉！技盖至此乎？（《庖丁解牛》）

例2：伍奢有二子，不杀者，为楚国患，盍以免其父召之？（《史记·楚世家》）

2. 使用疑问语气词。

（1）使用疑问语气词"乎"构成疑问句。

例1：汝亦知射乎？（《卖油翁》）

例2：赵岂敢留璧而得罪于大王乎？（《廉颇蔺相如列传》）

（2）使用疑问语气词"诸"构成疑问句。

例：王尝语庄子以好乐，有诸？（《庄暴见孟子》）

（3）使用疑问语气词"与（欤）"构成疑问句。

例1：为宫室之美，妻妾之奉，所识穷乏者得我欤？（《鱼我所欲也》）

例2：虎兕出于柙，龟玉毁于椟中，是谁之过与？（《季氏将伐颛臾》）

（4）使用疑问语气词"邪（耶）"构成疑问句。

例1：且公子纵轻胜，弃之降秦，独不怜公子姊邪？（《信陵君窃符救赵》）

例2：六国互丧，率赂秦耶？（《六国论》）

3. 使用固定搭配"几何""何如""奈何""如之何""如……何""奈……何"等表示疑问。

例1：禽兽之变诈几何哉？止增笑耳。（《狼》）

例2：余将告于莅事者，更若役，复若赋，则何如？（《捕蛇者说》）

例3：吾欲之南海，何如？（《为学》）

例4：樊於期乃前曰："为之奈何？"（《荆轲刺秦王》）

例5：如之何勿思？（《君子于役》）

例6：以残年余力，曾不能毁山之一毛，其如土石何？（《愚公移山》）

例7：虞兮虞兮奈若何？（《史记·项羽本纪》）

4. 使用否定词表示疑问。

例1：秦王以十五城请易寡人之璧，可予不？（《廉颇蔺相如列传》）

例2：汝忆否？四五年前某夕……（《与妻书》）

例3：求剑若此，不亦惑乎？（《吕氏春秋·察今》）

（五）倒装句

1. 主谓倒装。

为了强调谓语，有时将谓语置于主语之前。

例1：甚矣，汝之不惠。（《愚公移山》）

例2：安在公子能急人之困也！（《史记·魏公子列传》）

2. 宾语前置。

（1）否定句中宾语代词前置。

例1：三岁贯女，莫我肯顾。（《诗经·硕鼠》）

例2：时人莫之许也。（《隆中对》）

例3：秦人不暇自哀，而后人哀之。(《阿房宫赋》)
例4：忌不自信。(《邹忌讽齐王纳谏》)
例5：然而不王者，未之有也。(《寡人之于国也》)
例6：毋吾以也。(《论语》)
例7：闻道百，以为莫己若者，我之谓也。(《庄子·秋水》)
例8：我无尔诈，尔无我虞。《左传·宣公十五年》)

小结：否定句中宾语代词前置，必须具备两个条件：第一，宾语必须是代词。第二，全句必须是否定句，即必须有否定副词"不""未""毋（无）"等，或表示否定的不定代词"莫"。代词宾语要放在动词之前否定词之后。

（2）疑问句中代词宾语前置。
①宾语在动词前面。
例1：大王来何操？(《鸿门宴》)
例2：问女何所思？(《木兰辞》)
例3：王见之，曰："牛何之？"(《齐桓晋文之事》)
例4：吾谁敢怨？(《左传·昭公二十七年》)
例5：且焉置土石？(《愚公移山》)

②宾语放在介词前面。
例1：不然，籍何以至此？(《鸿门宴》)
例2：长安君何以自托于赵？(《触龙说赵太后》)
例3：国胡以相恤？(《论积贮疏》)
例4：虽生，何面目以归汉？(《汉书·苏武传》)

③陈述句中介词宾语前置。
例1：余是以记之。(《石钟山记》)
例2：一言以蔽之。(《论语》)
例3：楚战士无不一以当十。(《史记·项羽本纪》)
例4：夜以继日(《庄子·至乐》)

④用"以""是"为标志的宾语前置。
例1：夫晋，何罪之有？(《烛之武退秦师》)
例2：句读之不知，惑之不解。(《师说》)
例3：惟陈言之务去。(《答李翊书》)
例4：唯余马首是瞻。(《左传·襄公十四年》)
例5：唯利是图(《抱朴子》)

⑤"相"字，行为偏指一方时，可译为"我""你""他（她）"，这时"相"作宾语放在谓语动词之前，翻译时放在谓语动词的后面。
例1：吾已失恩义，会不相从许。(《孔雀东南飞》)
例2：勤心养公姥，好自相扶将。(《孔雀东南飞》)
例3：儿童相见不相识，笑问客从何处来。(《回乡偶书》)
例4：请你相信。

⑥"见"字，动作行为偏指一方时，可解释为"我"，这时"见"作宾语，放在

谓语动词之前，翻译时放在谓语动词的后面。

例1：府吏见丁宁。(《孔雀东南飞》)

例2：生孩六月，慈父见背。(《陈情表》)

这种情况在现代汉语里也有，如见恕（希望你宽恕我）、有何见教（有什么指教我的）、让你见笑了（让你笑话我了）、望见谅（希望你原谅）。

⑦方位词、时间词作宾语时，有时也前置。

例1：亚父南向坐。(《鸿门宴》)

例2：顺流而东行，至于北海，东面而视，不见水端。(《庄子·秋水》)

3. 状语后置。

现代汉语中状语置于谓语之前，若置于谓语之后便是补语。但在文言文中，处于补语的成分往往要以状语来理解，即在翻译时大多数时候要提到谓语前面去翻译。

（1）格式：动词+以+宾语。

例1：饰以篆文山龟鸟兽之形。(《张衡传》)

例2：覆之以掌。(《促织》)

（2）格式：动词+于（乎，相当"于"）+宾语。

例1：使归就求救于孙将军。(《赤壁之战》)

例2：能谤讥于市朝，闻寡人之耳者，受下赏。(《邹忌讽齐王纳谏》)

例3：生乎吾前，其闻道也固先乎吾，吾从而师之。(《师说》)

例4：风乎舞雩。(《论语》)

（3）格式：形容词+于+宾语。

例1：长于臣。(《鸿门宴》)

例2：虽才高于世，而无骄尚之情。(《张衡传》)

4. 定语后置。

在现代汉语中，定语是修饰和限制名词的，一般放在中心词前，这种语序古今一致。在文言文中，除此情况外，也可以放在中心词后。定语放在中心词后面，用"者"煞尾，构成定语后置的形式。那么，在翻译的时候，要注意把后置定语提到中心词的前面去翻译。

（1）格式：中心词+定语+者。

例1：求人可使报秦者。(《廉颇蔺相如列传》)

例2：荆州之民附操者，逼兵势耳，非心服也。(《赤壁之战》)

例3：村中少年好事者，驯养一虫。(《促织》)

（2）格式：中心词+之+定语+者。

例1：马之千里者。(《马说》)

例2：僧之富者不能至，而贫者至焉。(《为学》)

例3：石之铿然有声者。(《石钟山记》)

（3）格式：中心语+之+定语。

例1：蚓无爪牙之利，筋骨之强。(《荀子·劝学》)

例2：居庙堂之高则忧其民，处江湖之远则忧其民。(《岳阳楼记》)

（4）格式：中心语+而+定语+者。

例：缙绅而能不易其志者，四海之大，有几人欤？（《五人墓碑记》）
（5）数量词作定语多放在中心词后面。格式：中心语+数量定语。
例1：比至陈，车六七百乘，骑千余，卒数万人。（《史记·陈涉世家》）
例2：马之千里者，一食或尽粟一石。（《马说》）

掌握基本答题技巧

1. 文言文多使用单音节词，现代汉语多使用双音节词。遇到熟悉的、现代汉语中常见的两个字连用的情况，要考虑是否存在古今异义现象。

2. 字义要结合上下文语境进行判断，不能望文生义。

3. 巧妙利用知识迁移，用自己熟悉的相似字词或者语境、语法结构与试题的选项进行比较，有助于快速找出答案。

4. 对于没有把握的选项，可以采用排除法，以提高正确率。考生觉得熟悉的知识点，有可能是迷惑项，要谨慎选择。

5. 翻译文言文时要注意不能遗漏字词，所译的句子要合乎现代语法规范。

6. 做文言文阅读理解题，一定要贯通词义，整体把握。

7. 文言文阅读理解题，多考查文章的观点、作者的态度，或者是对某句的理解，较少考查写作手法、文化背景等，所以可以多从文本里找线索、找答案。

8. 文言实词是考查重点，如果遇到陌生的实词（或字），可以参考以下几种方法：

（1）字形推断。

汉字属于表意文字，形声字占绝大多数，这就为推测汉字的含义提供了有利条件。如，凡是形旁从"玉"的汉字，本义都与玉石有关，"王乃使玉人理其璞而得宝焉"（《韩非子》）中的"理"字，含义是"治玉、雕琢"。再如，带有"禾"字旁的汉字一般与谷物、粮食有关，这样就可以推断"不稼不穑，胡取禾三百廛兮"中的"稼"和"穑"跟谷物有关，引申义是农业劳动、耕作。

（2）前后照应。

在文言文中，有的合成词是由两个同义或反义的单音节语素合成的，形成偏义复词或同义复词。偏义复词指用义偏在其中一个语素上，另一个语素只是起陪衬作用；同义复词指两个字词义相同。《赤壁之战》中"曹操之众远来疲敝"的"疲"和"敝"相邻，可以帮衬解释，然后推断"疲敝"就是"疲劳"的意思。

（3）同位互译。

在相似的语言结构中，处于对应位置上的词语，很多在意义上有相同、相近，或相反、相对的特点，利用这些特点可以准确判断词语的含义。如"文过饰非"一词，"过"与"非"同义，"文"与"饰"处在相似位置上，两个字的含义就相同或相近。"文"在此为"掩饰"之意。利用词语的内部结构分析，就避免了把"文"解释成"文章""文采""文化"等容易望文生义的错误；再如，《逍遥游》中"且举世誉之而不加劝，举世非之而不加沮"一句，"誉"（赞美）与"非"（非难）构成反义关系，那么由"沮"（沮丧）可推知"劝"与"沮"也意思相反，是"奋勉"的意思。

（4）语法分析。

语法分析的方法就是分析所要解释的词在句中充当何种成分，然后根据该成分推断其词性，进而推断出其含义。主语、宾语大多由名词、代词充当；谓语大多由形容词、动词充当；定语多由名词、代词充当；状语多由副词充当。如"将军身披坚执锐，讨伐暴秦，功盖寰宇"一句，从句子成分看，"坚"和"锐"两个字分别充当"披"和"执"的宾语，因此推断"坚"和"锐"是词类活用，是形容词用作名词。它们的含义分别是"坚硬的盔甲"和"锐利的兵器"。

（5）语境分析。

文言实词有很多一词多义，词义不固定，因此需要结合上下文语境来判断含义。语境可分为句子内部语境和外部语境。内部语境指句子本身的语言环境；外部语境是针对整段文字、整篇文章而言的大语境，即上下文的语言环境。如《病梅馆记》中"梅以欹为美，正则无景"一句，根据"正则无景"的语境，可知"欹"和"正"的意思正相反，故"欹"的含义应是"倾斜"。

（6）联想推断。

联想推断主要是利用知识迁移能力，运用课内学过的知识，发挥想象力，进行知识比对，辨其异同，从而推断出正确答案。如"李超，字魁吾，淄之西鄙人"一句中"鄙"是什么意思呢？这时可以联想《为学》中的"蜀之鄙（边境）有二僧"，进行知识迁移，从而推断出"淄之西鄙人"中的"鄙"是"边境"的意思。

四、模拟练习

1. 文言文基础知识。

（1）下列加点字的意义与现代汉语词义相同的一项是（　　）。

A. 加之以师旅

B. 先世避秦时乱，率妻子邑人来此绝境，不复出焉

C. 璧有瑕，请指示王

D. 不积小流，无以成江海

（2）下列加点的字解释不正确的一项是（　　）。

A. 其文漫灭（碑文）

B. 独其为文犹可识（字）

C. 属予作文以记之（文章）

D. 不以木为之者，文理有疏密（文采）

（3）下列各项中没有通假字的一项是（　　）。

A. 天下云集响应，赢粮而景从

B. 张良出，要项伯

C. 虽有槁暴，不复挺者

D. 六国破灭，非兵不利，战不善，弊在赂秦

（4）下列各项中加点字词的用法不同于其他三项的一项是（　　）。

A. 以弱天下之民　　　　　　B. 稍稍宾客其父

C. 而耻学于师　　　　　　　D. 吾从而师之

(5) 下列各项中的句子与例句相同的一项是（   ）。

例句：蚓无爪牙之利，筋骨之强

A. 句读之不知，惑之不解　　　　　B. 覆之以掌

C. 而为秦人积威之所劫　　　　　　D. 村中少年好事者，驯养一虫

(6) 下列各句中加点字的意思与用法相同的一组是（   ）。

A. 执敲扑而鞭笞天下/尊贤而重士

B. 乃赏成，献诸抚军/或取诸怀抱

C. 南取百越之地，以为桂林、象郡/成以其小，劣之

D. 因河为池，据亿丈之城/因宾客至蔺相如门谢罪

2. 阅读下面的文言文，完成后面的问题。

季氏将伐颛臾。冉有、季路见于孔子曰："季氏将有事于颛臾。"

孔子曰："求！无乃尔是过与？夫颛臾，昔者先王以为东蒙主，且在邦域之中矣，是社稷之臣也。何以伐为？"

冉有曰："夫子欲之，吾二臣者皆不欲也。"

孔子曰："求！周任有言曰：'陈力就列，不能者止'。危而不持，颠而不扶，则将焉用彼相矣？且尔言过矣，虎兕出于柙，龟玉毁于椟中，是谁之过与？"

冉有曰："今夫颛臾，固而近于费，今不取，后世必为子孙忧。"

孔子曰："求！君子疾夫舍曰'欲之'而必为之辞。丘也闻有国有家者，不患寡而患不均，不患贫而患不安。盖均无贫，和无寡，安无倾。夫如是，故远人不服，则修文德以来之。既来之，则安之。今由与求也，相夫子，远人不服，而不能来也；邦分崩离析，而不能守也；而谋动干戈于邦内。吾恐季孙之忧，不在颛臾，而在萧墙之内也。"

(1) 下列句子中加点字的解释不正确的一项是（   ）。

A. 相夫子　　　　　　相：辅佐

B. 无乃尔是过与　　　过：过错

C. 陈力就列　　　　　就：担任

D. 不患寡而患不均　　患：忧虑，担忧

(2) 下列句子中加点字的意义和用法都正确的一项是（   ）。

A. 何以伐为　　　　　为：呢，助词。

B. 危而不持　　　　　而：而且，连词。

C. 既来之，则安之　　则：就，连词。

D. 是谁之过与　　　　之：的，助词。

(3) 请写出本文中出现的成语（至少写 2 个）。

(4) 本文体现了孔子怎样的政治主张?

3. 阅读下面的文言文,完成后面的问题。

小石潭记(节选)

从小丘西行百二十步,隔篁竹,闻水声,如鸣珮环,心乐之。伐竹取道,下见小潭,水尤清冽。全石以为底,近岸,卷石底以出,为坻,为屿,为嵁,为岩。青树翠蔓,蒙络摇缀,参差披拂。

潭中鱼可百许头,皆若空游无所依,日光下澈,影布石上。佁然不动,俶尔远逝,往来翕忽,似与游者相乐。

潭西南而望,斗折蛇行,明灭可见。其岸势犬牙差互,不可知其源。

坐潭上,四面竹树环合,寂寥无人,凄神寒骨,悄怆幽邃。以其境过清,不可久居,乃记之而去。

(1) 本文作者为唐代的_____。
(2) 用现代汉语翻译下面的句子。
以其境过清,不可久居。

(3) 下列对文章内容的理解和分析不够恰当的一项是(　　)。
A. 第一段中作者因听到悦耳动听的水声而"乐"。
B. 第二段中作者因见到潭中水清鱼可爱而"乐"。
C. 第四段中作者因感受潭边清新的环境而"怆"。
D. 整体来看作者的快乐是表面的,忧伤是深层的。

4. 阅读下面的文言文,完成后面的问题。

马　说

韩　愈

世有伯乐,然后有千里马。千里马常有,而伯乐不常有。故虽有名马,祗辱于奴隶人之手,骈死于槽枥之间,不以千里称也。

马之千里者,一食或尽粟一石。食马者不知其能千里而食也。是马也,虽有千里之能,食不饱,力不足,才美不外见,且欲与常马等不可得,安求其能千里也?

策之不以其道,食之不能尽其材,鸣之而不能通其意,执策而临之,曰:"天下无马!"

呜呼!其真无马邪?其真不知马也!

(1) 下列句子中朗读节奏划分不正确的一项是(　　)。
A. 不以/千里称也

B. 食马者/不知其能千里而食也
C. 才/美不外见
D. 且欲与常马等/不可得

(2) 对下列句子中加点字的解释不正确的一项是（　　）。

A. 是马也　　　　　是：这
B. 食之不能尽其材　食：吃
C. 执策而临之　　　策：马鞭
D. 策之不以其道　　以：按照

(3) 下列对选文的理解，不正确的一项是（　　）。

A. "千里马"比喻有才华的人，"食马者"比喻统治者
B. 导致千里马"不以千里称也"的根本原因，是"食不饱，力不足，才美不外见"
C. "执策而临之，曰：'天下无马！'"表现了统治者的平庸浅薄、愚妄无知
D. 本文既有对统治者埋没摧残人才的抨击，也有作者怀才不遇的愤懑

(4) 将下列文言语句翻译成现代汉语。
①马之千里者，一食或尽粟一石。

②且欲与常马等不可得，安求其能千里也？

5. 阅读下面的文言文，完成后面的问题。

材料1

臣本布衣，躬耕于南阳，苟全性命于乱世，不求闻达于诸侯。先帝不以臣卑鄙，猥自枉屈，三顾臣于草庐之中，咨臣以当世之事，由是感激，遂许先帝以驱驰。后值倾覆，受任于败军之际，奉命于危难之间，尔来二十有一年矣。

（节选自《出师表》）

材料2

亮躬耕陇亩，好为《梁父吟》。身长八尺，每自比于管仲、乐毅，时人莫之许也。惟博陵崔州平、颍川徐庶元直与亮友善，谓为信然。

时先主屯新野。徐庶见先主，先主器之，谓先主曰："诸葛孔明者，卧龙也，将军岂愿见之乎？"先主曰："君与俱来。"庶曰："此人可就见不可屈致也将军宜枉驾顾之。"

由是先主遂诣亮，凡三往，乃见。因屏人曰："汉室倾颓，奸臣窃命，主上蒙尘。孤不度德量力，欲信大义于天下，而智术浅短，遂用猖蹶，至于今日。然志犹未已，君谓计将安出？"

（节选自《三国志·诸葛亮传》）

(1) 下面各项中加点字的解释错误的一项是（　　）。

A. 躬耕于南阳　　　躬：躬身、弯腰
B. 先主器之　　　　器：器重、看重
C. 先主遂诣亮　　　诣：往、到、拜访、访问
D. 孤不度德量力　　量：衡量、估计、推测、考虑

（2）用斜线（/）给材料2中加下划线的句子断句。
此人可就见不可屈致也将军宜枉驾顾之。

（3）用现代汉语翻译下面两个句子。
①先帝不以臣卑鄙，猥自枉屈，三顾臣于草庐之中。

②然志犹未已，君谓计将安出？

（4）材料1和材料2都写到了"三顾茅庐"这一史实，诸葛亮为何在"三顾""三往"后见刘备？

6. 阅读下面两段材料，完成后面的问题。

材料1

张良出，要项伯。项伯即入见沛公。沛公奉卮酒为寿，约为婚姻，曰："吾入关，秋毫不敢有所近，籍吏民，封府库，而待将军。所以遣将守关者，备他盗之出入与非常也。日夜望将军至，岂敢反乎！愿伯具言臣之不敢倍德也。"项伯许诺，谓沛公曰："旦日不可不蚤自来谢项王。"沛公曰："诺。"于是项伯复夜去，至军中，具以沛公言报项王。因言曰："沛公不先破关中，公岂敢入乎？今人有大功而击之，不义也。不如因善遇之。"项王许诺。

（节选自《鸿门宴》）

材料2

怀王乃以宋义为上将军，项羽为次将，范增为末将，北救赵。令沛公西略地入关。与诸将约，先入定关中者王之。

当是时，秦兵强，常乘胜逐北，诸将莫利先入关。独项羽怨秦破项梁军，奋①，愿与沛公西入关。怀王诸老将皆曰："项羽为人僄悍猾贼。项羽尝攻襄城，襄城无遗类，皆坑之，诸所过无不残灭。且楚数进取，前陈王②、项梁皆败。不如更遣长者扶义而西，告谕秦父兄。秦父兄苦其主久矣，今诚得长者往，毋侵暴，宜可下。今项羽僄悍，不可遣。独沛公素宽大长者，可遣。"卒不许项羽，而遣沛公西略地，收陈王、项梁散卒。乃道砀至成阳，与杠里秦军夹壁③，破二军。楚军出兵击王离，大破之。

初，项羽与宋义北救赵，及项羽杀宋义，代为上将军，诸将黥布皆属，破秦将王离军，降章邯，诸侯皆附。及赵高已杀二世，使人来，欲约分王关中。沛公以为诈，乃用张良计，使郦生、陆贾往说秦将，啖以利，因袭攻武关，破之。又与秦军战于蓝田南，益张疑兵旗帜，诸所过毋得掠卤④，秦人喜，秦军解，因大破之。又战其北，

大破之。乘胜，遂破之。

汉元年十月，沛公兵遂先诸侯至霸上。秦王子婴素车白马，系颈以组，封皇帝玺符节，降轵道⑤旁。诸将或言诛秦王。沛公曰："始怀王遣我，固以能宽容；且人已服降，又杀之，不祥。"乃以秦王属吏，遂西入咸阳。欲止宫休舍，樊哙、张良谏，乃封秦重宝财物府库，还军霸上。召诸县父老豪杰曰："父老苦秦苛法久矣，诽谤者族，偶语者弃市。吾与诸侯约，先入关者王之，吾当王关中。与父老约，法三章耳：杀人者死，伤人及盗抵罪。馀悉除去秦法。诸吏人皆案堵⑥如故。凡吾所以来，为父老除害，非有所侵暴，无恐！且吾所以还军霸上，待诸侯至而定约束耳。"乃使人与秦吏行县乡邑，告谕之。秦人大喜，争持牛羊酒食献飨军士。沛公又让不受，曰："仓粟多，非乏，不欲费人。"人又益喜，唯恐沛公不为秦王。

（节选自《史记·高祖本纪》）

【注释】①奋：愤激。②陈王：陈涉。③杠里：地名。夹壁：对垒。④卤：同"虏"。⑤轵道：秦时亭名，在今西安东北。⑥案堵：安居，安定有序。

（1）下面加点字的解释不正确的一项是（　　）。
A. 籍吏民，封府库，而待将军。　　　籍：登记
B. 独项羽怨秦破项梁军　　　　　　　怨：埋怨
C. 使郦生、陆贾往说秦将，啖以利　　利：利诱
D. 秦王子婴素车白马，系颈以组　　　组：丝绳

（2）下面各组句子，都表现刘邦为"宽大长者"的一组是（　　）。
①愿与沛公西入关
②诸所过毋得掠卤
③乃封秦重宝财物府库，还军霸上
④馀悉除去秦法。诸吏人皆案堵如故
⑤吾所以来，为父老除害，非有所侵暴
⑥沛公又让不受

A. ①②⑤　　　B. ②③④　　　C. ②④⑥　　　D. ①⑤⑥

（3）下面对文章内容的理解分析，错误的一项是（　　）。

A. "先入定关中者王之"是刘邦的动力。开始排斥项羽，独自"西掠地入关"；入关后安抚百姓和秦朝旧吏，告之自己"当王关中"，只待诸侯入关认定一下先前的约定罢了

B. 刘邦善于采纳下言。他采纳张良之计，说服秦将放弃抵抗；又听从张良、樊哙的建议，不入驻秦宫室，封好财宝府库，还军霸上，这成为他后来在"鸿门宴"上向项羽解释的一个有力的理由

C. 秦朝的百姓也因为秦统治者的暴虐统治而痛苦不堪，只要有人扶义而起，善待百姓，百姓就愿意拥戴他成为新的统治者。秦王朝的灭亡，很好地说明了"得道多助，失道寡助"

D. 对照《鸿门宴》，我们可以知道，项羽最后失败，固然与他"为人不忍"，放

虎归山有关，但更重要的原因是他性格暴戾，不得人心，使他在"项刘相争"中，在人心向背上处于下风

(4) 将下列句子翻译成现代汉语。

①所以遣将守关者，备他盗之出入与非常也。

②当是时，秦兵强，常乘胜逐北，诸将莫利先入关。

7. 阅读下面的文言文，完成后面的问题。

李 牧 守 边

李牧者，赵之北边良将也。常居代雁门①，备匈奴。以便宜置吏，市租皆输入莫府，为士卒费。日击数牛飨士，习射骑，谨烽火，多间谍，厚遇战士。为约曰："匈奴即入盗，急入收保②，有敢捕虏者斩。"匈奴每入，烽火谨，辄入收保，不敢战。如是数岁，亦不亡失。然匈奴以李牧为怯，虽赵边兵亦以为吾将怯。赵王让李牧，李牧如故。赵王怒，召之，使他人代将。

岁余，匈奴每来，出战。数不利，失亡多，边不得田畜，复请李牧。牧杜门不出，固称疾。赵王乃复强起使将兵，牧曰："王必用臣，臣如前，乃敢奉令。"王许之。

李牧至，如故约。匈奴数岁无所得，终以为怯。边士日得赏赐而不用，皆愿一战。于是乃具选车得千三百乘，选骑得万三千匹，百金之士③五万人，彀者④十万人，悉勒习战。大纵畜牧，人民满野。匈奴小入，佯北不胜，以数千人委之。单于闻之，大率众来入，李牧多为奇陈，张左右翼击之，大破匈奴十余万骑。灭襜褴⑤，破东胡，降林胡，单于奔走，其后十余岁，匈奴不敢近赵边城。

（节选自《廉颇蔺相如列传》）

【注释】①代雁门：代地雁门郡，今山西宁武以北。②收保：把人马物资收拾起来退入堡垒中固守。③百金之士：获得百金之赏的勇士。④彀者：善于射箭的人。⑤襜褴：部族名。后面的"东胡""林胡"都是部族名。

(1) 下列各句中加点词语释义正确的一项是（　　）。
A. 市租皆输入莫府　　　　莫：通"幕"，指幕府
B. 日击数牛飨士　　　　　飨：犒赏
C. 厚遇战士　　　　　　　遇：优厚地对待
D. 赵王让李牧　　　　　　让：礼让、让着

(2) 下列选项中加点词的意义和用法相同的一项是（　　）。
A. 然匈奴以李牧为怯／百姓皆以王为爱也
B. 牧杜门不出，固称疾／因其固然
C. 李牧如故／纵一苇之所如
D. 其后十余岁／吾其还也

(3) 下列各句中，句式与例句相同的一项是（　　）。

例句：李牧者，赵之北边良将也。
A. 异乎三子者之撰
B. 保民而王，莫之能御也
C. 王无异于百姓之以王为爱也
D. 今急而求子，是寡人之过也
（4）请结合文中具体语句，分析作者是如何表现李牧的形象的。

8. 阅读下面的文言文，完成后面的问题。

张骞，汉中人也，建元中为郎。时匈奴降者言匈奴破月氏王，月氏遁而怨匈奴，无与共击之。汉方欲事灭胡，闻此言，欲通使，道必更匈奴中，乃募能使者。骞以郎应募，使月氏，与堂邑氏奴甘父俱出陇西。径匈奴，匈奴得之，传诣单于。单于曰："月氏在吾北，汉何以得往使？吾欲使越，汉肯听我乎？"留骞十余岁，予妻，有子，然骞持汉节不失。

居匈奴西，骞因与其属亡乡月氏，西走数十日，至大宛。大宛闻汉之饶财，欲通不得，见骞，喜，问欲何之。骞曰："为汉使月氏而为匈奴所闭道，今亡，唯王使人道送我。诚得至，反汉，汉之赂遗王财物不可胜言。"大宛以为然，遣骞，抵康居。康居传致大月氏。大月氏王已为胡所杀，立其夫人为王。既臣大夏而君之，地肥饶，少寇，志安乐，又自以远远汉，殊无报胡之心。骞从月氏至大夏，竟不能得月氏要领。

留岁余，还，欲从羌中归，复为匈奴所得。留岁余单于死国内乱骞与胡妻及堂邑父俱亡归汉拜骞太中大夫堂邑父为奉使君初骞行时百余人去十三岁唯二人得还。

天子既闻大宛及大夏、安息之属皆大国，多奇物，土著，颇与中国同俗，而兵弱，贵汉财物；其北则大月氏、康居之属，兵强，可以赂遗设利朝也。诚得而以义属之，则广地万里，重九译，致殊俗，威德遍于四海。乃令因蜀犍为发间使，四道并出，皆各行一二千里。

骞以校尉从大将军击匈奴，知水草处，军得以不乏，乃封骞为博望侯。是岁，元朔六年也。后二年，骞为卫尉，与李广俱出右北平击匈奴。匈奴围李将军，军失亡多，而骞后期当斩，赎为庶人。

天子数问骞大夏之属。骞既失侯，因曰："既连乌孙，自其西大夏之属皆可招来而为外臣。"天子以为然，拜骞为中郎将，将三百人，马各二匹，牛羊以万数，资金市帛直数千巨万，多持节副使，道可便遣之旁国。

骞还，拜为大行。岁余，骞卒。后岁余，其所遣副使通大夏之属者皆颇与其人俱来，于是西北国始通于汉矣。

（节选自《汉书·张骞》，有删改）

（1）下列对文中画线的句子断句正确的一项是（　　）。
A. 留岁余/单于死国/内乱骞与胡妻及堂邑父俱亡/归汉拜骞太中大夫/堂邑父为奉使君/初骞行时/百余人去十三岁/唯二人得还

B. 留岁余/单于死/国内乱/骞与胡妻及堂邑父俱亡归汉/拜骞太中大夫/堂邑父为奉使君/初/骞行时百余人/去十三岁/唯二人得还

C. 留岁余单/于死国内乱/骞与胡妻及堂邑父/俱亡归汉拜/骞太中大夫/堂邑父为奉使君/初骞行时百余人去/十三岁唯二人得还

D. 留岁余单/于死国内乱/骞与胡妻及堂邑父俱亡归汉/拜骞太中大夫/堂邑父为奉使君初/骞行时百余人/去十三岁唯二人/得还

（2）下列对文中加点词语相关内容的解说，不正确的一项是（　　）。

A. 匈奴、月氏、大宛、康居、大夏、安息、乌孙等古代国家政权，都是张骞出使西域过程中所到、所闻之处，处于古代丝绸之路上

B. 堂邑氏奴甘父：堂邑为姓氏，甘父为名，奴，是其做家奴的身份。后文提到被封为"奉使君"的堂邑父，就是指他

C. 汉节：汉代朝廷派出使臣或传达皇帝命令时，凭节为信，中央设有专门掌管符工的官员，名叫"符节令"。苏武就曾持节出使匈奴，被扣留，历尽艰辛，留居匈奴十九年持节不屈；汉文帝也曾派遣魏尚持节云中赦免冯唐之罪

D. 大行：古代接待宾客的官吏，相当于现在的外交官员，西汉张骞二度出使西域后被汉武帝封为大行

（3）下列对原文信息的表述，不正确的一项是（　　）。

A. 正因为匈奴与月氏之间出现仇怨，所以汉朝乘机招募使者取道匈奴前往月氏，与月氏共同对付匈奴，张骞便以郎的身份应召前往

B. 张骞在困境之中不忘朝廷使命。虽被匈奴扣留十余载，最终还是寻找机会与身边人逃往月氏，只是月氏认为与汉朝距离甚远，所以不再准备向匈奴报仇

C. 张骞将出使后的见闻上报朝廷，汉朝天子认为值得与兵弱的大宛、大夏、安息和兵强的大月氏、康居这些国家政权交往，可以用道义使他们成为汉朝的臣属国

D. 张骞也是仕途坎坷，曾因熟悉匈奴地界而帮助军队而被封为博望侯，可又因为李广所率军队被匈奴围杀而没能及时赶到救援，险些被杀，最后被削去侯位

（4）请将下列句子翻译成现代汉语。

①为汉使月氏而为匈奴所闭道，今亡，唯王使人道送我。

②后岁余，其所遣副使通大夏之属者皆颇与其人俱来，于是西北国始通于汉矣。

9. 阅读下面的文言文，完成后面的问题。

菱溪石记

欧阳修

菱溪之石有六，其四为人取去；其一差小而尤奇，亦藏民家；其最大者，偃然僵卧于溪侧，以其难徙，故得独存。每岁寒霜落，水涸而石出，溪旁人见其可怪，往往祀以为神。

菱溪，按图与经皆不载。唐会昌中，刺史李渍为《荇溪记》，云水出永阳岭，西经皇道山下。以地求之，今无所谓荇溪者，询于滁州人，曰此溪是也。杨行密有淮南，淮人讳其嫌名，以荇为菱，理或然也。

溪傍若有遗址，云故将刘金之宅，石即刘氏之物也。金，伪吴时贵将，与荇密俱起合肥，号三十六英雄，金其一也。金本武夫悍卒，而乃能知爱赏奇异，为儿女子之好，岂非遭逢乱世，功成志得，骄于富贵佚欲而然邪？想其陂池、台榭、奇木、异草，与此石称，亦一时之盛哉。今刘氏之后散为编民，尚有居溪旁者。

予感夫人物之废兴，惜其可爱而弃也，乃以三牛曳置幽谷，又索其小者，得于白塔民朱氏，遂立于亭之南北。亭负城而近，以为滁人岁时嬉游之好。

夫物之奇者，弃没于幽远则可惜，置之耳目，则爱者不免取之而去。嗟夫！刘金者虽不足道，然亦可谓雄勇之士，其平生志意岂不伟哉。及其后世，荒堙零落，至于子孙泯没而无闻，况欲长有此石乎？用此可为富贵者之戒。而好奇之士闻此石者，可以一赏而足，何必取而去也哉。

（1）对下列句子中加点字的解释，不正确的一项是（　　）。
A. 菱溪，按图与经皆不载　　按：察看
B. 与此石称，亦一时之盛哉　　称：适合
C. 骄于富贵佚欲而然邪？　　佚：遗失
D. 亭负城而近　　负：靠近

（2）下列句子中加点词的意义和用法相同的一组是（　　）。
A. 而乃能知爱赏奇异／吾常终日而思矣
B. 号三十六英雄，金其一也／以乱易整，不武，吾其还也
C. 石即刘氏之物也／养生丧死无憾，王道之始也
D. 以地求之，今无所谓荇溪者／去以六月息者也

（3）下列对原文有关内容的分析和概括，不正确的一项是（　　）。
A. 作者重新安置菱溪石的目的是满足滁州百姓逢时过节玩赏，本文写作目的只是告诫世人不要玩物丧志
B. 菱溪石在刘金手中是私人藏品，在欧阳修手中供百姓观赏，价值得到充分体现，这说明二人境界悬殊
C. 刘金是一名勇猛之人，身处乱世，志向远大，事业有成，他收藏菱溪奇石是为了满足自己的骄奢淫逸
D. 作者介绍了刘金在世时的盛极一时，后叙述刘氏后代泯然无闻之状，两相对比，突出了作者的兴废之感

（4）把下列句子翻译成现代汉语。
①予感夫人物之废兴，惜其可爱而弃也。

②夫物之奇者，弃没于幽远则可惜，置之耳目，则爱者不免取之而去。

10. 阅读下面的文言文，完成后面的问题。

非攻（节选）

今有一人，入人园圃，窃其桃李，众闻则非之，上为政者得则罚之。此何也？以亏人自利也。至攘人犬豕鸡豚者，其不义又甚入人园圃，窃桃李。是何故也？以亏人愈多。苟亏人愈多，其不仁兹甚，罪益厚。至入人栏厩，取人马牛者，其不义又甚攘人犬豕鸡豚。此何故也？以其亏人愈多。苟亏人愈多，其不仁兹甚，罪益厚。至杀不辜人也，扡其衣裘，取戈剑者，其不义又甚入人栏厩，取人马牛。此何故也？以其亏人愈多。苟亏人愈多，其不仁兹甚矣，罪益厚。当此，天下之君子皆知而非之，谓之不义。今至大为不义攻国，则弗知非，从而誉之，谓之义，此可谓知义与不义之别乎？

杀一人谓之不义，必有一死罪矣。若以此说往，杀十人，十重不义，必有十死罪矣；杀百人，百重不义，必有百死罪矣。当此，天下之君子皆知而非之，谓之不义。今至大为不义攻国，则弗知非，从而誉之，谓之义。情不知其不义也，故书其言以遗后世；若知其不义也，夫奚说书其不义以遗后世哉？

今有人于此，少见黑曰黑，多见黑曰白，则必以此人为不知白黑之辩矣。少尝苦曰苦，多尝苦曰甘，则必以此人为不知甘苦之辩矣。今小为非，则知而非之；大为非攻国，则不知非，从而誉之，谓之义：此可谓知义与不义之辩乎？

是以知天下之君子也，辩义与不义之乱也。

（1）对下列句子中加点字的解释，不正确的一项是（　　）。

A. 至攘人犬豕鸡豚者　　　　　攘：偷窃

B. 苟亏人愈多，其不仁兹甚矣　兹：这，这个

C. 从而誉之，谓之义　　　　　誉：赞美

D. 情不知其不义也　　　　　　情：确实，的确

（2）下面各项全都表明"行为不义"的一组是（　　）。

①入人园圃，窃其桃李　②扡其衣裘，取戈剑者
③天下之君子皆知而非之　④今至大为不义攻国，则弗知非，从而誉之
⑤书其言以遗后世　⑥此人为不知白黑之辩矣

A. ①②④　　　B. ③⑤⑥　　　C. ①②③　　　D. ④⑤⑥

（3）下列对原文有关内容的概括和分析，不正确的一项是（　　）。

A. 这是一篇体现墨家学说的文章。矛头直指战争，从而揭示出战争才是造成百姓流离失所、横尸荒野的罪魁祸首

B. 文章认为任何人都没有权利剥夺别人的生命。如果剥夺了别人的生命，那就犯下了不可饶恕的罪行，那他就应该被处以极刑

C. 第二段用类比的方式，论证了天下君子们分辨不清义和不义，说明他们在价值判断上的混乱

D. 文章主旨鲜明，在说理上层层铺垫，对照鲜明，逻辑性强

第三节 现代文

一、考纲解读

1. 现代文阅读理解是历年单招考试的必考题型，而且发展趋势是题量越来越大。
2. 考查范围侧重人文性、哲理性、艺术性、科技性的文章，从体裁上讲，写人叙事、写景状物、议论性的文章考查较多。
3. 考查内容一般为主题思想、表现手法、艺术特色、关键语句或词语分析、排列句子顺序、查找文章线索等。
4. 考查形式：主观题、客观题。近年来客观题形式越来越多，以单项选择题为主。

二、经典例题

1. 阅读下面的文章，完成后面的问题。

桥边的老人

海明威

　　一个戴着钢丝边眼镜的老人坐在路旁，衣服上尽是尘土。河上搭着一座浮桥，大车、卡车、男人、女人和孩子们在涌过桥去。骡车从桥边蹒跚地爬上陡坡，一些士兵帮着推动轮辐。卡车嘎嘎地驶上斜坡就开远了，把一切抛在后面，而农夫们还在齐到脚踝的尘土中踯躅着。但那个老人却坐在那里，一动也不动。他太累，走不动了。

　　我的任务是过桥去侦察对岸的桥头堡，查明敌人究竟推进到了什么地点。完成任务后，我又从桥上回到原处。这时车辆已经不多了，行人也稀稀落落，可是那个老人还在原处。

　　"你从哪儿来？"我问他。

　　"从圣卡洛斯来。"他说着，露出笑容。

　　那是他的故乡，提到它，老人便高兴起来，微笑了。

　　"那时我在照看动物。"他对我解释。

　　"噢。"我说，并没有完全听懂。

　　"唔，"他又说，"你知道，我待在那儿照料动物。我是最后一个离开圣卡洛斯的。"

　　他看上去既不像牧羊的，也不像管牛的。我瞧着他满是灰尘的黑衣服，尽是尘土的灰色面孔，以及那副钢丝边眼镜，问道，"什么动物？"

"各种各样，"他摇着头说，"唉，只得把它们撇下了。"

我凝视着浮桥，眺望着充满非洲色彩的埃布罗河三角洲地区，寻思着究竟要过多久才能看到敌人，同时一直倾听着，期待第一阵响声，它将是一个信号，表示那神秘莫测的遭遇战即将爆发，而老人始终坐在那里。

"什么动物？"我又问道。

"一共三种，"他说，"两只山羊，一只猫，还有四对鸽子。"

"你只得撇下它们了？"我问。

"是啊。怕那些大炮呀。那个上尉叫我走，他说炮火不饶人哪。"

"你没家？"我问，边注视着浮桥的另一头，那儿最后几辆大车在匆忙地驶下河边的斜坡。

"没家，"老人说，"只有刚才讲过的那些动物。猫，当然不要紧。猫会照顾自己的，可是，另外几只东西怎么办呢？我简直不敢想。"

"你的政治态度怎样？"我问。

"政治跟我不相干，"他说，"我76岁了。我已经走了12公里，再也走不动了。"

"这儿可不是久留之地，"我说，"如果你勉强还走得动，那边通向托尔托萨的岔路上有卡车。"

"我要待一会，然后再走，"他说，"卡车往哪儿开？"

"巴塞罗那。"我告诉他。

"那边我没有熟人，"他说，"不过我还是非常感谢你。"

他疲惫不堪地茫然瞅着我，过了一会儿又开口，为了要别人分担他的忧虑，"猫是不要紧的，我拿得稳。不用为它担心。可是，另外几只呢，你说它们会怎么样？"

"噢，它们大概挨得过的。"

"你这样想吗？"

"当然。"我边说边注视着远处的河岸，那里已经看不见大车了。

"可是在炮火下它们怎么办呢？人家叫我走，就是因为要开炮了。"

"鸽笼没锁上吧？"我问道。

"没有。"

"那它们会飞出去的。"

"嗯，当然会飞。可是山羊呢？唉，不想也罢。"他说。

"要是你歇够了，得走了。"我催他，"站起来，走走看。"

"谢谢你。"他说着撑起来，摇晃了几步，向后一仰，终于又在路旁的尘土中坐了下去。

"那时我在照看动物。"他木然地说，可不再是对着我讲了。"我只是在照看动物。"

对他毫无办法。那天是复活节的礼拜天，法西斯正在向埃布罗挺进。可是天色阴沉，乌云密布，法西斯飞机没能起飞。这一点，再加上猫会照顾自己，或许就是这位老人仅有的幸运吧。

（节选自人教版《小说阅读》选修教材）

（1）下列对小说有关内容的分析和概括，最恰当的一项是（　　）。

A. 这篇小说以战争为题材，展现了宏大的战争场面，情节跌宕起伏，语言质朴清新，反对战争的深刻主题得以体现
B. 小说以"我"为全知视角，讲述了一个"现在进行时"的故事，"我"的出现增加了作品的真实感、亲切感
C. 老人多次说猫会照顾自己，经两次劝告始终没有挪动离开，意在表现他老迈唠叨、对外界反应麻木的精神状态
D. 小说通过我与老人的对话表现人物心理，虽然没有一句情绪化的语言，但老人的内心之痛却细致入微地体现出来

（2）小说中的老人是一个什么样的形象？请结合全文简要分析。
（3）小说为什么以"桥边的老人"为题？请结合全文简要分析。

答案：（1）D
（2）①年迈体弱，疲惫不堪；②充满爱心，淳朴善良；③热爱家乡，厌恶战争。
（3）①题目交代了故事发生的地点和主要人物，引发阅读兴趣；②明确典型的环境和场景，展现了人民因为战争而颠沛流离，美好家园被摧残的景象；③有利于刻画人物，揭示主题，老人最终选择留在桥边，是对命运的绝望，是对战争的控诉，使小说主题深刻，震撼心灵。

解析：
（1）A项中"展现了宏大的战争场面"是错误的，文章仅是"我""过桥去侦察对岸的桥头堡"遇到一个老人的场景；小说并不是以"我"为全知视角展开，而是以"老人"为视角，反映了人们的厌战情绪；小说主要反映了老人年迈体弱，关爱生命，也间接说明了战争给人们带来的创伤。

2. 阅读下面的文章，完成后面的问题。

人生的意义在于承担

梁晓声

①我曾多次被问到"人生有什么意义？"往往，"人生"之后还要加上"究竟"二字。古今中外，解答可谓千般万种，形形色色。我也回答过这一问题，可每次的回答都不尽相同，每次的回答自己都不满意。

②一般而言，儿童和少年不太会问"人生有什么意义"的话，他们倒是很相信人生总归是有些意义的，专等他们长大了去体会。老年人也不会问"人生有什么意义"的话，问谁呢？中年人常问"人生有什么意义"，相互问一问，或自说自话一句，一切都似乎不言而明，于是相互获得某种心理的支持和安慰。因为他们是有压力的，压力常常使他们对人生的意义保持格外的清醒。人生的意义在他们那儿的解释是——责任。

③是的，责任即意义。责任几乎成了大多数寻常百姓的中年人之人生的最大意义。对上一辈的责任，对儿女的责任，对家庭的责任，对单位对职业的责任。人只有到了中年时，才恍然大悟，原来从小盼着快快长大好好地追求和体会一番的人生的意义，除了种种的责任和义务，留给自己的即纯粹属于自己的另外的人生的意义，实在是并不太多了。他们老了以后，甚至会继续以所尽之责任和义务尽得究竟怎样，来掂量自

己的人生意义。

④而在一些年轻人眼中，人生的意义就是享受，他们还没有受什么苦，也没有经历大的波折磨难，在他们看来，世界是美好的，人生要享受眼前的美好。如果他们经历了点什么困难，他们更有理由了——人活在这个世界这么苦，不好好享受对不起自己。

⑤其实，这是大错特错的。我有一种结论，所谓"人生的意义"，它至少是由三部分组成的：一部分是纯粹自我的感受；一部分是爱自己和被自己所爱的人的感受；还有一部分是社会和更多——有时甚至是千千万万别人的感受。

⑥当一个青年听到一个他渴望娶其为妻的姑娘说"我愿意"时，当一个姑娘听到一个她渴望嫁其为夫的青年问道"你愿意嫁给我吗"时，他或她由此顿觉人生饱满、有意义了，那么这是纯粹自我的感受。爱迪生之人生的意义，体现在享受电灯、电话等发明成果的全世界人身上；林肯之人生的意义，体现在当时美国获得解放的黑奴们身上；而我们国家的人民，一定会将温家宝总理之人生的意义，书写在中华民族的历史上。

⑦权力、财富、地位、高贵得无与伦比的生活方式，这其中任何一种都不能单一地构成人生的意义。而勇于担当的人，即使卑微，对于爱我们也被我们所爱的人而言，其人生意义可谓大矣！因为他尽到了自己的责任，他承担起了属于自己的义务。这样的人，尽管平凡渺小，但值得钦佩。

（有删改）

（1）作者认为人生的意义在于承担起什么？
（2）第①段在文中有什么作用？
（3）第②段中说只有中年人常问"人生有什么意义"，他们这样问的原因是什么？
（4）文章第⑥段列举三位名人事例所要论证的观点是什么？

答案：
（1）应尽的责任和义务。
（2）引起读者的兴趣，引出对人生意义的探讨。
（3）深感各种压力，经常问问，可以相互获得心理的支持和安慰。
（4）"人生的意义"中应包含有"社会和更多——有时甚至是千千万万别人的感受"。

3. 阅读下面的文章，完成后面的问题。

大自然的语言

竺可桢

①立春过后，大地渐渐从沉睡中苏醒过来。冰雪融化，草木萌发，各种花次第开放。再过两个月，燕子翩然归来。不久，布谷鸟也来了。于是转入炎热的夏季，这是植物孕育果实的时期。到了秋天，果实成熟，植物的叶子渐渐变黄，在秋风中簌簌地落下来。北雁南飞，活跃在田间草际的昆虫也都销声匿迹。到处呈现一片衰草连天的景象，准备迎接风雪载途的寒冬。在地球上温带和亚热带区域里，年年如是，周而复始。

②几千年来,劳动人民注意了草木荣枯、候鸟去来等自然现象同气候的关系,据以安排农事。杏花开了,就好像大自然在传语要赶快耕地;桃花开了,又好像在暗示要赶快种谷子。布谷鸟开始唱歌,劳动人民懂得它在唱什么:"阿公阿婆,割麦插禾。"这样看来,花香鸟语,草长莺飞,都是大自然的语言。

③这些自然现象,我国古代劳动人民称它为物候。物候知识在我国起源很早。古代流传下来的许多农谚就包含了丰富的物候知识。到了近代,利用物候知识来研究农业生产,已经发展为一门科学,就是物候学。物候学记录植物的生长荣枯,动物的养育往来,如桃花开、燕子来等自然现象,从而了解随着时节推移的气候变化和这种变化对动植物的影响。

④物候观测使用的是"活的仪器",是活生生的生物。它比气象仪器复杂得多,灵敏得多。物候观测的数据反映气温、湿度等气候条件的综合,也反映气候条件对于生物的影响。应用在农事活动里,比较简便,容易掌握。物候对于农业的重要性就在这里。下面是一个例子。

⑤北京的物候记录,1962年的山桃、杏花、苹果、榆叶梅、西府海棠、丁香、刺槐的花期比1961年迟十天左右,比1960年迟五六天。根据这些物候观测资料,可以判断北京地区1962年农业季节来得较晚。而那年春初种的花生等作物仍然是按照往年日期播种的,结果受到低温的损害。如果能注意到物候延迟,选择适宜的播种日期,这种损失就可能避免。

⑥物候学这门科学接近生物学中的生态学和气象学中的农业气象学。物候学的研究首先是为了预报农时,选择播种日期。此外还有多方面的意义。物候资料对于安排农作物区划,确定造林和采集树木种子的日期,很有参考价值,还可以利用来引种植物到物候条件相同的地区,也可以利用来避免或减轻害虫的侵害。我国有很大面积的山区土地可以耕种,而山区的气候、土壤对农作物的适应情况,有很多地方还有待调查。为了便利山区的农业发展,开展山区物候观测是必要的。

⑦物候学是关系到农业丰产的科学,我们要进一步加强物候观测,懂得大自然的语言,争取农业更大的丰收。

(1)下列句子中加点词语有什么表达效果?
①立春过后,大地渐渐从沉睡中苏醒过来。
②冰雪融化,草木萌发,各种花次第开放。再过两个月,燕子翩然归来。

(2)"古代流传下来的许多农谚就包含了丰富的物候知识。"一句中的"许多"能删去吗?为什么?

(3)结合第④段的内容,说说"物候对于农业的重要性就在这里。"一句中的"这里"具体指的是什么。

(4)结合第③④段的内容,指出下面两个句子分别运用了什么说明方法?有何作用?
①物候学记录植物的生长荣枯,动物的养育往来,如桃花开、燕子来等自然现象,从而了解随着时节推移的气候变化和这种变化对动植物的影响。

②它比气象仪器复杂得多，灵敏得多。

（5）文章第⑥段是按什么顺序进行说明的？

答案：

（1）①"沉睡"和"苏醒"两个动词运用拟人的修辞，生动形象地展现了一种春回大地、生机勃发的景象。

②"次第"贴切地表现了春回大地时各种花儿开放的次序，渲染了春天万物复苏的气息。"翩然"写出了小燕子的活泼伶俐，使春天充满活力的特点更加具体鲜明。

（2）不能删掉。"许多"是"很多""大部分"的意思，表示数量和范围的限制，但不表示全部，在这里"许多"说明古代流传下来的农谚有很多与物候知识有关，但不是所有古代流传下来的农谚都"包含了丰富的物候知识"，若去掉"许多"，就与事实不相符。"许多"一词体现了说明文语言的准确性、科学性。

（3）这里是指物候观测的手段和物候观测的数据对农事活动的重要意义。

（4）①说明方法：举例子。作用：通过列举桃花开、燕子来对应植物的生长荣枯，动物的养育往来等自然现象的实例，具体形象地说明了物候学的内容和目的，即通过物候学"了解随着时节推移的气候变化和这种变化对动植物的影响"。

②说明方法：作比较。作用：通过把物候观测仪器与气象仪器相比较，从而突出了物候观测使用的是活生生的生物作为物候观测仪器的特性。

（5）作者从"首先""此外""还可以""也可以"几个方面用由主到次的逻辑顺序，说明了物候学的研究对于农业以及山区农业发展的重要意义。

4.阅读下面的文章，完成后面的问题。

中国饮食文化

在中国传统文化教育中的阴阳五行哲学思想、儒家伦理道德观念、中医营养摄生学说，还有文化艺术成就、饮食审美风尚、民族性格特征诸多因素的影响下，创造出彪炳史册的中国烹饪技艺，形成博大精深的中国饮食文化。

中国饮食文化绵延170多万年，分为生食、熟食、自然烹饪、科学烹饪4个发展阶段，推出6万多种传统菜点、2万多种工业食品、五光十色的筵宴和流光溢彩的风味流派，获得"烹饪王国"的美誉。

我国的烹饪技术讲究食医结合，与医疗保健有密切的联系，在几千年前有"医食同源"和"药膳同功"的说法，利用食物原料的药用价值，做成各种美味佳肴，达到对某些疾病防治的目的。中国饮食文化突出养助益充的营卫论（素食为主，重视药膳和进补），并且讲究"色、香、味"俱全，有五味调和的境界说。

古代的中国人还特别强调进食与宇宙节律协调同步，春夏秋冬、朝夕晦明要吃不同性质的食物，甚至加工烹饪食物也要考虑到季节、气候等因素。在《礼记·月令》中就有明确的记载，如春"行夏令""行秋令""行冬令"必有天殃；孔子说的"不食不时"，包含着两重意思，一是定时吃饭，二是不吃反季节食品；西汉时，皇宫中便开始用温室种植"葱韭菜茹"，这种强调适应宇宙节律的思想意识的确是华夏饮食文化所独有的。

"阴阳五行"说是传统思想所设定的世界模式，也被认为是宇宙规律。制作饮食的烹饪必然也要循此规律。因此，不仅把味道分为五种，并产生了"五味"说，而且还削足适履地把为数众多的谷物、畜类、蔬菜、水果分别纳入"五谷""五肉""五菜""五果"的固定模式。更令人惊奇的是还有"凡饮，养阳气也；凡食，养阴气也"（《礼记·郊特牲》），认为只有饮和食与天地阴阳互相协调，这样才能"交与神明"，上通于天，从而达到"天人合一"的效果。这种说法被后来的道教继承，成为他们饮食理论的一个出发点，如认为吃食物是增加人体阴气的，如"五谷充体而不能益寿""食气者寿"等，要修炼、要获得阳气就要尽量少吃，最佳境界是不吃，走"辟谷"的境界。

"中和之美"是中国传统文化的最高的审美理想。这个"中"指恰到好处，合乎度。"和"不是"同"，是建立在不同意见的协调的基础上的。因此中国哲人认为天地万物都在"中和"的状态下找到自己的位置以繁衍发育。这种通过协调而实现"中和之美"的想法是在上古烹调实践与理论的启发和影响下产生的，而反过来又影响了人们的整个饮食生活。

中国饮食文化是一种广视野、深层次、多角度、高品位的悠久区域文化；是中华各族人民在100多万年的生产和生活实践中，在食源开发、食具研制、食品调理、营养保健和饮食审美等方面创造、积累并影响周边国家和世界的物质财富及精神财富。研究中国人的饮食生活不仅是研究中国文化的必要组成部分，甚至可以成为研究中国文化的一把钥匙。

（1）下列关于中国饮食文化的表述，不正确的一项是（　　）。
A. 中国饮食文化博大精深，是在中国传统文化的影响下产生的。如阴阳五行哲学思想、中医营养摄生学说、饮食审美风尚、民族性格特征等
B. 中国饮食文化历史悠久，绵延了170多万年，分为了4个发展阶段，风味流派繁多，有"烹饪王国"的美誉
C. 中国饮食文化是一种广视野、深层次、多角度、高品位的区域文化，它在饮食文化的多个方面影响了周边国家和世界的物质财富及精神财富
D. 中国饮食文化是中国文化的组成部分，研究中国饮食文化甚至可以成为研究中国文化的一把钥匙

（2）下列各项理解不符合原文意思的一项是（　　）。
A. 中国饮食文化突出养助益充的营卫论，中国的烹饪技术讲究食医结合，食物要达到对某些疾病防治的作用
B. 我国在几千年前有"医食同源"和"药膳同功"的说法，要利用食物原料的药用价值，做成各种美味佳肴
C. 孔子说的"不食不时"，是说不吃反季节食品和定时吃饭的意思。强调适应宇宙节律的思想意识是华夏饮食文化所独有的
D. 中国人在饮食上还特别强调进食与宇宙节律协调同步，春夏秋冬、朝夕晦明要吃不同性质的食物，加工食物时要考虑季节、气候的因素

（3）根据原文的内容，下列理解和分析不正确的一项是（　　）。
A. 制作饮食的烹饪遵循了"阴阳五行"规律，不仅产生了"五味"说，而且把

谷物、畜类、蔬菜、水果分别纳入"五谷""五肉""五菜""五果"的固定模式

B. 道教饮食理论的一个出发点是只要饮和食与天地阴阳互相协调，就能"交与神明"，上通于天，从而达到"天人合一"的效果

C. "五谷充体而不能益寿"是认为吃食物是增加人体阴气的，要获得阳气就要尽量少吃，最佳境界是不吃

D. "中和之美"是中国传统文化的最高的审美理想，是在上古烹调实践与理论的启发和影响下产生的，反过来又影响了人们的整个的饮食生活

答案：（1）C　（2）D　（3）B

解析：

（1）原文中的"食源开发、食具研制、食品调理、营养保健和饮食审美"修饰"创造、积累"，而并不是说在这些方面影响"周边国家和世界的物质财富及精神财富"。

（2）原文中说的是"甚至加工烹饪食物也要考虑到季节、气候等因素"。而D项只提到加工食物，漏掉了烹饪食物。

（3）儒学思想。"中和之美"，即中庸思想，是典型的儒家思想。且文章中的"五味说"的内容出自《礼记》。《礼记》是中国古代一部重要的典章制度选集，书中内容主要写先秦的礼制，体现了先秦儒家的哲学思想、教育思想、政治思想、美学思想，是研究先秦社会的重要资料，是一部儒家思想的资料汇编。

三、学海导航

掌握不同文体的基础知识

（一）记叙文

记叙文是以记人叙事、写景状物为主，主要写人物的经历和事物发展变化的一种文体样式。

记叙文的六要素分别为人物、时间、地点、事件的起因、经过和结果。

记叙文的结构顺序一般有顺叙、倒叙、插叙、补叙、分叙（平叙）。

记叙文的表达方式通常是叙述、描写（包括肖像描写、语言描写、动作描写、心理描写、环境描写等，或者说正面描写、侧面描写，也可以称为细节描写）、议论、抒情和说明。

记叙文的表现手法有描写、衬托、渲染、对比、伏笔、铺垫、象征、比喻、以小见大、先抑后扬、借景抒情、卒章显志、托物言志等多种。

记叙文的叙事角度可以是第一人称——第一人称记叙会让读者有真实可信之感；也可以是第二人称——第二人称记叙如同作者跟读者对话，会让读者产生亲切之感；还可以使用第三人称——第三人称记叙能彰显文章的客观、理性，被广泛应用。

记叙文的一般句式（或句子语气）可以分为陈述句、疑问句、感叹句、祈使句四种。

记叙文常见的线索

1. 人物线索（或人物视角），比如《林黛玉进贾府》就是通过林黛玉进贾府这个事件，从林黛玉的视角来一一介绍贾府的各色人等及贾府的建筑布局的。

2. 事件线索，这类文章往往通过事件的产生、发展、高潮等故事情节来塑造人物形象，反映作者的思想倾向。

3. 时间线索，指通过时间推移来记叙文章内容。

4. 空间线索（或地点线索），这类文章通常是通过空间变换来反映不同的内容。

5. 感情线索，主要是通过人物感情来串联故事内容，为文章确定感情基调。

6. 景物或物品线索，通常这类文章中的"物"会有某种象征意义，会多次出现在文中。或者"物"本身是连接故事情节的主要意象。

记叙文与其他文体的文章相比，语言特点是具体、生动、形象，富于想象；细腻、真挚、唯美、有感染力。恰当运用修辞手法，会让语言的表现力更强。所以，记叙文中使用修辞手法的现象非常常见。

（二）议论文

议论文，又叫论说文或说理文，是一种剖析事物、论述事理、发表意见、提出主张的文体。这种文体常通过摆事实、讲道理、辨是非、举例子等方法，来确立正确观点或指出某种错误，树立或否定某种主张。议论文不同于记叙文通过记叙事件、描写人物等来表达思想感情，而是以理服人，因此，既要有正确的论点，还要有充足的论据，并且能够逻辑严密地去论证。论点、论据和论证是构成议论文的"三要素"。

议论文的结构从逻辑角度可以简单划分为：纵式或横式。

纵式又可以划分为逐层深入式和正反论证式。逐层深入式是先提出论点，再循序渐进去论证，把道理逐渐展开，最后归纳总结。正反论证式是提出一个论点后，先从反面论证，然后从正面论证；或者先提出错误观点（或反面观点），也被称为"树靶子"，然后针对错误观点（或反面观点）进行驳论，从而得出正确观点。

横式又可以划分为"总分式""分总式"或"总分总式"。"总分式"是先提出论点，然后从几个方面论证论点的合理性；"分总式"是一开始就摆事实、分析问题，经过逻辑推理，在最后归纳总结，得出结论，确立观点。"总分总式"是先提出论点，然后对论点进行论证，文章最后再次重申主张，明确观点。议论文从论证角度可以划分为事实论证和理论论证（或道理论证）。

议论文的主旨在于针砭时弊、惩恶扬善，在于说理，说服对方接受自己的观点，因此必须有说服力才行，所以论辩色彩突出，逻辑思维强大。

常见的论证方法

从正反角度上说有立论和驳论两种；从逻辑推理上说可以分为归纳法和演绎法；从论据特点的角度可以分为举例子、打比方、列数字、做比较、引用等多种。通常举例子会让论证具体、真实、生动不枯燥，有说服力；打比方（或比喻论证）能让论证更形象、更通俗易懂；列数字能让论证显得客观、严谨，说服力强；作比较（或对比论证）能起到鲜明、突出的作用，加深印象；引用名人名言或权威观点能使论证增强说服力，提升文章的高度与深度。

议论文的语言要求准确、有力、严谨、无歧义、针对性强、逻辑性强。在修辞手法运用上，能够加强气势的排比句很常用，设问、反问等也屡见不鲜。当然，让论证更形象的比喻、让语言更华美的对偶等很多修辞手法也可能被用到。总体来讲，修辞手法在议论文中的使用一定要服从于论证的需要，而不是为了炫耀辞藻或追求语言的唯美。句式上富于节奏变化，整句散句交错使用，韵文骈文合理搭配，不但让语言产生韵律美，还会起到加强语气的作用。

议论文的逻辑关系必须明晰。所以，段落与段落之间，常借助一些起过渡性作用的语句或关联词来突出这种关系。如"首先""其次""最后"；"第一""第二""第三"；"有""还有"；"一方面……另一方面""虽然……但是"；"固然""诚然""由此""综上所述"；等等。有的议论文中，除了总论点还有分论点，总论点与分论点之间的关系也要明晰，不能出现观点不一致的情况。

议论文的论点要正确、鲜明，论据要充分、多样，论证要客观、合理，所以，议论文最能体现作者思想的深度、知识的广度、分析问题能力、逻辑推理能力等。

（三）说明文

说明文是一种以说明为主要表达方式的文章体裁。一般是对客观事物做出说明或对抽象事理的阐释，使人们对事物的形态、构造、性质、种类、成因、功能、关系或对事理的概念、特点、来源、演变、异同等有科学的认识。如《中国石拱桥》就是以赵州桥和卢沟桥为例说明中国石拱桥不但形式优美，而且结构坚固，特征鲜明，是典型介绍事物特征的文章；《大自然的语言》则科学地说明了物候学的知识，属于阐明事理的说明文。

说明文的实用性很强，是运用范围极为广泛的常用文体，它与人们的生产、工作和生活的关系相当密切。日常生活中见到的广告、说明书、提要、提示、制度、规则、章程、安排、解说词等都属于说明文。

说明文的特点是"说"，而且具有一定的知识性。这种知识，有的来自有关科学研究资料，有的是亲身实践、调查、考察的所得，都具有严谨的科学性。为了把事物说明白，把事理说清楚，就要把握事物的特征，揭示事物的本质属性，阐释事理发展规律。因此，说明文不但要说明"是什么"，还要讲清楚"为什么"，也就是说"知其然，也要知其所以然"。

常见的说明方法有下定义、作诠释、分类别、作比较、举例子、列数字（数据）、打比方、列图表、摹状貌、引用等。根据写作目的和说明对象的不同，可以选择一种或多种说明方法，只要能达到说明效果即可。

说明文的线索，通常有时间顺序、空间顺序、逻辑顺序；逻辑顺序也可细化为工艺流程或活动流程前后顺序，由浅入深或由表及里的事理逻辑，由简单到复杂、从现象到本质的认识规律等。不管采用哪种顺序，必须注意合乎逻辑，符合人们的认知习惯。还需要说明的是，在具体运用线索的时候，有时会出现几种说明顺序并用或交叉的现象。如《向沙漠进军》一文，介绍综合治理沙漠采用了逻辑顺序，而在说明如何抵御风沙袭击、沙丘进攻的方法时，又采用了空间顺序（由高到低的顺序）。

合理安排说明顺序，一要考虑所说明事物的结构特点和事理内在逻辑关系；二要考虑人们认识事物的一般顺序；三要考虑说明的中心与材料的关系。

说明文的结构一般有四种

1. 总分式，包括总分式、分总式和总分总式三种具体形式。如《苏州园林》一文，就属于总分式，先整体概括，再分说各部分的景点。《故宫博物院》一文则属于总分总式，先整体概括，再具体来说，最后还做了总结。

2. 并列式，这种结构的文章，各部分的内容没有明显的主次轻重之分。如培根的《论读书》，分别谈到了读书的目的、读书的方法、读书的好处，这三部分就采用了并列式结构。

3. 连贯式，各层之间按照事物发展过程安排层次，或以时间为线索前后互相承接。比如对一些操作流程的说明通常使用这种结构。

4. 递进式，是事理说明文常用的结构形式。各层次之间的关系常常是由浅入深、由表及里、由现象到本质，即逐层递进的关系。如《向沙漠进军》一文的结构可以分解如下：由现象到本质，由特点到用途，由原因到结果，由整体到部分，由主要到次要，由概括到具体。

说明文的语言特点是准确、简明、平实、通俗易懂。表述准确是说明文的基本条件，通常表示时间、空间、数量、范围、程度、性质、程序的词语，都要求准确无误。在准确的前提下，语言风格既可平实沉稳，也可生动活泼。写作时如果采用比喻、拟人的修辞手法，或采用对话、自述、讲故事等说明方式都可增强说明语言的生动性。

总之，说明文的主要目的是介绍事物的形状、构造、类别、关系、功能等或解释事物的原理、含义、特点、演变等。因此，写说明文一定要抓住事物主要特征或事理发展规律，能够揭示事物的本质特征，反映事物发展的基本规律。在表达上，要求说明具有科学性、条理性，要结构清晰、逻辑合理、语言准确简明。

阅读理解易考问题及应对

1. 开头、结尾，或者某句话某个词在文中的作用是什么？

回答"作用"类的题，前提是了解文章结构，读懂文章含义，明白词句的关键所在。

（1）文章开头的作用是什么？

①引起下文，为下文作铺垫。

②开篇点题，提出中心观点（议论文），点明介绍对象（说明文）。

③交代故事发生的时间、地点、人物等要素（记叙文）。

④介绍背景、原因、由来等，用故事或典故引出论点或说明对象，激起读者的阅读兴趣。

（2）文章结尾的作用是什么？

①深化中心，升华感情（记叙文）。

②篇末点题，提出或总结中心论点（议论文）。

③强化说明内容，或提出建议、注意事项等（说明文）。

④呼应开头，加深印象。

⑤总结上文，提出倡议，发出号召。

（3）文中一句话或一段话的作用是什么？（一般都是关键的一句话）

记叙文中一句话或一段话的作用：

①结构上的作用常用词：总起全文、引起下文、埋伏笔、作铺垫、承上启下（过渡）、前后照应、首尾呼应、总结全文、点题、推动情节发展等。

②表情达意的作用常用词：渲染气氛、烘托人物形象（或人物感情）、点明中心（揭示主旨）、突出主题（深化中心）等。

议论文中一句话或一段话的作用：

①事实论据，证明前（后）一句话，进而证明中心论点；

②理论论据，证明前（后）一句话，进而证明中心论点；

说明文中一句话或一段话的作用：

说明前（后）一句话（说明事物的特征），概括、总述、（举例、引用、对比等）说明方法、说明特征、特色等。

2. 文章的写作手法、表现手法是什么？

表述写作方法、表现手法的常用词：联想、想象、比喻、拟人、象征、引用、比较、对比、衬托、烘托、反衬、欲扬先抑、先抑后扬、以小见大、托物言志、借物喻理、寓理于物、借物喻人、寓情于景、状物抒情、借景抒情、情景交融、借物抒情、借古喻今、运用典故、直接抒情、动静结合、以动写静、虚实结合、正面描写、侧面描写等。

3. 如何评价句段的表达效果？

常见的评价语有：准确、严密、生动、形象、幽默、轻快、深入浅出、通俗易懂、语言简练、简洁明了、言简意赅、富有感染力、节奏感强、委婉含蓄、意味深长、发人深省、寓意深刻、引发阅读兴趣、说理透彻、有说服力等。

4. "这""它们"等代词在文中指代什么？

"这""它们"等代词指代的内容一定在原文中。从这个代词的位置往前找，一般不会超出前三句，就能得出答案；找到以后，将找到的内容放在指代词所在句中读一读，看是否准确。

5. 如何理解材料里的某句话？

分析句子的特点，是一般句式，还是特殊句式？是单句，还是复句？如果是复句，复句的各分句之间存在什么关系？句子有没有语法标志性的词？

（1）如果是一般句式的句子，利用层进式分析法，先迅速找出主谓宾，抓住主干，提炼中心观点。

（2）如果是特殊句式，如倒装句，那么句子的重点就是前置（即调到前面）的部分，如"甚矣，汝之不惠"，就是为了强调"汝之不惠"的程度是"甚矣"。又如"两个人吃饭，点的菜太多了，我以为。"强调的是菜点多了，在只有两个人吃饭的前提下。

（3）如果句中用了关联词，要根据关系，判断词义的重点。如"虽然……但是……"是表示转折关系的关联词，句意重点在"但是"的后面；同样，表示递进关系的关联词"不但……而且……"，句意的重点也在后边，强调后者。

（4）也可从分析关键词入手，着重体会关键词在特定语境中的含义。

（5）从体裁角度入手分析。如果是记叙文，要紧扣文章所渲染的特定气氛、表达的感情、人物形象的特点等；如果是议论文，要紧扣论点（全文论点或分论点）；如果是说明文，要紧扣说明内容、说明对象的特征和说明文语言特色等。

6. 如何从材料里快速选出主旨句（重点句或关键句）？

阅读材料里下面这几类句子，要格外注意：

（1）点明题旨的句子（观点或思想、态度）。

（2）起承转合的句子（过渡句）。

（3）总结全文的句子（总结、观点）。

（4）着重描写、议论、抒情的句子（强调）。

（5）运用修辞手法的句子（表达方式）。

一般文章观点或中心思想，可以从材料里找到原句或者相关的句子，少数的是在通读全文后才能归纳出来。

选择主旨句要重点留意下列位置：

议论文：

（1）文章开头，第一段往往开宗明义提出观点。

（2）文章结尾，最后一段经常重申观点或者是由上文导出观点。

（3）中间偏后位置。如果作者在文末补充一些内容，观点有可能在文中。比较文章开头和结尾，这种类型略少。文章中间部分各段的第一句往往是分论点，即段落的主旨句。

（4）如果材料里没有合适的原句，或者说原句概括不全整篇文章的观点，那就需要考生自己提炼语言，总结观点。这时要充分利用分论点，概括总论点既省力又全面。

记叙文： 主旨句或关键句，一般不会在记叙故事过程中或具体描写事物、场景等方面，通常要选择那些带有思想感情或明显倾向的句子，或者除去细枝末节以后的主干句。如果文章没有明确表示，则需要自己概括文章主旨，可以从正反两个角度概括。主观题作答宜多不宜少，可以围绕内容从不同角度来阐述。理解关键句子主要是指能体味句子所表达的，同时要理解句子在文中的功能、作用、特点。

说明文： 主旨句是说明重点的句子。不同的说明方法，主旨句位置有差别。通常主旨句在文末，也有在开头就点明，然后逐步深入说明的。说明文要注重说明方式方法（高频考点），还有重视说明顺序和事理逻辑。用墨比较多、重点介绍的部分是说明文的重点。说明文的主旨句有可能在开头或结尾。文章题目有时能提供一些线索。

7. 针对句子或文章，如何评价或赏析？

（1）如果是句子，答题思路如下：先评价写作特点、语言特色、修辞效果、表现手法、结构组织等，然后可以细化到某个动词、形容词等应用得如何恰当、生动、形象等。

（2）如果是文章，进行评价或赏析，主要是总结中心思想和作者表达的感情。

答题思路如下：大概格式是通过/叙述/阐述……，表达/展示/说明……，歌颂/讴歌/赞美……，批判/鞭挞/主张……，启迪/教育/感受……。

8. 字词句如何进行对比分析？常见的问题：原字词句换成改后的字词句行不行？改后哪个好？为什么？

此类题实际上在考查原字词句的表达效果。

答题思路如下：首先表明观点（肯定是原文用的字词句效果好）；然后从表达效果角度上分析原字词句的优点、说明改后字词句的缺点。改前改后作对比，结合语境分析，突出原句的精彩之处。

9. 仿写句子如何作答？

仿写句子要注意以下几方面内容：

（1）话题一致。仿句的话题要与例句的话题保持一致，做到材料恰当，事例典型。

（2）句式相同。仿句的句式要与例句的句式相同。

（3）修辞一样。仿句应运用与例句相同的修辞方法。

（4）结构相同。仿句的成分组合方式、修饰限制语的构成方式，均应与例句保持一致。

（5）色彩无异。仿句的语体色彩、感情色彩和原句保持一致。

（6）字数相当。有的仿句要求与例句的字数完全相同，有的只要求大体相当即可，字数略多或略少都可以，但不宜差得太多。

（7）表达顺畅。仿写的句子应做到语言通顺、用词得当、简洁明确，不出现语法或事理错误。

10. 如何给材料拟写题目？

答题思路如下：

（1）从材料里找"文眼"，从开头、结尾、中心句、过渡句、反复出现的句子中寻找灵感。

（2）引用与材料有关系的诗词名句、名人名言等。

（3）巧妙利用反问、比喻、对偶等修辞手法。

（4）根据文体确定题目的风格，如记叙文题目可以浪漫、含蓄、唯美、富有想象力等；议论文题目可以观点明确、重点突出等；说明文题目可以简洁明快、通俗易懂等。

（5）题目字数要简练，不宜过多。

注意：上面提及的题型属于传统的阅读理解题型，近年来，单招考试的题型越来越少，涉及最多的是选择题和填空题。甚至很多大类的阅读理解只有选择题。选择题考查内容是：从微观和宏观两个角度考查对材料的理解。微观角度主要考查句子内容、表现手法等内容，宏观角度主要考查对材料的整体理解，如中心思想、主要观点等。上面总结的问题不是说不考了，只是很多不以传统的问答题形式来考查，改用选择题形式来考查，这样，考查内容和范围都没有变，只是考试难度变小了。

掌握基本答题技巧

1. 明确内容。主要阅读题目、开头、结尾及每段的开头与结尾，对文章有整体理解，确定文章写的哪方面内容。

2. 明确文体。根据不同文体的特点，快速找问题，找重点。

如写景散文——借景抒情——主旨在景人相通处；写人散文——写人抒情——重点剖析人的感情；写物散文——移物就情——主旨在物人相通处；哲理散文——托物说理或直接说理；小说——塑造人物形象——表达情感。

3. 审题要快速准确，确定问题对应的文章区域。阅读理解的做题顺序是：先看题，再读材料，带着问题去读材料。遇到问题所对应的句子、词语可以勾画出来，从而降低再次寻找的难度。

4. 抓核心句子、核心词语，找出重点。特别注意文章开头结尾和每段的第一句话。

5. 比较分析，多联想。阅读理解题目一般根据材料从前往后设题，答题要有条理，重点突出。

6. 主观题一定要注意答全面，可以结合分值考虑该题答案大概涉及几个知识点，如3分的题可考虑是否有3个知识点，4分的题是否有2个或4个知识点，这样有助于检查有没有遗漏知识点。

四、模拟练习

1. 阅读下面的文章，完成后面的问题。

沈从文先生在西南联大

汪曾祺

①沈先生在联大开过三门课：各体文习作、创作实习和中国小说史。三门课我都选了。创作能不能教？这是一个世界性的争论问题。教创作靠"讲"不成，沈先生把他的课叫作"习作""实习"。如果要讲，那"讲"要在"写"之后。沈先生是不赞成命题作文的，学生想写什么就写什么。但有时在课堂上也出两个题目。沈先生出的题目都非常具体。我记得他出过一个题目："我们的小庭院有什么"，有几个同学就这个题目写了相当不错的散文，都发表了。他还出过一个题目："记一间屋子里的空气"！沈先生为什么出这样的题目？他认为：先得学会车零件，然后才能学组装。我觉得先做一些这样的片段的习作，是有好处的，这可以锻炼基本功。现在有些青年文学爱好者，往往一上来就写大作品，篇幅很长，而功力不够，原因就在零件学得少了。

②沈先生讲课，可以说是毫无系统。他大都是看了学生的作业，就这些作业讲一些问题。沈先生读很多书，但从不引经据典，他总是凭自己的直觉说话，从来不说亚里士多德怎么说、福楼拜怎么说、托尔斯泰怎么说、高尔基怎么说。沈先生讲课是非常谦抑、非常自制的。他不用手势，没有任何舞台道白式的腔调，没有一点哗众取宠的江湖气。他讲得很诚恳，甚至很天真。听"懂"了他的话你是会受益匪浅，而且会终生受用的。听沈先生的课，要像孔子的学生听孔子讲话一样："举一隅而三隅反"。

③沈先生教写作，写的比说的多，他常常在学生的作业后面写很长的读后感，有时会比原作还长。这些读后感有时评析本文得失，也有时从这篇习作说开去，谈及有关创作的问题，见解精到，文笔讲究。

④沈先生教创作还有一种方法，就是学生写了一个作品，他除了写很长的读后感之外，还会介绍你看一些与你这个作品写法相近似的中外名家的作品。记得我写过一篇不成熟的小说《灯下》，记一个店铺里上灯以后各色人的活动，无主要人物、主要情节，散散漫漫。沈先生就介绍我看了几篇这样的作品，包括他自己写的《腐烂》。

学生看看别人是怎样写的，自己是怎样写的，对比借鉴，是会有长进的。这些书都是沈先生找来，带给学生的。因此他每次上课，走进教室里时总要夹着一大摞书。

⑤学生习作写得较好的，沈先生就作主寄到相熟的报刊上发表。这对学生是很大的鼓励。多年以来，沈先生就干着给别人的作品找地方发表这种事。经他的手介绍出去的稿子，可以说是不计其数了。我在一九四六年前写的作品，几乎全都是沈先生寄出去的。

⑥沈先生教书，但愿学生省点事，不怕自己麻烦。他讲《中国小说史》，有些资料不易找到，他就自己抄，用夺金标毛笔，筷子头大的小行书抄在云南竹纸上。这种竹纸高一尺，长四尺，并不裁断，抄得了，卷成一卷。上课时分发给学生。他上创作课夹了一摞书，上小说史时就夹了好些纸卷。沈先生做事，都是这样，一切自己动手，细心耐烦。

⑦沈先生不长于讲课，而善于谈天。谈天的范围很广，时局、物价……谈得较多的是风景和人物。他几次谈及玉龙雪山的杜鹃花有多大，某处高山绝顶上有一户人家，——就是这样一户！他谈某一位老先生养了二十只猫。谈一位研究东方哲学的先生跑警报时带了一只小皮箱，皮箱里没有金银财宝，装的是一个聪明女人写给他的信。谈徐志摩上课时带了一个很大的烟台苹果，一边吃，一边讲，还说："中国东西并不都比外国的差，烟台苹果就很好！"谈梁思成在一座塔上测绘内部结构，差一点从塔上掉下去。谈林徽因发着高烧，还躺在客厅里和客人谈文艺。他谈得最多的大概是金岳霖。金先生终身未娶，长期独身。他养了一只大斗鸡。这鸡能把脖子伸到桌上来，和金先生一起吃饭。他到处搜罗大石榴、大梨。买到大的，就拿去和同事的孩子的比，比输了，就把大梨、大石榴送给小朋友，他再去买！……沈先生谈及熟朋友时总是很有感情的。

⑧沈先生在生活上极不讲究。他进城没有正经吃过饭，大都是在文林街二十号对面一家小米线铺吃一碗米线。有时加一个西红柿，打一个鸡蛋。有一次我和他上街闲逛，到玉溪街，他在一个米线摊上要了一盘凉鸡，还到附近茶馆里借了一个盖碗，打了一碗酒。他用盖碗盖子喝了一点，其余的都叫我一个人喝了。

⑨沈先生在西南联大是一九三八年到一九四六年。一晃，四十多年了！

一九八六年一月二日上午

（1）根据文章简要概括沈从文先生的性格特点。

（2）联系本文内容，简要说明沈从文先生是如何教学生写作的。

（3）文章第⑦段提到徐志摩、梁思成、林徽因和金岳霖，有什么作用？

2．阅读下面的文章，完成后面的问题。

荔　枝

肖复兴

①我第一次吃荔枝，是28岁的时候。那是十几年前，北京很少见到这种南国水果，时令一过，不消几日，再想买就买不到了。想想活到28岁，居然没尝过荔枝的滋味，再想想母亲快70岁的人了，也从来没有吃过荔枝呢！虽然一斤要好几元，挺贵的，咬咬牙，还是掏出钱买了一斤。我想让母亲尝尝鲜，她一定会高兴的。

②回到家，还没容我从包里掏出荔枝，母亲先端出一盘沙果。这是一种比海棠大不了多少的小果子，居然每个都长着疤，有的还烂了皮，只是让母亲一一剜去了疤，洗得干干净净。每个沙果都沾着晶莹的水珠，果皮上红的纹络显得格外清晰。不知老人家洗了几遍才洗成这般模样。我知道这一定是母亲买的处理水果，每斤顶多5分或者1角。居家过日子，老人就是这样一辈子过来了。

③我拿了一个沙果塞进嘴里，连声说真好吃，又明知故问多少钱一斤，然后不住口说真便宜——其实，母亲知道那是我在安慰她而已。但这样的把戏每次依然让她高兴。趁着她高兴的劲儿，我掏出荔枝："妈！今儿我给您也买了好东西。"母亲一见荔枝，脸立刻沉了下来："你财主了怎么着？这么贵的东西，你……"我打断母亲的话："这么贵的东西，不兴咱们尝尝鲜！"母亲扑哧一声笑了，筋络突兀的手不停地抚摸着荔枝，然后用小拇指甲划破荔枝皮，小心翼翼地剥开皮又不让皮掉下，手心托着荔枝，像是托着一只刚刚啄破蛋壳的小鸡，那样爱怜地望着，舍不得吞下，嘴里不住地对我说："你说它是怎么长的？怎么红皮里就长着这么白的肉？"毕竟是第一次吃，毕竟是好吃！母亲竟像孩子一样高兴。

④那一晚，正巧有位老师带着几个学生突然到我家做客，望着桌上这两盘水果有些奇怪。也是，一盘沙果伤痕累累，一盘荔枝玲珑剔透，对比过于鲜明。说实话，自尊心与虚荣心齐头并进，我觉得自己仿佛是那盘丑小鸭般的沙果，真恨不得变戏法一样把它一下子变走。母亲端上茶来，笑吟吟地顺手把沙果端走，那般不经意，然后回过头对客人说："快尝尝荔枝吧！"说得那般自然、妥帖。

⑤母亲很喜欢吃荔枝，但是她舍不得吃，每次都把大个的荔枝给我吃。以后每年的夏天，不管荔枝多贵，我总是要买上一两斤，让母亲尝尝鲜。吃荔枝成了我家一年一度的保留节目，一直延续到三年前母亲去世。母亲去世前是夏天，正赶上荔枝上市。我买了好多新鲜的荔枝，皮薄核小。荔枝鲜红的皮一剥掉，白中泛青的肉蒙着一层细细的水珠，仿佛跑了多远的路，累得张着汗津津的小脸。是啊，它们整整跑了一年的长跑，才又和我们重逢。我感到慰藉的是，母亲临终前一天还吃到了水灵灵的荔枝。我一直相信是天命，是母亲善良忠厚一生的报偿。如果荔枝晚几天上市，我迟几天才买，那该是何等的遗憾，会让我产生多少无法弥补的痛楚。

⑥其实，我错了。自从家里添了小孙子，母亲便把原来给儿子的爱分给小孙子一部分。母亲去世很久，我才知道母亲临终前一直舍不得吃一颗荔枝，都给她心爱的太馋嘴的小孙子吃了。

⑦而今，荔枝依旧年年红。

（有删改）

(1) 对于文章的理解,不正确的一项是（　　）。
A. 母亲端出来的那盘沙果,个儿都不大,还都长着疤,有的还烂皮了。母亲一一剜去了疤,洗得干干净净。说明母亲是一个非常节俭的人,舍不得花钱
B. 母亲第一次吃荔枝,用筋络突兀的手不停地抚摸着荔枝,然后用小拇指甲划破荔枝皮,小心翼翼地剥开皮又不让皮掉下,手心托着荔枝,像是托着一只刚刚啄破蛋壳的小鸡,那样爱怜地望着,舍不得吞下。这一系列的动作侧面反映出母亲平时的节俭,舍不得吃昂贵的荔枝
C. 母亲把不好的沙果端走,请客人吃荔枝,说明母亲对待客人非常大方
D. 以后每年,"我"都给母亲买荔枝吃。母亲吃上了荔枝,我的孝心也没有白费
(2) 关于文章的分析,正确的一项是（　　）。
A. 面对母亲买回来的沙果,作者"连声说真好吃""不住口说真便宜",目的是让母亲高兴,让母亲感到儿子不嫌弃她买的沙果不好。说明儿子很孝顺,很理解母亲
B. 文章第④段说家里来客人,母亲端上茶来,笑吟吟地顺手把沙果端走,那般不经意,然后回过头对客人说快尝尝荔枝,说得那般自然、妥帖。说明母亲没有觉得不好意思,没有虚荣心和自尊心
C. 文章结尾说"而今,荔枝依旧年年红",反映了儿子对母亲的思念之情。每年荔枝红,他都会想起母亲
D. 这篇文章托物言志,荔枝也是文章的线索,通过写荔枝,寄托了作者对母亲深深的思念之情
3. 阅读下面的文章,完成后面的问题。

紫藤萝瀑布

①我不由得停住了脚步。

②从未见过开得这样盛的藤萝,只见一片辉煌的淡紫色,像一条瀑布,从空中垂下,不见其发端,也不见其终极。只是深深浅浅的紫,仿佛在流动,在欢笑,在不停地生长。紫色的大条幅上,泛着点点银光,就像迸溅的水花。仔细看时,才知那是每一朵紫花中最浅淡的部分,在和阳光互相挑逗。

③这里春红已谢,没有赏花的人群,也没有蜂围蝶阵,有的就是这一树闪光的、盛开的藤萝。花朵儿一串挨着一串,一朵接着一朵,彼此推着挤着,好不活泼热闹!

④"我在开花!"它们在笑。

⑤"我在开花!"它们嚷嚷。

⑥每一穗花都是上面的盛开、下面的待放。颜色便上浅下深,好像那紫色沉淀下来了,沉淀在最嫩最小的花苞里。每一朵盛开的花就像是一个小小的张满了的帆,帆下带着尖底的舱,船舱鼓鼓的;又像一个忍俊不禁的笑容,就要绽开似的。那里装的是什么仙露琼浆?我凑上去,想摘一朵。

⑦但是我没有摘。我没有摘花的习惯。我只是伫立凝望,觉得这一条紫藤萝瀑布不只在我眼前,也在我心上缓缓流过。流着流着,它带走了这些时一直压在我心上的焦虑和悲痛,那是关于生死谜、手足情的。我沉浸在这繁密的花朵的光辉中,别的一

切暂时都不存在,有的只是精神的宁静和生的喜悦。

⑧这里除了光彩,还有淡淡的芳香,香气似乎也是浅紫色的,梦幻一般轻轻地笼罩着我。忽然记起十多年前家门外也曾有一大株紫藤萝,它依傍一株枯槐爬得很高,但花朵从来都稀落,东一穗西一串伶仃地挂在树梢,好像在试探什么。后来索性连那稀零的花串也没有了。园中别的紫藤花架也都拆掉,改种了果树。那时的说法是,花和生活腐化有什么必然关系。我曾遗憾地想:这里再也看不见藤萝花了。

⑨过了这么多年,藤萝又开花了,而且开得这样盛,这样密,紫色的瀑布遮住了粗壮的盘虬卧龙般的枝干,不断地流着,流着,流向人的心底。

⑩花和人都会遇到各种各样的不幸,但是生命的长河是无止境的。我抚摸了一下那小小的紫色的花舱,那里满装生命的酒酿。它张满了帆,在这闪光的花的河流上航行。它是万花中的一朵,也正是一朵一朵花,组成了万花灿烂的流动的瀑布。

⑪在这浅紫色的光辉和浅紫色的芳香中,我不觉加快了脚步。

(1) 下列句子,修辞手法不相同的一项是(　　)。
A. 只见一片辉煌的淡紫色,像一条瀑布,从空中垂下,不见其发端,也不见其终极。
B. 花朵儿一串挨着一串,一朵接着一朵,彼此推着挤着,好不活泼热闹!
C. 每一朵盛开的花就像是一个小小的张满了的帆,帆下带着尖底的舱。
D. 紫色的瀑布遮住了粗壮的盘虬卧龙般的枝干。

(2) 第⑧段中作者回忆十多年前的紫藤萝,从记叙的顺序看属于(　　)。
A. 顺叙　　　　B. 倒叙　　　　C. 插叙　　　　D. 补叙

(3) 关于这篇文章的理解,不正确的一项是(　　)。
A. "每一朵盛开的花就像是一个小小的张满了的帆,帆下带着尖底的舱,船舱鼓鼓的;又像一个忍俊不禁的笑容,就要绽开似的。"运用了比喻的手法,化静为动,将盛开的花比喻成帆、笑脸,生动形象地写出了紫藤萝花的饱满、旺盛、灿烂,表达了作者对紫藤萝花、生命的喜爱和赞美之情
B. 文章第⑧段用十多年前紫藤萝花的稀落与现在花开得繁盛形成对比,突出了现在紫藤萝花的生机盎然。用十多年前花的不幸遭遇,与人的不幸遭遇形成类比,说明花和人都会遇到各种各样的不幸,但生命的长河是永无止境的
C. "'我在开花!'它们在笑。'我在开花!'它们嚷嚷。"运用了拟人的修辞手法,目的是生动形象地反映作者愉快的心理
D. "在这浅紫色的光辉和浅紫色的芳香中,我不觉加快了脚步。"运用了比喻的修辞手法,表现了作者热爱生活、热爱生命、积极乐观的一面

(4) 文章从哪些方面来描写紫藤萝,体现了紫藤萝的什么特点?

4. 阅读下面的材料,完成后面的问题。

材料1

忆 平 乐

冯 至

六年前，十一月下半月里的一个早晨，我们在桂林上了一只漓江上的民船。那时正是长沙大火后，各地方的难民潮涌一般地到了桂林。抗战以来，如果说南京失守是第一个挫折，那么武汉撤退显然是第二个挫折了，大家不知道此后的局势将要怎样发展，但对于将来都具有信心。人们好像很年轻，报纸上虽然没有多少好消息，同时几乎天天要跑警报，可是面貌上没有一些疲倦。

在桂林住了半个多月，全国各地的一举一动都会在这里发生感应，但是一上了漓江的船，就迥然不同了，初冬的天空和初冬的江水是一样澄清，传不来一点外边的消息。我立在船头，看到桂林的山是那样奇兀，水是这样清澈，江底的石块无论大小都历历可数。此外就是寂静，寂静凝结在前后左右，好像千军万马也不能把这寂静冲破。

俗话说，桂林山水甲天下，至于山水的奇丽还要算漓江。船过了大墟，这条江水便永久被四面的山包围起来了。船在水中央，仿佛永久在一座带形的湖里，船慢慢地走着，船上的人没有事做，只有望着四围的山峰。经过长久的时间，山峰好像都看熟了，忽然转了一个大弯子，面前的山峰紧接着也改变了形象，原来船已经走出这"带形的湖"，又走入一座新的"带形的湖"里。山的转变无穷，水也始终没有被前面的山遏住。这样两天，过了阳朔一直到了平乐。

在平乐，我们找到一辆汽车要经过柳州、南宁到龙州去。往南越走越热，临行的前一天，妻的身上穿着棉衣，她说想做一件夹衣预备在热的地方穿，但恐怕来不及了，因为汽车在第二天清早就要开行。我说，我们不妨到裁缝铺里试一试。于是我们在临江的一条街上买了一件衣料，随后拿着这件衣料问了几家裁缝铺，异口同音地说来不及了。最后到了一家，仍然是说来不及了，但口气不是那样坚决，不可能中好像含有一些可能的意味。我们也就利用这一点可能的意味向那裁缝恳求：

"如果你在今晚十二点以前把这件衣服缝好，我们愿意出加倍的工资。"

"加倍的工资，我不要；只怕时间来不及了。若是来得及，一件夹袍是一件夹袍，工资无须增加。"

"我们也是不得已，因为明天清早就要到柳州去。"

我们继续恳求，最后那裁缝被我们说动了，他说，"放在这里吧，我替你们赶做———"

我们把旅馆的地址留给他，继续到街上料理其他的琐事。晚饭后，一切都已收拾停当，我们决定早一点睡，至于那件夹衣，第二天清早去取，想不会有什么耽搁。想不到睡得正熟的时候，忽然有茶房敲门，说楼下有人来找。

我睡眼蒙眬地走到楼下，白天的那个裁缝正捧着一件叠得好好的夹衣在旅馆的柜台旁立着。他说，这件夹衣做好了，在十二点以前。

我当时很感动，我对于我的早睡觉十分惭愧。我接过来那件夹衣，它在我的手里好像比它本来的分量沉重得多。我拿出一张一元的纸币交给那个裁缝，他找回我两角钱，说一声"一件夹袍八角钱"，回头就走了。我走上楼，把夹袍放在箱子里，又躺在床上，听着楼下的钟正打十二点。

六年了，在这六年内听说广西也有许多变化，过去的事在脑里一天比一天模糊。入秋以来，敌人侵入广西，不但桂林、柳州那样的大地名天天在报纸上出现，就是平乐也曾经一再地在报纸上读到。当我读到"平乐"二字时，不知怎么漓江两岸的风光以及平乐那晚的经验都引起我乡愁一般的思念。如今平乐已经沦陷，漓江一带的山水想必也会有了变化，还有那个裁缝，我不知道他会流亡到什么地方，我怀念他，像是怀念一个旧日的友人。

并且，在这六年内世界在变，社会在变，许多人变得不成人形，但我深信有许多事物并没有变：农夫依旧春耕秋收，没有一个农夫把粮食种得不成粮食；手工业者依旧做出人间的用具，没有一个木匠把桌子做得不成桌子，没有一个裁缝把衣服缝得不成衣服。真正变得不成人形的却是那些衣冠人士：有些教育家把学校办得不成学校，有些军官把军队弄得不成军队。

现在敌人正在广西到处猖獗，谣言在后方都市的衣冠社会里病菌似的传布着，我坐在房里，只苦苦地思念起漓江两岸的风光和平乐的那个认真而守时刻的裁缝。

一九四三年，写于昆明
（有删改）

材料2

我因为工作的关系，不能离开这里，但是当我在八月十二日的早晨又走到镇上时，镇上忽然活跃起来，与昨天完全不同了。茶馆里、饭馆里、商店的廊檐下，聚集着许多服装一致的兵士。可是茶馆里没有茶，饭馆里没有饭，商店里没有货物。我看着这些兵士是新鲜的，这些兵士看这个市镇也是新鲜的。

他们以好奇的眼光在一条条空旷的街巷中走来走去，我也以好奇的心情走遍全镇。我分明知道，战争随时都可以爆发，但在它还没有爆发之前，却好像很沉重地悬在空中，要落，却又落不下来。这时忽然在街上出现了一个农夫，挑着一担西瓜，他也带着诧异的神情，东张西望，他大半是从远方挑着这担西瓜到这里来卖的，并不知道这里已经起了这么大的变化。

他把这担西瓜放在一座桥上，经过一个时期的踌躇，最后仿佛若有所悟，向这来来往往的兵士一招手，大声喊道："弟兄们，把这一担西瓜分着吃了吧，反正我也不愿意再挑回去了。"他刚说完这句话，在他周围已经聚集起十几个兵士。我看着这幅景象，心里感到轻松而爽朗，真好像一段新的历史要从此开始。

一九四五年，写于昆明
（节选自冯至《八月十日灯下所记》）

（1）下列对材料1相关内容和艺术特色的分析鉴赏，不正确的一项是（　　）。

A. 文章回忆"六年前"的往事，可见并非作者率尔下笔，有感辄发，而是长时间体验与思索的升华，是多年的沉淀和积累酿造出来的

B. 文章描写漓江"奇丽"的山水，引入诗歌的意象、意境，注重情感、哲理的融合，不仅使人获得美的享受，而且能给人多方面的启迪

C. 文章运用排比手法，连用双重否定句，赞美农夫、手工业者都能够坚守职责，节律强劲，感情洋溢，达到了加强语势、深化文意的效果

D. 文章以"变"反衬"不变"，一些衣冠人士变得不成人形，祖国河山变得疮痍满目，但那些普通的老百姓却不会变，他们的精神会永远传承

（2）下列对文章相关内容的理解，不正确的一项是（　　）。

A. 材料1叙述武汉撤退后，尽管局势不容乐观，但"人们好像很年轻"，脸上也没有倦容，表达了坚决抗日、抗战必胜的信念

B. 材料1写漓江山与水的关系，令人想到辛弃疾"青山遮不住，毕竟东流去"的名句。作者如此写景，应该是有所寄托的

C. 材料1共出现了两次"衣冠"，最后说"谣言在后方都市的衣冠社会里病菌似的传布着"，可见作者对衣冠人士的强烈愤慨

D. 材料2写"茶馆里没有茶，饭馆里没有饭，商店里没有货物"，写出镇上的空旷冷清，令人感受到战前的紧张气氛

（3）冯至撰文善于以小见大，截取大时代大动乱中小人物的生活片段，寓情于事。请结合两则材料举例说明，并指出这样写的意义。

5. 阅读下面的文章，完成后面的问题。

谈独立思考

茅　盾

有人问：如何而能独立思考？

我想：这个答案可以很多，其中之一也许是洋洋万言，引经据典，而效果等于不着一字。

但是，也还有另一方式的答案：不读书者不一定就不能独立思考；然而，读死书、死读书、只读一面的书而不读反面的和其他多方面的书，却往往会养成思考时的"扶杖而行"，以致最后弄到独立思考能力的萎缩。

眼睛只看上边、不看下边的人，耳朵只喜欢听好话、不喜欢听批评的人，常常只想到自己、不想到别人的人，他们面前的可能的危险是：让"独自"思考顶替了独立思考。

教条主义是独立思考的敌人，它的另一敌人便是个人崇拜。

如果广博的知识是孕育独立思考的，那么，哺养独立思考的便应是民主的精神。井底之蛙恐怕很难有独立思考的能力。应声虫大概从没有感到有独立思考之必要。而日驰数百里的驿马虽然见多识广，也未必善于独立思考。

人类的头脑，本来是具有独立思考的能力的。如果没有，人类就不能从"蠢如鹿豕"进化到文明。但是人类的这个天赋，是在生活斗争中不断碰到矛盾而又在不断解决矛盾的过程中逐渐发达起来的。前人的经验和独立思考的成果，应当是后人所借以进行独立思考的资本，而不是窒息独立思考的偶像。

儿童的知识初开，常常模仿大人。这时的模仿，就是吸收前一代的经验和知识，

为后来的独立思考准备条件。做大人的,看见幼儿模仿自己,便赞一声"聪明",可是到后来看见渐臻成熟的少年不再满足于模仿自己,却又骂他"不肖";这真是可笑的矛盾。

从前有些"诗礼之家",有一套教养子女的规矩:自孩提以至成长,必使"非礼勿视,非礼勿听,非礼勿言……"这是把儿童放在抽出了空气的玻璃罩内的办法。这样培养出来的,如果不是书呆子,是犬儒,便是精神上失去平衡的畸形人,是经不起风霜的软体人。当然也不会是具有独立思考能力的人。

"诗礼之家"现在没有了,我盼望这样的教养方法也和它一同地永远消逝。

(1) 关于这篇文章的分析,不正确的一项是(   )。
A. 文章采用了对比论证的方法,例如不读书者与读死书、只读一面的书等作对比;儿童与大人作对比等
B. "井底之蛙"比喻孤陋寡闻的人;"应声虫"比喻人云亦云的人;"日驰数百里的驿马"比喻人才是千里马
C. "这真是可笑的矛盾"是双重标准造成的。儿童模仿大人,就被夸为"聪明";长大不再模仿大人,就被骂为"不肖"
D. "把儿童放在抽出了空气的玻璃罩内的办法"意思是让儿童隔绝社会,不与社会交流,不关心社会,只是读死书

(2) 作者对"诗礼之家"的教育方法持什么态度?为什么?

(3) 结合全文,说一说要成为独立思考的人需具备哪些条件。

6. 阅读下面的文章,完成后面的问题。

史前中国的文化基因

陈胜前

①何为文化基因?其概念比较模糊。它是文化与生物长期相互作用的产物,是一个民族与其他群体间不可完全通约的东西。尼古拉斯·韦德在《天生的烦恼:基因、种族与人类历史》一书中指出:人类当下的存在是过去所有时间在内不断进化的产物,其进化单位可以是人类整体,也可以是稳定的社会群体。在千百年的历史进程中,文化基因会产生变化,最终影响到当下的存在。

②中国是农业时代的幸运儿,史前时代温带区域,具有农业起源条件的地方并不多,中国则同时拥有南北两个农业起源中心。农业是靠天吃饭,在农民的心中,最重要的是勤快,唯有勤快才可能有好的收成。跟狩猎相比,农业是劳动密集型的产业,从民族志中可知,农民往往瞧不上狩猎者,其中一个重要原因就是狩猎者是真正靠天吃饭的群体,他们不会种植,很少储备,日子过得似乎很是自由潇洒,但少有保障。狩猎者之所以不愿意从事农业,多因为农业太辛苦,工作单调、繁重,需要长时间等

待才有收获。中国人的吃苦耐劳是写在基因里的，这一点也是世界对在外打拼的中国人的印象，这背后无疑有千百年来吃苦耐劳生活历练的影响。

③五千多年的文明史，是一部不同文化、不同族群融合的历史，非常幸运的是，中国完成了这一过程。相比而言，欧洲错过了融合的最好时机。历史上的中国统一局面远多于分裂，这其中文化发挥的作用至关重要。五千多年的文明史中无疑有许许多多的矛盾与冲突，最终都为文化包容所化解。当代世界上许多地方还在为宗教矛盾相对立，中国早在上千年前就解决了这个问题。包容作为一个优秀的文化基因在这个分化对立严重的世界上显得非常珍贵，设若这个世界多一些包容，何至于有那么多的冲突，那么多的流血。

④中国人思考问题的习惯总是先整体而后局部，比如中国人对"战略"一词的定义，就认为它是整体性、全局性的问题。而西方对"战略"的定义就是如何去战胜对手的、非战术的策略。整体性思维赋予我们在思考问题时有较好的宏观把握能力，而在微观、中观上较为忽视。考察西方当代社会科学，就会发现他们在中层的理论方法方面做得非常好，很值得我们学习。整体性思维的根源就是中国漫长的农业生活史，农业是一个自给自足的文化生态系统，它取决于人与自然的和谐，人类生产与自然节律一致，与动植物的习性一致，与人本身的需求一致，整体性是生存的保证。相比而言，西方农业不是自给自足的，谷物农业与畜牧经济存在固有的矛盾，还需要通过远距离贸易才能满足生活需要，由此更偏向对抗与外求。

⑤上万年的农业生活，强烈的家乡、宗族观念形成一个个关系密切的群体，不合群的人是难以把基因传递下去的。也正因为合群，中国人也就成了世界上最难被同化的族群之一。文化是社会性的存在，因为有社群存在，种族文化彼此区别，各有共性，各自发展。不过，随着工商业的发展，个人经济能力与地位的提高，个人的独立性越来越强，再加上西方文化的影响，年轻一代合群性弱了许多。

⑥罗素对中国社会的观察有一种旁观者的清明，他注意到一个我们几乎忘记了的中国特性，那就是雅致！琴棋书画诗酒花，中国人的生活已经为近万年农业社会的历史所积淀的文化意义所渗透。中国人可以欣赏素墙上梅花的阴影；可以在阴翳中沉醉于若有若无的画像；写诗追求典雅、精致、含蓄、传神；书法若是没有上溯古代碑刻名帖，笔墨之间看不出联系来，纵然工整也不会有人欣赏。这也可以追溯到中国新石器时代先民对玉石的爱好上，玉的美就是含蓄的，含蓄也成了中国审美的特征。如果不是中国文明绵延不绝，我想不可能有积淀深厚的文化意义，也就不可能有如此悠长的回味。因为经历多了，中国文化不屑于那种没有余地、赤裸裸的表述。

⑦中国文化的基因根源在此，向史前时代的追溯有助于我们理解中国文化的历史与现实。过去数千年中，大部分时候这些文化基因是有利的，近现代则饱受诟病。正当我们即将要将其抛弃的时候，它似乎完成了调整，重新焕发出了生机，与当代社会的发展找到了契合点。

（节选自《读书》2020年第7期，有删改）

（1）下列各项能够根据文意进行推断的一项是（　　）。

A. 地处温带是史前中国农业起源的必要条件

B. 欧洲人由于不包容而错失融合的最好时机
C. 因年青一代的成长，传统族群将逐渐解体
D. 部分史前的文化基因将融入时代不断延续

（2）下列表述符合文意的一项是（　　）。

A. 相比于农民，狩猎者的基因里没有写入吃苦耐劳
B. 如果这个世界上都是中国人就不会有冲突和流血
C. 罗素是发现被中国人自己遗忘的诗性文化的第一人
D. 先祖们很早就选择了崇玉，玉也蕴含了中国的文化

（3）请根据本文的观点，分析下面这首诗所蕴含的中国文化基因。

登 快 阁

黄庭坚

痴儿了却公家事，快阁东西倚晚晴。
落木千山天远大，澄江一道月分明。
朱弦已为佳人绝，青眼聊因美酒横。
万里归船弄长笛，此心吾与白鸥盟。

（4）简要分析文章的写作思路。

7. 阅读下面的文章，完成后面的问题。

中国目录学史

据我知见，姚名达的《中国目录学史》是近代西学东渐以来第一部以"中国目录学史"命名，全面、系统研究中国目录学发展历史的学术专著。与传统的、具有目录学史性质的著作相比，它显然受到西方现代学科理论建构的影响。《中国目录学史》以主题分篇，每篇之下各有若干小节，全书凡十篇。它不像通常写专史那样，从古到今划分几个发展时期，通过揭示各个时期的特点来展现历史全貌。姚名达把他组织中国目录学史的方法称作"主题分述法"，其义就是"特取若干主题，通古今而直述，使其源流毕具，一览无余"。

为什么不用通常的叙述方法来写中国目录学史？因为在他看来，中国目录学虽然源远流长，但发展进程中"时代精神殆无特别之差异"，就是说两千年来目录学形态在本质上没有跳出刘歆开创的模式，硬要划分时期，区别特点，"强立名义，反觉辞费"。关于这个问题当然可以见仁见智，中国目录学史也未尝不可用"断代法"来编写（吕绍虞《中国目录学史稿》即用分期断代法论述），但我们对他敢于学术创新的肯定是无须见仁见智的。问题在于，姚名达的方法是能够，又怎么能够让中国目录学"源流毕具，一览无余"呢？其实作者知道这样做也有不足，他说："盖既分题各篇，则不能依时代为先后，故忽今忽古，使读者迷乱莫明，尤其大患。"利弊相权，怎么

处理？姚名达的理念是："体例为史事所用，而史事不为体例所困"；具体对策是："依史之所宜，采多样之体例"。就是说，各篇采用适宜各自主题的体制，而不强求一律。

《叙论篇》《结论篇》两篇分居首尾。《叙论篇》首先对"目录""目录学"等基本概念加以定义，并对古往今来的目录做了分类，在一一分析目录学与其他学科的关系后，又划定了目录学的研究范围，末了详细阐明本书框架结构的组织方法，及其所本的学术理念。提纲挈领，宣示宗旨，很符合现代学科的规范。《结论篇》以极短篇幅，阐述他对古代、现代和未来目录学的感想和希望，实际上也是其基本观点的提炼和总括。

首尾两篇之间为全书的主体。其中，《溯源篇》追溯中国目录学的源头——刘向《别录》和刘歆《七略》。设立这个主题，出于他对中国目录学发展特点的基本认识：两书开创了目录体制和目录分类的基本模式，传统目录学既受两书庇荫，又长期笼罩在其阴影中，没有重大突破。该篇除详述两书分类、编目特点外，举凡书籍之产生、传述、整理、校勘等，莫不一一推寻原始，并上溯先秦目录之渊源，详详细细，原原本本。《溯源篇》以下各篇皆以主题为纲，通古贯今，看似"独立特行"，互不相干，其实却与传统纪传体史书体制暗合。比如，"志"在纪传体史书中统摄典章制度，《分类篇》《体质篇》都是讲目录基本制度，编撰体例相当于纪传体的"志"。

《中国目录学史》的理论框架并非无懈可击，但确有创意。姚名达对此亦颇为自许："对于编制之体裁，杂用多样之笔法，不拘守一例，亦不特重一家，务综合大势，为有条理之叙述，亦一般不习见者。"在我看来，这的确不是过分的自诩。

（节选自严佐之《〈中国目录学史〉导读》，有改动）

（1）下列关于原文内容的理解和分析，不正确的一项是（　　）。
A.《中国目录学史》既受到西方现代学科理论建构的影响，又与传统史书体制暗合
B.《中国目录学史》的各篇"采多样之体例"，好处是尊重史事，缺点是强立名义
C.《叙论篇》《结论篇》虽非《中国目录学史》的主体，但对理解全书内容却很关键
D. 姚名达认为，《别录》《七略》有开创之功，而传统目录学长期因循没有重大突破

（2）下列对原文论证的相关分析，不正确的一项是（　　）。
A. 文章举吕绍虞著作作为对比，意在指出姚名达的方法存在争议，需要反思
B. 文章多次征引姚名达的自述，通过对其理念的解释和评论，步步推进论述
C. 文章对姚名达著作的评述，既有整体概括，又有具体举例，二者相互结合
D. 文章以"据我知见""在我看来"等语，对观点表述作出限制，立论审慎

（3）根据原文内容，下列说法不正确的一项是（　　）。
A. 姚名达评估两千年来目录学传统，既立足于历史，又体现出学术批判的精神
B. 与主题分述法相比，使用断代法来写中国目录学史，更能接近历史的本来面貌

C.《中国目录学史》不墨守成规而有所创新,本文作者对该书的理论框架表示认可
D. 在近代西学东渐的背景下,《中国目录学史》体现出传统学术向现代学术的转型

8. 阅读下面的文章,完成后面的问题。

天 宫 一 号

①2011年9月29日21时16分,我国自主研制的天宫一号目标飞行器发射升空,向空间站时代迈出了坚实的一步。

②在2010年的珠海航展上,被问及为何给中国首个空间实验室命名为"天宫"时,中国空间技术研究院工程师王菡表示,人们把住得最舒服的地方叫作宫殿,而将空间实验室命名为"天宫",则是希望宇航员们在太空中生活的地方能与宫殿一样舒适。天宫一号的名字还让人联想起古典名著《西游记》中的孙悟空大闹天宫。此外,"天宫"是中华民族对未知太空的通俗叫法。因此,以"天宫一号"为目标飞行器命名,应该会很好地得到国人的共鸣。

③天宫一号空间实验室长约9米,最大直径3.35米,重量约8.5吨,采用两舱组成结构,分别是实验舱和资源舱。实验舱本体分为前锥段、圆柱段和后锥段;密封的前锥段和圆柱段为航天员短期驻留提供在轨生活工作空间,可容纳3名航天员生活;后部非密封的后锥段安装再生生保设备;在前锥段前部还装有空间交会对接设备。资源舱则包括发动机和电源装置等,外部安置太阳翼,用于提供轨道与姿态控制、电力能源供应、热控环控。

④天宫一号的主要任务是作为空间交会对接目标,完成空间交会对接飞行试验;验证天地往返运输飞船的性能和功能;突破航天员中期驻留、飞行器长期在轨自主飞行、再生式生保和货运飞船补加等关键技术,保障航天员在轨短期驻留期间安全的工作和生活;同时初步建立能够短期载人、长期无人独立可靠运行的空间试验平台。

⑤天宫一号在寿命、对接口等方面不同于其他空间站。首先,试验性空间站在轨寿命通常低于5年,而其他空间站可达5至10年,或者更长。其次,试验性空间站的规模较小,对接口也少,没有扩展能力。而其他空间站至少有2个对接口,能同时对接载人运输器、货物运输器或专用实验舱。三是试验性空间站上的航天员一次在轨时间较短,一般是几十天。而其他空间站上的航天员一次在轨时间大多为百天以上。

⑥天宫一号与国外试验性空间站在功能和用途方面有相似之处,但质量较小,约为8吨,而国外试验性空间站都为20吨级以上,因此称其为简易"空间实验室"更加合适。

(1) 第②~⑤段依次从哪几个方面介绍了天宫一号?

(2) 第⑤段中加点的"通常"一词能否去掉?为什么?

(3) 第⑤段运用了哪两种说明方法？有什么作用？

9. 阅读下面的文章，完成后面的问题。

网　络　文　学

①网络文学的诞生，加速了文学大众化的进程；晋升为作家的路途大为缩短。过去的文学爱好者，须长期被文学期刊"折磨"，经历多次退稿和修改，才逐渐由学习写短中篇发展为写长篇。今日青年写手，将编辑抛在一旁，出手便是长篇，在网上直接面对读者，一经受众认可，便可迅速成名。但这不意味着创作开始变得容易，而只是写作定位不同。

②网络文学创作以追求最大数量读者为宗旨，是一种具有普及化倾向的文学；传统文学则带有专业化的倾向。文学和哲学、科学及其他学术、艺术门类相似，既有专业性的一面，也有普及性的一面，专业性与普及性彼此渗透和转化。专业性内容可能是普和通俗的，普及性内容也须以一定的专业性为基础。网络文学和传统文学都具有专业性，但传统文学把专业评价放在首位，可以越过读者强化其专业性，网络文学则追求专业性与普及性的结合，容忍为后者牺牲前者。

③仅就小说的语言方式和叙事方式而言，今日纯文学作品在技巧上已有长足发展，其中讲究甚多，能够作出专业分析，也值得具有一定文学修养的读者鉴赏。对于大多数普通读者来说，却未必看出其中好处，或许还觉得"绕来绕去"过于啰唆。在碎片化的阅读时代，大众读者更喜欢简单明快的语言和叙述，希望更快地进入情节和悬念。于是，网络方式适逢其时。网络文学全面简化了传统文学的规则，跳过期刊的训练，不拘一格，形成新的写作范式。网络文本尽管不入传统编辑的法眼，但是受到广大网民的鼓励及商业操作的推动，足以畅行其道。在"怎样写"上，两种文学泾渭分明。

④传统文学的价值不因网络文学的勃兴而减损。艺术贵在创造，须不断变化审美方式和感受内容，更新艺术形式和艺术手法，这是文学专业性的根本要求，也是传统文学承担的重要职责。传统文学拥有自己的读者群，并不断引导和提高读者的欣赏趣味，培育新的读者群，也会带动网络文学的艺术水准有所提高。另一方面，也应充分肯定网络文学的意义及发展前景。网络文学便捷、即时、快速、互动的传播方式和开放的大众化的写作内容，决定了它将赢得多数文学读者。此外，传统文学也大有必要借鉴网络经验，利用现代媒介扩大受众。事实上，已经有传统作家承认网上互动的好处，尝试"广场写作"，将自己的作品分段发帖，获取跟帖反馈后加以修改。网络文学为赢得读者所采纳的艺术形式，也开始为传统作家所研究。

⑤尽管网络文学属于通俗写作，但打造精品必须依靠相当的才华，需要极大地凭借想象力的丰富和发挥，在有限的模式中拓展出千变万化、引人入胜的情境。无可否认，网络文学作者来自比传统文学作者更广泛的社会层面，拥有更开阔的创作题材，且写作姿态更为自由、开放，写作观念不拘一格，这些优势是传统文学难以获得的。

⑥应该说，网络文学的发展是结构性的变动，最终形成了与传统文学相平衡的当

代文学体系，开辟了文学创作的新的重大可能性。但网络文学也是文学，同样受艺术规律制约，不享有豁免权。它更需要向传统文学借鉴，寻求不断提升自身的途径，才能走得更远，其发展前景也有赖于此。

(1) 与"网络文学"有关的内容，下列表述符合文意的一项是（　　）。
A. 网络文学创作以追求最大数量读者为宗旨，它是具有普及化倾向的文学，不像传统文学带有专业性
B. 网络文学作者来自更广泛的社会层面，拥有更开阔的创作题材，且写作姿态更为自由、开放，写作观念不拘一格
C. 因为网络文学属于通俗创作，所以很难打造精品，当然也未必依靠相当才华、丰富的想象力和引人入胜的情境
D. 网络文学的发展是结构性的变动，最终形成了与传统文学相平衡的当代文学体系，开辟了新的文学创作

(2) 下列对原文思路的分析，不正确的一项是（　　）。
A. 第①②段通过比较的方式分别阐述了网络文学对文学大众化进程的加速、成为作家路途的缩短及其追求专业性与普及性相结合的特点
B. 第③段重点分析了在"怎样写"的问题上，网络文学和传统文学表现出泾渭分明的倾向，网络文学全面简化了传统文学的规则
C. 第④段，作者明确阐述了传统文学的价值不因网络文学的勃兴而减损，两种文学各有千秋，可以互相借鉴，共同发展
D. 第⑤⑥段分别写出了网络文学所具有的优势及其发展前景，强调只有突破艺术规律制约，网络文学才能享受豁免权，走得更远

(3) 下列对原文中作者观点的概括，正确的一项是（　　）。
A. 今日青年写手出手便是长篇，在网上直接面对读者，一经受众认可，便可迅速成名，这意味着创作开始变得容易
B. 作为新的写作范式，由于网络文本受到广大网民的鼓励及商业操作的推动，因此这种创作不入传统编辑的法眼
C. 网络文学开放的大众化的写作内容和便捷、即时、快速、互动的传播方式，决定了它将赢得多数文学读者的青睐
D. 如果传统作家能够承认网上互动的好处，将自己的作品分段发帖，获取跟帖反馈后加以修改，那么将会赢得更多读者

10. 阅读下面的文章，完成后面的问题。

古人如何玩自媒体

如今，一个尚未来得及收入《汉语大辞典》的新词儿——"自媒体"大热，由此产生一大批"自媒体人"。在中国古代，尽管没有自媒体一说，但以类似手段谋生的人并不鲜见。

在汉代，宫廷文学侍从官得到重视，朝廷往往向民间征招"笔杆子"，优秀的还给官当。贾谊、司马相如、扬雄、东方朔、枚皋、张衡、蔡邕这些汉代词赋名家，当

初都是这样的"笔杆子"。可是,古代既没有稿费制,更无广告分成一说,玩自媒体靠什么获取报酬?靠"打赏"。成语"一字千金"便因打赏而来。

首开打赏先河的是汉代,如汉代四川才子王褒便屡被打赏。据《汉书·王褒传》,王褒文章文采飞扬,汉宣帝刘询听说后,将他征召入京,常将他和张子侨俩人带在身边,"所幸宫馆,辄为歌颂"。但文章并不是白写的,汉宣帝会根据文章的质量进行打赏,即所谓"第其高下,以差赐帛"。

唐代时,现代很流行的稿费制已出现,在打赏外,自媒体人又多了一条创收的渠道。

稿费在古代通称"润笔"。在唐朝,不少文人已能获得很高的润笔。如当时文化名人韩愈、李邕等通过为人撰写碑文便可拿到巨额稿费。尤其是韩愈,他最擅长写墓志、碑文,高的话一篇碑文就能拿到"(黄)金数斤",时人曾讥之为"谀墓金"。看来,为了拿到润笔,韩愈在志文中未少用阿谀奉承之词。其实,"谀墓受金"韩愈并非第一人,这一词最早使用在东汉末文人蔡邕的身上,由此可见,润笔早在汉代即已存在。

"写软文"被一些现代媒体人视为一种心照不宣的创收手段,殊不知古代文人早就开始玩这一套了,到明清时手法已颇老到。

所谓"软文",就是根据对方需要而创作、发布的形象宣传、广告、美言性质的文章。古代最早最出名的一篇"软文",是出自汉代才子司马相如之手的《长门赋》。司马相如本人也没有回避此事,他在序中如实交代:"孝武皇帝陈皇后,时得幸,颇妒。别在长门宫,愁闷悲思。闻蜀郡成都司马相如天下工为文,奉黄金百斤,为相如、文君取酒,因于解悲愁之辞。而相如为文以悟主上,陈皇后复得亲幸。"这就是后世文人津津乐道的"千金买赋"的故事。

古代文人创收的花样还有很多,除了传统的打赏、稿费,还可以直接"卖文"、代人"捉刀""卖版权"等等。

(节选自倪方六《古人如何玩"自媒体"》)

(1)下列关于原文内容的理解和分析,正确的一项是(　　)。

A. 我国古代无自媒体一说,但以类似手段谋生的人并不鲜见,如王褒、司马相如等

B. 古人玩自媒体靠"打赏"获得酬劳,成语"一字千金"便因汉宣帝赏赐王褒而来

C. 唐代已很流行稿费制,这样,在打赏外,自媒体人又多了"润笔"这条创收渠道

D. 人们津津乐道的"千金买赋"的故事,说明古代文人"写软文"都是心照不宣的

(2)下列对原文论证的相关分析,不正确的一项是(　　)。

A. 文章以"打赏""润笔""写软文"等为例,介绍了古人玩"自媒体"获取报酬的方法

B. "谀墓受金"一词最早用在东汉蔡邕身上,为汉代已存在润笔的观点提供了例证

C. 唐朝韩愈、李邕等通过为人撰写碑文拿到巨额稿费一例，证明古代文人润笔很高

D. 司马相如在《长门赋序》中的如实交代，证明了作品是根据陈皇后的需要创作的

（3）根据原文内容，下列说法不正确的一项是（　　）。

A. 汉代的一些词赋名家如贾谊、扬雄、张衡等都是朝廷从民间征招上来的"笔杆子"

B. 如果不是为了拿到高额润笔，韩愈在墓志、碑文中就不会用那么多阿谀奉承之词

C. 汉宣帝"第其高下，以差赐帛"，才子王褒、张子侨便因其文章文采飞扬屡被打赏

D. 古代文人有时还直接"卖文"、代人"捉刀""卖版权"，这也是他们的创收渠道

第三章

写 作

第一节 应用文

一、考纲解读

1. 大纲要求掌握的应用文种类有便条、单据、信函、启事、通知、会议纪要、简报、计划、总结等。
2. 要求考生能够规范书写简单的应用文，语言准确、简明、朴实。
3. 考查较多的是便条、单据、启事、通知、求职信等。
4. 对于应用文写作，近年来在单招考试中考查得越来越少。（本章内容仅供了解，不作为重点）

二、经典例题

1. 根据下面的材料，写一张借条。

为参加国庆文艺汇演，某校 2016 级财会班李丽同学于 2018 年 3 月 28 日在学校团委借到男女舞蹈服装各 8 套，答应于 4 月 2 日送还，根据上述内容写一张借条。

参考答案：

借 条

今借到学校团委男女舞蹈服装各捌套作为国庆文艺汇演服装，于 4 月 2 日送还。此据。

2016 级财会班李丽
2018 年 3 月 28 日

解析： 此题是写一张借条，属于条据类写作。首先要注意内容完整、准确，格式规范，符合要求。涉及数量，要使用大写形式，或者用小写形式再旁注大写形式。落款署名要完整，时间格式要规范。

2. 根据下面的材料，写一封邀请信。

春都艺术学校定于2019年5月24日（星期五）晚上7点在学校礼堂举办2019届毕业生汇报演出，请你以校学生会名义给本校客座教授刘天池先生写一封邀请信，邀请刘先生来观摩指导。（200字以内）

参考答案：

邀 请 信

尊敬的刘天池教授：

兹定于2019年5月24日（星期五）晚7点，在春都艺术学校礼堂举办2019届毕业生汇报演出，敬请您观摩指导！

春都艺术学校学生会
2019年5月20日

解析： 本题是写一封邀请信，属于信函类写作。注意内容完整，格式规范。如果内容较多，涉及项目较多，可以采取分条列项的形式写清时间、地点等。但如果事情比较简单，可以采取上述表达方式。特别要注意落款时间一定要在正文活动时间之前，具体提前几天，只要合情合理即可。

3. 根据下列材料，写一则寻物启事。

2021年6月23日晚8点左右，王斌在中山路北国商城附近丢失了一个黑色公文包，里面有钱包一个，钱包里的现金不多，有三四十元。但有一张工商银行卡、一张农业银行卡，还有他的驾驶证。王斌非常着急，一晚上没睡。24日一大早就写了一张寻物启事，希望好心人捡到公文包后能归还他，他愿意重谢拾金不昧的人。

参考答案：

寻 物 启 事

2021年6月23日晚8点左右，本人在中山路北国商城附近遗失一个黑色公文包，内有钱包一个，钱包里有三四十元现金，有工商银行卡、农业银行卡各一张，驾驶证一个，驾驶证上姓名为王斌。有拾到者请与失主王斌联系，必有重谢！

联系人：王斌

联系电话：131×××××××

2021年6月24日

解析： 本题是写一则寻物启事。首先注意不能出现错别字，"启事"不能写成"启示"，再者要交代清楚丢失物品的相关信息（越详细越好）及联系方式等。

4. 根据下面的材料，写一则通知。

某学校计划于2021年8月30日（星期一）下午3点在学校会议室召开2021年新生入学相关工作会议，要求各部门的负责人准时参加。请你以学校办公室的名义向各部门下发一则通知。

参考答案：

通　　知

各部门：

　　兹定于 2021 年 8 月 30 日（星期一）下午 3 点在学校会议室召开 2021 年新生入学相关工作会议，布置新生入学各项工作。望各部门负责人准时参加。

　　特此通知。

学校办公室（盖章）

2021 年 8 月 26 日

解析： 本题是写一则简单的会议通知，属于常规性事务通知，题目只写文种"通知"即可。需要注意的是内容要完整，格式要准确，语言应用书面语，而且要简明。落款单位要完整，最好标记"章""印"等字样。落款日期必须在会议召开时间之前，要在合理范围内。

三、学海导航

掌握应用文基本常识

应用文是国家机关、企事业单位、社会团体和个人在处理公务和日常事务、传播信息、交流经验、沟通往来等过程中使用的格式规范、语言简明、行文明确的实用性文体。应用文的基本特点是实用性、真实性、规范性、时效性、简明性、广泛性。

根据适用范围分类，可以分为公务文书和事务文书。

公务文书是党政机关在行政管理过程中形成的具有法定效力和规范体式的文书，是贯彻党和国家方针政策，公布法规和规章，指导、布置、商洽工作，请示或答复问题，报告、通报和交流情况等的重要工具。按照《党政机关公文处理工作条例》规定划分，公文种类有 15 种，分别是决议、决定、命令（令）、公报、公告、通告、意见、通知、通报、报告、请示、批复、议案、函、纪要。

事务文书是机关、团体、企事业单位或个人在处理日常事务时用以沟通信息、安排工作、总结得失、研究问题等使用的文体。事务文书按照内容分类，可以分为条据、启事、信函、计划、总结、经济文书、诉讼文书、学业文书等。处理私人事务的文书材料如请假条、求职信、演讲稿、毕业设计等都属于事务文书。

考试大纲要求中职生掌握的应用文种类主要有便条、单据、信函、启事、通知、会议纪要、简报、计划、总结等。而从历年的单招考试来看，应用文部分主要涉及便条、单据、启事、信函和通知等，以下仅简单介绍这几种公文。

（一）便条

1. 概念。

便条是有一定格式、内容单一、书写简便、使用广泛的条据类应用文，本质上是一种最简便的书信。格式上与书信有很多相似之处。

2. 常用种类。

根据事由划分，便条可以分为请假条、留言条和托事条。由于通信行业的发展，通过手机短信、QQ、微信等沟通越来越便捷，纸质版的留言条、托事条现在已经很少用。这里只介绍请假条。

请假条是不能上学或上班，需要向负责管理的领导或单位说明请假事由的便条。按照形式划分，可以分为制式和非制式两种。制式请假条只要把空缺填写完整即可（不考查），非制式请假条格式和信函类似，写作基本要求是表达清楚、理由充分、语言简明、格式规范。

示例1（制式）：

	请　假　条				
姓名	王海波	学号	202001325	班级	2020级（2）班
请假时间	从2021年5月17日至2021年5月19日（共3天）				
请假原因	参加学校篮球集训 　　　　　　　　　　　　　　　　　　　学生签名：王海波 　　　　　　　　　　　　　　　　　　　2021年5月16日				
联系电话	131××××××××		备注		
辅导员意见 （限3日内）	同意 签字：李明 2021年5月16日		主管领导意见 （3日以上）		签字： 年　月　日

说明：单位根据实际需要制定不同的表格样式，但请假人、请假时间、请假事由等关键条目都会有。

示例2（非制式）：

请　假　条

李老师：

　　因为我需要参加学校安排的篮球集训，所以5月17日至19日三天的课上不成了。过了篮球集训期，我会找时间让同学帮我把落下的课程补上的。恳请老师批准！

　　此致

敬礼

学生：王海波
2021年5月16日

（二）单据

1. 概念。

单据是人们处理财务、货物或事物往来时，写给对方作为凭证或有所说明的字据。

2. 基本格式。

单据一般由标题、正文、署名和日期四部分组成。

3. 注意事项。

(1) 署名要写全名。

(2) 年月日要规范、完整。如写成 2020 年 2 月 14 日，不能写成 20.2.14 或 2.14；落款年月日不建议用大写文字形式。

(3) 涉及钱物数量时要注意大写。(大写数字：壹、贰、叁、肆、伍、陆、柒、捌、玖、拾)

(4) 不能修改，如需修改，必须在修改处加盖公章或按手印。

(5) 数字之间不留空格，大写金额前面应加币种，小写金额前面加"¥"，数额后面加"整"字样。

4. 分类。

按照内容不同，单据可以分为借条、欠条、收条、领条等。

(1) 借条。借条是借个人或单位钱财物品，借用人写的一种字据，将来作为偿还的凭证。

示例：

借　条

今向王丽借 5000 元（伍仟圆整），双方商定无利息，期限 12 个月，于 2022 年 7 月 5 日一次性归还。

此据。

借款人：李子怡

身份证号：130××××××××××××××

2021 年 7 月 5 日

(2) 欠条。欠条是个人或单位在欠对方钱物时写给对方的文字凭证，也是欠款、钱物的证明性材料。

示例：

欠　条

因生产原材料供应不及时，导致我厂加工的医用防护服也生产缓慢。今为人民医院配送的防护服一共 1000 件（壹仟件），尚欠 500 件（伍佰件）需要延期送货。欠货将于三个月后（2021 年 6 月 12 日）送到。

特立此据！

××医用服装加工公司（章）

2021 年 3 月 12 日

借条与欠条的异同点

相同点：都是债权债务凭证。

不同点：

①借条是一种借款合同的凭证，是简化版的借款合同；欠条是双方进行结算的一种凭证，证明双方的债务关系。

②借条法律证明力大，诉讼时效20年；欠条法律证明力小，诉讼时效2年。

③性质不同，产生原因不一样。借款主要是因借贷而产生；欠款可能是因买卖、租赁、利息等而产生。

借条与欠条的写作注意事项

①写清欠款、借款（物）的原因；欠款、借款的准确数额，借物的名称、数量，金额应用大写表示；借款（物）的归还时间、欠款的付清期限应明确；约定事项要写清楚，如有无利息、违约责任又怎样等。

②必要时，应当由担保人签字，并写明担保期限、责任。

③个人借贷，最好在借条和欠条中写明出借人和借款人的身份证号码，这样可以避免不必要的纠纷。

④填写钱财金额，字里行间应当紧凑，不能留有多余的空间。必要时，金额要大写。

⑤还款时间直接关系到诉讼时效的问题，需要书写正确。

⑥借条或欠条的内容都不能涂改，需要涂改的话要按手印或盖印章。

⑦避免使用容易产生分歧的语言，语言要简洁，语义要单一，不产生歧义。

⑧借条或欠条都应当当面书立，不能找人代替签字。

（3）收条。收条也叫收据，是收到别人或单位的钱物时写给对方的一种凭证性便条。正文通常有"今收到""现收到""已收到"等字样，落款常有"经手人"或"代收人"等字样。

注意：收条的金额、数量、型号等一定要与所收的钱财物品金额、数量、型号等一致。为了避免争议，一般收条中的数量用小写再备注大写形式，或者直接写大写形式。假如收到方与供货方非常熟悉，非常信任对方或者收到的物品不是贵重物品，收条中的数量也可以采用阿拉伯数字形式。

示例：

收　条

今收到社会爱心企业捐赠育才小学的学习用品一批，分别是：书包拾个，文具盒拾个，铅笔壹百支，笔记本贰拾个。

此据。

经手人：张宏
2021年12月12日

（4）领条。领条也被称为"领用条"，是领到钱财物品时写给对方的凭证，写作格式与收条类同。

示例：

领　条

今从单位配件仓库领用汽车维修配件若干，分别是：汽油滤芯拾个、柴油滤芯拾个、空气滤芯伍个、火花塞捌只。

此据。

汽车维修部（章）
2021 年 8 月 15 日

（三）启事

1. 概念。

启事是个人或单位将自己的要求提请公众注意并向公众说明事实或希望协办的一种应用文体，启事一般在公众场合张贴，或在媒体、网络上公开发布。机关企事业单位或个人都可以使用。

2. 分类。

（1）征召类：招领、招聘、招生、招标、招商等。

（2）寻找类：寻人、寻物（动物、物品）、领物等。

（3）告知类：遗失、更名、迁址、开业、停业等。

3. 注意事项。

（1）启事一般由标题、正文和结尾三部分构成。如果事情重大或紧急，可以写"重要启事"或"紧急启事"。

（2）有的标题由发文机关、事由和启事组成。有的省略"启事"二字，只写"招领""征求订户"，也有的以"敬告用户""敬告读者"等出现。不管哪种形式，题目都居中，字号大于正文。

（3）正文开头空两格，内容要具体，语言通俗易懂。遵循一文一事原则。

（4）招领启事可以不写遗失物品时间地点和具体特征，防止他人冒领。

（5）落款个人姓名或单位名称要写全称。年月日要书写规范。

（6）单位启事要在落款处加盖公章。

（7）启事内要写明联系方式，便于联系。

（8）避免出现错别字，特别是"启事"不能写成"启示"。

示例：

寻 物 启 事

本人不慎于 2021 年 7 月 1 日上午 9 点至 12 点，在长安公园怡心亭附近将一黑色皮包丢失，内有驾驶本一个、公交卡一张、汽车保险单及售后服务资料若干。望拾到者与长安公园管理处联系，电话是××××××××；或与我本人直接联系，电话是132××××××××（微信同号）

必有重谢！

启事人：张先生
2021 年 7 月 1 日

（四）信函

1. 信函的结构。

包含称呼（起首语）、正文、结尾、署名和日期等部分。

2. 信函的类型。

常见的事务文书信函类型：介绍信、证明信、自荐信、推荐信、求职信、慰问信、感谢信、表扬信等。

事务文书信函的不同种类之间，差别主要在内容方面，格式类同。

3. 常见的几种信函。

（1）介绍信（了解内容）。

介绍信是用来介绍、联系、接洽事务的一种应用文体，具有介绍和证明的作用。

介绍信按照形式来划分，可以分为制式和非制式两种。制式介绍信，一般由存根联、正式联、间缝组成。间缝是存根联与正式联之间的虚线，上面标有"××字第××号"字样。虚线正中加盖公章。制式介绍信只需按实际填空，一般比较简单；非制式介绍信，由标题、称谓、正文、结语、署名、日期和使用期限构成。使用期限不是所有介绍信都填写，使用期限置于最后，目的是显示时效性。

介绍信的结构一般包括标题、称谓、被介绍者情况、介绍事由、署名（盖章）、日期、有效期等。有的介绍信会省略有效期。

介绍信的写作注意事项

①一般装入公文信封，信封写法与普通信封的写法相同。

②制式与非制式的介绍信，内容没有差别，差别在于制式的介绍信一般都有模板，且事前写好了大概框架，使用时仅需填空即可，如填写上被介绍人姓名、介绍事由、接收介绍信的单位名称等。

③真实填写被介绍者的姓名、身份、职务、事由等信息，不能作假。

④单位介绍信必须加盖公章。

⑤制式介绍信的存根联与正式联的内容要一致。

⑥手写介绍信不能用铅笔、红色笔等书写，不能涂改，如果涂改，需要在涂改处加盖公章。

⑦有的单位开介绍信需要登记或者加盖公章登记，是否办理登记手续要遵守单位管理制度。

示例：

介 绍 信

西柏坡纪念馆：

兹介绍我校的张菲同志到贵单位商洽共同合作、建立爱国主义教育基地事宜。望接洽为盼！

河北××职业学院
2021年6月12日

（2）证明信（了解内容）。

证明信的格式与介绍信类同。

证明信的写作注意事项

①开具证明信的单位必须在职权范围内，不能超范围、无根据开证明信。

②证明信语言言简意赅，不必写祝福或勉励之类的题外话。

③手写证明信注意格式规范、字迹清晰，不能涂改。
④单位证明信要加盖公章。以个人名义开具的证明信需要签字或按手印。
示例：

证　明　信

兹证明王明明同学系我校2021届学前教育专业的毕业生，在校期间，曾荣获2019年度"河北省优秀三好学生"荣誉称号；2018年9月至2021年1月，一直担任校学生会主席职务。

特此证明。

河北××职业学院
2021年10月8日

（3）自荐信与推荐信。

自荐信是毛遂自荐向单位或他人推荐自己的介绍信，以求得到求学、求职、晋升等机会；推荐信是中间人或推荐单位向其他单位推介人选或向上级领导、知名人士推介人才的介绍信。

自荐信与推荐信在结构上与一般书信相同，都由称呼、问候语、正文、结束语、落款等构成。两者的主要差别：自荐信是推荐自己，推荐信是推荐他人。

自荐信与推荐信的写作注意事项
①基本信息完整、真实、准确。
②自荐人或被推荐人的人品、能力、特长、经历、成果、荣誉等要真实。
③强调自荐或推荐理由。
④信中说明要求、条件或其他相关事项。
⑤注重礼仪，要谦逊、真诚、中肯、热情。
⑥熟悉对方需求，写作时投其所好，扬长避短。
⑦内容上要重点突出，条理清晰。要多阐述优势、特长和能力，品德端正。
⑧提前准备，有针对性地进行自荐或推荐，能提高成功几率。

（4）求职信。

求职信是个人向用人单位推荐自己，表达自己任职意愿，希望获得聘用机会的信函。求职信与自荐信类同，差别在于，前者的目的在于获得入职机会，后者可以是升学、晋升或者在其他方面获取机会。

求职信格式与自荐信格式相同。

求职信的写作注意事项
①认真研究用人单位招聘条件，熟悉用人单位历史、现状和行业地位。研究岗位需求、专业要求和工作范围。
②着重写满足单位用人条件、岗位需求方面的能力。
③思想和业务都要重视。
④内容真实，不弄虚作假。
⑤语言礼貌得体、有逻辑性，内容要重点突出。
⑥扬长避短，突出自身优势。

（5）慰问信。

慰问信是以组织或个人名义向有关单位或个人表示慰藉、问候、致意的专用书信。慰问信格式与一般信件格式一致，由标题、称谓、正文、结语、署名和日期几部分构成。

慰问信的写作注意事项

①根据不同对象，确定不同内容。对突出贡献单位或个人，要侧重赞颂和祝贺；对遭遇灾难或痛苦的，要侧重关怀和支持。

②态度要真诚、温暖、亲切，语言平实、生动。

③篇幅宜短不宜长。

（6）感谢信与表扬信。

感谢信是对单位或个人的关怀、支援、帮助表示感谢的信；表扬信是对单位或个人的高尚风格、模范事迹表示颂扬的信。

感谢信、表扬信的结构都与一般信件结构相同，由标题、称谓、正文、结语、署名和日期几部分构成。

感谢信与表扬信的写作注意事项

①内容真实、叙事简洁。事件要素交代清楚，结果表达明确。

②写信缘由清楚明了。语言顺畅，有感情。

③感谢信态度要真诚；表扬信评价客观，既有高度，又要适度。

④内容务实，不讲大而空的大道理。

⑤如需公开张贴，一般用大红纸抄写。也可在媒体发布或大会宣读。

示例：

表 扬 信

育才中学：

2021年5月3日上午10点左右，我5岁的儿子在水上公园的湖边玩耍时不慎落水，情况特别危急。所幸，贵校初中二年级（3）班的高小亮同学恰好路过，他不假思索，跳入水中，把我儿子救上岸来。高小亮同学见孩子平安无事，没有留下姓名就悄悄离开了，甚至都没有听到我们家长说声感谢。

经过多方打听，我才终于得知救我孩子性命的是贵校初二（3）班高小亮同学，为了表示我们全家的谢意，现特写一封表扬信，感谢高小亮同学救了我儿子的性命，也感谢贵校培养出了高小亮这么优秀的学生。高小亮同学这种舍己救人的精神值得全社会弘扬，我们也会将他这种舍己救人的精神永远铭记于心，并向他学习。

再次向高小亮同学表示感谢，向育才中学致以崇高的敬意！

此致

敬礼

家长：张兴奎
2021年5月8日

信函按照内容分类，种类很多，除了前面所讲的类型外，还有邀请信、辞职信等。信函事由不同，但写作格式类同；信函在个人领域使用越来越少，但是在公务领域不可缺少。公函是机关公文写作中的重要形式之一，写作时更要特别注意格式规范。

（五）通知

1. 概念。

通知，使用于发布、传达要求下级机关执行和有关单位周知或执行的事项，以及批转和转发公文。通知通常指的是机关行政公文的一种，属于公务文书。广义上的通知还包括事务性文书，比如单位里的口头通知。通知是日常生活、工作中最常见的应用文文体形式之一。

2. 分类。

《党政机关公文处理工作条例》规定，根据通知的适用范围和作用，一般可以分为：指示性通知；批转、转发、印发性通知；周知性通知；会议通知；任免通知。

3. 特点。

通知的特点主要是应用范围广、使用频率高、时效性强。

4. 结构。

通知可以分为标题、主送机关、正文和落款四部分。正文又可以细化为开头、主体、结尾和附件四项。

（1）标题的写法。

标题的写法有几种：发文单位+关于+事由+文种；发文单位+文种；事由+文种；文种。

主送机关常见的标注形式有如下几种：

①全称：如"河北省教育厅"；规范化简称：如"省公安厅""省妇联"。

②统称：如"各有关单位""各高校"。

③不标注：不写主送机关，这种形式适用于内部张贴的简单通知。

（2）正文的写法。

开头通常交代通知的缘由和目的。也可以写明根据、任务和目的。语句不宜过长。

至于正文，因为通知类别不同，主体内容也有所区别，把需要通知的内容交代清楚即可。

结尾一般提出贯彻执行的要求，如"请遵照执行""请认真贯彻执行"等。如果是内容简单的一段式通知，可以用"特此通知"等结尾。

假如通知带有附件，应在正文后隔一行列出附件顺序号及名称。附件在文件后另页编排。

（3）落款的写法。

成文单位，应为全称或者规范简称，注意要加盖公章。有的通知因为标题中有了成文单位，落款不再写成文单位了，不过这里还是提倡落款书写成文单位，这样显得更规范。

成文日期，宜采用"2020年5月20日"这种年、月、日字样齐全的样式，不宜使用略写。

5. 注意事项。

（1）主题集中，重点突出，讲求实效。

（2）事前通知，条理清晰，要求明确，必须符合实际，能够执行。

（3）通知要注重时效，纸质版与电子版通知结合使用，采取邮寄方式，事后要联系对方，确认对方已收到，以免耽误通知事项。

（4）紧急通知和重大通知要和一般通知区别对待，要格外重视。

（5）会议通知要注意写清楚会议举办时间、地点、会议主题、参会人员、联系方式、食宿安排以及其他要求等。

（6）在必要的情况下，收发通知要做好记录。

注意：单招考试中涉及的通知一般是事务性通知，不同于上述公务文书里的通知（即公文），所以，标题一般只写"通知"两个字即可。在内容上，往往比较简单；但是在形式上，需要按照规范格式书写。

示例：

通　　知

各班级：

我校拟举办"庆祝建党 100 周年，传唱红色经典歌曲"大赛，比赛时间为 2021 年 6 月 30 日上午 8 点至 11 点 30 分，地点在学校礼堂。要求每个班级都要选择一支红色歌曲参赛，参赛队伍不少于 10 人。时间紧，任务重，望各班积极备赛。

特此通知。

石家庄××学校
2021 年 5 月 25 日

掌握基本答题技巧

1. 应用文属于实用文体，实用性是最基本的特点，因此所写的应用文必须符合实际生活需要。

2. 应用文写作特别强调格式，一定要注意格式规范，即注重应用文的规范性。

3. 应用文写作内容要清楚完整，语言简洁，使用书面语。

4. 应用文的标题要规范完整，开头和落款都要正确无误。

5. 内容涉及钱财金额等，应注意是否有必要大写。

6. 应用文写作要注意落款处的署名，把个人名义和单位名义的署名区别开来。单位公文常在落款单位处标注"章"或"印"字样。行政公文通常都是单位署名；个人事务的应用文落款多为个人姓名，在必要情况下可以加注身份证号码，以确保姓名和本人完全对应，杜绝因为重名而出现纠纷问题。

7. 应用文改错类的试题，要先指明错误所在，再写出正确内容。

四、模拟练习

1. 根据材料写一则收条。

新华小学的王红在 2021 年 12 月 3 日收到超越文化用品公司送来的文件夹 10 个，

档案盒 8 个，笔记本 12 本，黑色签字笔 5 盒（每盒 20 支），请你代王红给超越文化用品公司写一张收条。

2. 根据材料写一张请假条。

某小学五年级（3）班的学生张小楠因为感冒发烧，第二天需要到医院看病，请你代替张小楠向班主任李老师请假，写请假条的时间为 2021 年 4 月 13 日。

3. 根据下面的材料，写一则招领启事。

2021 年 5 月 9 日，李占军在学校操场入口处捡到一个黑色皮包，内装一张公交卡、一张饭卡、一张图书证、一百五十元现金和一串钥匙。请你替李明写一则招领启事。（200 字以内）

4. 根据下面的材料，写一封求职信。

单晓宇于 2021 年毕业于河北大学中文系，在校期间已取得普通话一级乙等证书，现在想去阳光文化公司应聘办公室文员一职。请你替她写一封格式规范、内容正确的求职信。（可以补充信息，200 字以内）

5. 请根据以下信息，以石家庄实验中学校长办公室的名义拟一则通知，发通知时间自拟。

2021 年 10 月 20 日上午 8 点将在校体育馆召开精神文明标兵表彰大会，要求各班都参加，由班主任带队，学生统一穿校服。会上禁止携带手机，会场保持卫生，不大声喧哗。

6. 请根据下面的材料，写一张借条。

为了举办社团迎新晚会，高二（1）班的李楠以班级名义向学校团委借音响设备一套，计划在 2021 年 12 月 18 日晚会结束后立即送还。请你代李楠同学给学校团委写一张借条。借音响设备的时间自拟。

7. 根据下列材料，写一封邀请信。

河北省文学研究会拟邀请河北师范大学的王佳璐教授就有关民间文学的现状与发展作一次民间文学理论的报告，时间是 2021 年 8 月 2 日上午，地点是河北省图书馆一楼报告厅。河北省文学研究会一方的联系人是张萌。邀请时间是 2021 年 7 月 12 日。

8. 根据下列材料，写一则会议通知。

中晟化工有限公司拟在 2021 年 12 月 10 日下午 2 点 30 分至 4 点 30 分召开安全生产会议，会议地点在公司会议室，参会人员为公司各科室的管理人员。会议要求参会人员准时参加，不得迟到早退，不得缺席，会议期间手机关机或静音。请你以中晟化工有限公司安委会的名义向各科室下发通知，通知时间为 2021 年 12 月 3 日。要求：内容准确，格式规范，可以根据需要补充信息。

9. 根据下列材料，写一则领条。

某校教务处于 2021 年 9 月 1 日从后勤处领取办公用品如下：笔记本 8 个、黑色签字笔 2 盒（每盒 12 支）、文件夹 10 个、A4 打印纸 5 包。

10. 请你根据下列材料，写一封求职信。

请你代替河北大学经济学院会计专业即将毕业的女大学生张惠向振华财贸有限公司写一封求职信，信的主要内容是介绍自己的求职意愿、个人基本情况、成绩特长等，写求职信的时间为 2021 年 4 月 6 日。说明：学生个人情况以及招聘单位的资历、招聘岗位、招聘条件等如需用到，均可以编写，只要符合情理即可。

第二节 作 文

一、考纲解读

1. 作文属于主观题，考查综合能力，如材料理解分析能力、逻辑能力、联想能力、语言表达能力、思想水平、写字水平等。
2. 考查以材料作文居多，材料多与社会热点话题，人生观、世界观、价值观等思想政治教育内容接轨，如有关新闻热点、社会动态、人性善恶、责任担当、针砭时弊等方面的材料就常拿来作为阅读材料。
3. 作文要求一般比较宽泛，不限定写作体裁，或者仅要求诗歌除外，单招考试作文字数一般要求 600 字左右，低于普通高考的 800 字。
4. 需要特别说明的是：因为在一般情况下单招考试是招考大类自主出题，有少数招考大类的语文试题比较简单，不设作文题。受新冠疫情影响，从 2020 年开始，单招考试主要采取客观题形式，方便机器阅卷，因此以往常设作文的招考大类也在疫情期间删掉了作文题。但作文作为综合应用能力考查的基本项，必须重视。因为作文是最能拉开分差的题型，在正常情况下，绝大部分招考大类都会考作文题。

二、经典例题

1. 阅读材料，根据要求写作文。

每一个人都在路上或悠闲、急匆，或顺畅、艰难地行走着，每一天，在路上都发生着这样或那样的故事……

请以"在路上"为题写一篇文章。除诗歌外，文体不限；字数不少于 600 字，文中不得出现真实的地名、校名和人名。

解析：本题是命题作文，从题目分析，适宜写成记叙文或者议论文，夹叙夹议的文章也可以，不过要谨记一点：不能跑题。考生审题要认真，不能超越"在路上"这个范围。很显然，本题如果仅用现实生活中在路上发生的某件事作为素材来写作文，达到作文基本要求没问题，但可能主题不够深刻。建议采取以小见大的手法，在文章最后进行升华。即从实际生活中的路（本义），联想到成长之路、事业之路、感情之路等等（引申义）；从一个人的路，联想到众人逐梦路、山区致富路、国家复兴路等等。

2. 围绕"责任"话题写一篇半命题作文。作文题目：_____深深地影响了我。要求：不少于 600 字。

解析： 将题目补充完整，作文要围绕"责任"展开。写清楚深深影响了我的是什么，为什么会影响我。可以是事情，也可以是道理，还可以是人，只要言之有物即可。可以写记叙文，也可以写议论文。

3. 阅读下面的材料，根据要求写一篇作文。

一位年轻人在海边徘徊，闷闷不乐。"有什么事想不开？"一位老者问。年轻人说，他做人做事尽心尽力，但得不到承认和尊重。

"看好了，"老者拈起一粒沙子，随手一丢，"能找到它吗？"年轻人苦笑，摇摇头。"我有颗珠子，"老者掏出一颗珍珠，掂量一下，轻掷在沙滩上，"不难找到吧？变成了珍珠，就没人忽视你了。"有道理啊，年轻人点头深思。

"不过，沙子一定得变成珍珠，才能被人承认和尊重吗？"年轻人还是有点疑问。

请根据阅读后的感悟和联想写一篇文章。要求选好角度，确定立意，明确文体，自拟标题；不要脱离材料内容及含义的范围作文，不要套作，不要抄袭，字数不少于 600 字。

解析： 本题是材料作文。材料通过一个年轻人与一位老者在海边的谈话，说明了一个人生道理：如果想不被人忽视，想被社会承认和尊重，自己首先要成为一颗珍珠（有用的人，有价值的人、出众的人）。考生可以多角度立意，但要抓住这个核心道理。

4. 看图写作文。要求：结合材料的内容和语义，选好角度，确定立意，文体不限，自拟标题，字数不少于 600 字。

解析： 这是一道看图作文题，图中有三幅画，三幅画前后是联系的，讲了一个故事。第一张图画显示一个小孩看到一个大人随手把香蕉皮扔到了地上；第二张图画是小孩从地上捡起了香蕉皮；第三张图画是小孩把香蕉皮扔进了垃圾桶里，旁边的环卫工人看到了，似乎还露出了微笑。很显然，这组图画给大家透露出的信息是社会公德问题，还有爱护环境问题。考生只要围绕其中一点论述即可。可以深挖为什么会有随手丢弃垃圾的不文明现象；如何教育，提高人们的素质；如何从自身做起保护环境；大人如何为孩子做榜样；也可以找一个偏一点的角度，从环卫工人角度写起，他们的辛勤工作换来了整洁的市容市貌，怎样才能减轻他们的工作量等。

三、学海导航

了解作文的写作步骤

（一）仔细审题

首先要弄清楚题目要求，根据要求选择合适的文体。如果是命题、半命题作文或者话题作文，可以用记叙方式写作文。有的作文材料或指定话题带有明显的价值判断，如果采用议论文或夹叙夹议的文体会更符合出题人的意图。不管选择哪种文体，认真审题，都是写作文的第一步。

审题主要包括以下几点内容：

（1）弄清题目所提示的题材范围，确定写作体裁。
（2）审清题目要求，确定文章范围。
（3）审清题目要素，确定文章基本内容。
（4）审清题目"题眼"，确定文章重点。
（5）审清"要求"和"注意事项"。

（二）确定立意

文章立意很关键。优秀作文立意一定是新颖的，内容、形式、材料、语言等多方面都要体现"新颖"二字。立意首先要注意思想性，价值观正确，思想积极，格调高雅，切忌出现思想不健康、言论偏激、语言污秽，甚至违反国家大政方针、法律制度，或者损害中国人民爱国、统一感情的内容。

文章立意可以体现积极向上的人生态度，把"小我"融入社会的潮流中，以小见大，展示社会风貌。因为篇幅有限，且写作时间有限，考生在作文立意上可以宽泛，可以有深度，但在具体写作时，记叙范围不宜过大，否则文章可能会显得笼统、空洞。文章用点滴小事来反映大千世界，是常见的写作手法。

文章立意也可以体现高尚美好的生活情趣，反映兴趣爱好、文化修养、艺术造诣、时代风尚等内容，只要没有思想问题都可以入文，不过考生要注意记叙文和说明文的差异性，不要罗列事件，出现"流水账"的形式。

通常，作文立意常表现为对人性讴歌、对感情抒发、对事件描述、对人物塑造等。但不管是哪种角度，在符合作文要求的前提下，尽量选择最擅长、最容易表达的角度。

（三）典型选材

确定了文章立意后，就要选择典型材料来表达。典型材料，也意味着是最具代表性的材料。同样的作文题目，不同的材料就会让不同的作文在表现力上差别很大。如同样是表达"思乡"这个主题，如果写平时思念家乡、思念家人的话，就不如写"每逢佳节倍思亲"更突出，更容易引起情感共鸣。再如，同样是表达母亲爱孩子的主题，与其泛泛地用套话写几句母亲爱孩子，就不如通过详细描述一件具体事情来反映母亲爱孩子更打动人，更感染人。

俗话说："生活中不是缺少美，而是缺少发现美的眼睛。"因此，考生如果在生活中多观察、多积累，多积攒写作素材，在考试中，写作文肯定会游刃有余。

选择新鲜的材料、感人的材料、典型的材料是写好作文的前提。有的材料可以考虑多层次、多角度开发利用，既融入了时代气息，又展现出创造性的一面。变换角度利用材料，也就相当于增加了材料的数量，丰富了作文案例。

（四）流畅行文

在完成了审题、立意、选材之后，就到了行文阶段，即写作的阶段。写作文首先要注意作文题目的拟定。

作文题目相当于作文的题眼，也是作文的核心，对文章内容具有统领作用。因此，对于自拟题目的作文而言，作文题目起得怎么样，最先反映考生的写作水平、写作思路、语言运用能力等。新颖、有特色的作文题目很容易吸引读者注意。

通常作文题目有以下几类：

（1）用词语作题目，如"选择""医者仁心""入木三分"等。

（2）用一个或多个短语作题目，如"我的母亲""知识的力量""不同选择，别样风景"等。

（3）用诗句或改写诗句作题目，如"梅花香自苦寒来""一江春水向东流""改或不改，剧本都在那里"等。

（4）用句子作题目，如"别让共享单车哭泣""这也是一种爱"等。文章题目中疑问句式非常多见，如"花儿为什么这样红？""爱在哪里？"等。

（5）题目为正副标题形式，如"大爱无疆——记优秀教师刘丽丽""润物细无声——朱自清《春》的读后感"等。

（6）还有一些题目不拘于定式，或利用数学、物理等学科的公式，或引用古今名人名言。

题目有的简短，可能就一个字，如"灯"。有的复杂，可能有很多字，甚至不止一句话。但总体而言，目的都是张扬个性，让题目更吸引人。这里特别要说的是，"标题党"哗众取宠吸引眼球的做法不可取，好的标题一定要与文章内容相符才行。

作文结构很重要。优秀作文通常有"凤头""猪肚""豹尾"之说。"凤头"指作文开头漂亮，吸引人；"猪肚"指作文中间内容丰富、饱满；"豹尾"指作文结尾有力量，有感染力。因为教师阅卷时间有限，通常阅卷的教师往往会着重去看作文的开头、结尾，或者是有特色、有趣味、有文采的句段，所以考生最好在文章结构上做好安排，在特色上下足功夫。不妨考虑顺叙、倒叙、插叙等多种结构顺序，或者采用悬念、铺垫等多种表现手法。

作文不要就事论事。抽提出事理后，要类似联想，同理类推到更深广的领域，写出层次感，也就是说作文要以小见大，把主题升华到有关生命、自然、人生、社会、国家、世界等层面，就会主题深刻，效果更好。

对于记叙文而言，贵在感情真挚。打动自己才能打动他人，所以，考生写记叙文时，一定要饱含感情，有感而发。

方法一，可以设境，寓情于景，通过创设故事情境来刻画人物、抒发感情。如站在风中、雨中、雪中，或月下、花间、霞光里，不仅容易产生画面感，还容易生发诗意和美感；再如，凭窗远眺，描写远山或江河，会让写作境界显得开阔，情景交融就非常容易展现了。

方法二，可以托物言志，让"物"富于象征含义，从而寄托独特的情感。冰心的《小橘灯》、茅盾的《白杨礼赞》都是优秀的托物言志文章。

方法三，讲述故事。对于很多语文基础差的考生来说，如果不知道怎样打开思路或者发愁作文字数不够，可以在作文中讲述一个故事，加入一些曲折的故事情节，这样，你就不会再为字数犯愁了。但切记要有叙事技巧，重点要突出，避免写成"流水账"。

记叙文语言最基本的要求是通畅，能够规范、正确、连贯、得体地使用语言。如果做到了这些，就可以尝试运用一些修辞手法，力争让语言更生动形象，更富有感染力。另外别忘了，成语、歇后语、诗词名句、名人名言往往会为文章增色。

议论文是考试作文中最常用的文体类型，考生更应该重视。议论文的三要素——论点、论据和论证，一定要明晰，条理清楚。根据需要选择论证方法，多采用事实论证，多采用修辞手法，让作文论证更有说服力，更有文采。

说明文在考试作文中很少用到，不再对说明文写作进行深入剖析、讲解。

掌握写作基本技巧

1. 作文的底线要求是写，不能空着不作答，或者写得字数太少。有的考生比较任性，因为害怕写作文，于是就干脆不写；也有的考生因为时间安排不合理，没有时间写作文，或没有时间写完作文。这两种情况都要避免。另外，字迹清晰非常重要。字迹潦草的作文，即便内容很好，也会非常影响分数。

2. 命题、半命题作文或话题作文，都是限定范围作文，一定要围绕题目或者话题来写，避免跑题。

3. 对于限定性作文来讲，作文的立意方向较明确，选择新鲜材料、选择恰当的叙述角度更显重要。

4. 在文体不限的情况下，对于写作文困难的考生，建议采用记叙文形式，或夹叙夹议形式。因为这两种形式可以编故事，可以多举实例，以保证作文的字数符合要求。一般考生或者擅长写作文的考生，可写成议论文。因为议论文直接反映考生的思想、态度、评价、认知水平等，写出来的作文通常更有深度，更易出彩。

5. 话题作文，可以用话题作题目，也可以另拟题目，但不要给题目加书名号。

6. 作文结尾注意点题，或者首尾呼应，以突出题目的深刻含义。

7. 建议采用以小见大形式，在作文结尾进行升华，把作文思想提升到生命、人生、社会、国家、世界等层面上，使作文思想更深刻。

8. 在考试马上结束，还没有写完作文的情况下，可以巧用省略号，回到题目上。写题目（或中心话题），再写省略号，给人留下想象空间，以掩饰没有写完作文的硬伤。

四、模拟练习

1. 题目：我多想＿＿＿＿＿＿＿＿。

　　要求：（1）先在横线上填写合适的词语，把题目补充完整，然后写作文。

　　（2）文体不限，600字左右。

2. 阅读下面的材料，按照要求写作文。

　　当今时代，我们每天都会面对各种各样的信息。其中有一条信息，或引发了你的感悟，或影响了你的生活，或令人振奋，或使你愧疚，或让你学会辨别真伪……

　　请以"一条信息"为题，联系现实生活，展开联想或想象，写一篇记叙文。要求：思想健康；内容充实，有细节描写；语言流畅，书写清晰。字数要求不少于600字。

3. 阅读下面的材料，按照要求写作文。

　　随着计算机网络的快速发展，网络已经深入我们日常生活的每个角落。它好像拉近了我们的距离，又好像让我们越来越远。所以，网络是把双刃剑，一定要好好把握。

　　请以"我的网络生活"为题写一篇作文。要求：思想健康、内容充实，字数不少于600字。

4. 阅读下面的材料，根据要求写作文。

　　田野里、山坡上、道路旁、花园中，我们经常能够看到一朵朵鲜艳的花，不管脚下的土地是否肥沃，也不管是否有人停下来欣赏，它们总是那么自信、那么骄傲地悄然绽放。其实，从这些绽放的花儿身上，我们能得到很多生活的启示。

　　请以"绽放"为题写一篇不少于600字的作文。要求：角度自选；立意自定；不得抄袭、套作。

5. 阅读下面的材料，按照要求写作文。

　　什么是幸福？答案当然是人言人殊。君主追求的是君临天下、万民臣服的无上权威，僧侣希望自己能充当神灵在尘世的代言人，哲人愿意舍弃世间的一切财富来换取对真理的掌握，财迷却宁肯牺牲所有的正义来追逐更多的财富。那么，对于你来说，幸福又是怎样的呢？

　　请以"幸福"为话题，写一篇文章。题目自拟，立意自定，文体自选。字数不少于600字。

6. 阅读下面的材料，按照要求写作文。

　　一位母亲拽回了准备闯红灯的女儿并严厉地批评了她；一个肉铺老板几十年如一日，坚持卖良心肉、用公平秤；一名装修师傅时隔半月，又特地赶到补上了忘掉的一颗螺丝钉……其实，每个人心目中最贵的东西都不一样，你心中最宝贵的是什么呢？

　　请以"人生最贵的是＿＿＿＿＿"为题目写一篇不少于600字的文章。

　　要求：请将题目补充完整；文体不限（诗歌除外）；文中不得出现真实的县（市、区）名、校名、人名，如出现请用××代替；不得抄袭，不得套作。

7. 阅读下面的材料，根据要求作文。

　　美国有句谚语：除了上帝，任何人都必须用数据来说话。人们不能漠视数据，数据是科学的度量。有学者认为,我们正处在一个数据时代。随着社交网络的逐渐成熟,移动带宽的迅速提升,云计算、物联网的应用多样,数据的运用和创新给公民、政府、社会带来了种种挑战和变革。

上面的材料引发了你怎样的思考?请结合自己的体验与感悟,写一篇不少于600字的作文。

8. 阅读下面的材料,按照要求写作文。

如果你得到一个神奇的控制器,可以让时间放缓、快进、后退和暂停,你会在什么情况下使用?使用后会发生什么事情?请你以"此刻,我按下时间控制器"为开头,发挥想象,写一篇故事。

要求:题目自拟,字数不少于600字,不抄袭,不套作。

9. 阅读下面的材料,根据要求写作。

"民生在勤,勤则不匮",劳动是财富的源泉,也是幸福的源泉。"夙兴夜寐,洒扫庭内",热爱劳动是中华民族的优秀传统,绵延至今。可是现实生活中,也有一些同学不理解劳动,不愿意劳动。有的说:"我们学习这么忙,劳动太占时间了!"有的说:"科技进步这么快,劳动的事,以后可以交给人工智能啊!"也有的说:"劳动这么苦,这么累,干吗非得自己干?花点钱让别人去做好了!"此外,我们身边也还有着一些不尊重劳动的现象,都引起了人们的深思。

请结合材料内容,写一篇演讲稿(面向"精英中学"的全体学生),倡议大家"热爱劳动,从我做起",演讲稿要体现你的认识与思考,并提出希望与建议。

要求:自拟标题,自选角度,确定立意;不要套作,不得抄袭;不得泄露个人信息;不少于600字。

10. 阅读下面的材料,按照要求写作文。

2021年,随着《觉醒年代》电视剧的热播,安徽合肥的延乔路成了新晋网红打卡地。延乔路是为了纪念陈独秀的两个儿子——陈延年、陈乔年烈士而命名的。2021年又适逢中国共产党建党100周年,在"七一"前后,很多市民陆续来到延乔路,在路牌下插上国旗,摆好鲜花、卡片,以此告慰革命先烈的英灵。有的卡片上写道:如今,我们已经走上了真正的繁华大道,这盛世,正如你们所愿……

读完这则材料,你有什么感想,请写一篇作文。要求:自定立意,自拟题目,文体除诗歌外不限,字数不少于600字。

第四章

模 拟 测 试

模拟测试（一）

（本卷满分 150 分）

一、单项选择题（每小题 3 分，共 45 分）

1. 下列词语中加点的字，读音全都正确的一组是（　　）。
   A. 逾越（yú）　　鸟瞰（kàn）　　栩栩如生（xǔ）　　一丘之貉（luò）
   B. 溃败（kuì）　　凹陷（wā）　　兢兢业业（jīng）　　贻笑大方（yí）
   C. 咀嚼（zǔ）　　桧柏（guì）　　饕餮大餐（zhāo）　　罄竹难书（qìng）
   D. 觊觎（jì）　　攻讦（jié）　　光阴荏苒（rǎn）　　心怀叵测（pǒ）

2. 下列各组词语中，只有一个错别字的一组是（　　）。
   A. 授奖　洪慌　仓皇失措　立功授奖　　B. 蜇语　缥悍　虚无漂缈　飞短流长
   C. 连网　丰姿　老当益壮　连锁反应　　D. 震撼　赏光　赏心悦目　振聋发聩

3. 下列句子中加点成语运用不恰当的一项是（　　）。
   A. 活跃在田间地头的昆虫销声匿迹了，一眼望去，是衰草连天的景象。
   B. 知道自己不足的人，总是孜孜不倦地汲取知识，让自己学识更渊博。
   C. 在志愿者的帮助下，这名山区失学儿童最终重返了课堂，和师生们一起共享天伦之乐。
   D. 这份报告列举了 10 年来取得的成果，平铺直叙，毫无夸饰，厚重大气、客观准确，读来令人叹服。

4. 依次填入下面一段文字横线处的关联词语，衔接最恰当的一组是（　　）。
   当你还是一棵幼苗的时候，别人不容易在远处看到你。_____他们从你身边走过，_____站在你身边，也可能视而不见，_____你还不引人注目，而_____你长成一株参天大树，哪怕在很远的地方，别人也会看到你，并且欣赏你。

A. 虽然　甚至　因为　如果　　　B. 虽然　或者　除非　只有
C. 即使　或者　除非　只有　　　D. 即使　甚至　因为　如果

5. 下列各句没有歧义的一项是（　　）。

A. 感谢刘山的父亲。　　　　　B. 他同意这一点很重要。
C. 他15日前回来。　　　　　　D. 小王有意思。

6. 下列各句依次所用的修辞手法不正确的一项是（　　）。

A. 就在这鸟儿的勇敢的叫喊声里，乌云听出了欢乐。（拟人）
B. 他长得又高又大，就像一堵墙，一下子挡住了我的视线。（比喻）
C. 在一个孩子眼里，老师是多么慈爱、多么公平、多么伟大的人啊！（排比）
D. 有一个瘦子竟至于连嘴都张得很大，像一条死鲈鱼。（夸张）

7. 下列句中破折号使用有误的一项是（　　）。

A. 前面有一块石碑，上面刻着三个大字——醉翁亭。
B. 迎新晚会的节目丰富多彩，有——舞蹈、独唱、二重唱、相声和杂技。
C. "哄——"大家都笑了，他难堪地站在那里，满脸通红。
D. 看到许多新同学是家长送来的，我感到自豪——我是自己来的。

8. 下列诗句朗读节奏有误的一项是（　　）。

A. 问/苍茫/大地，谁主/沉浮
B. 携来/百侣/曾游，忆/往昔/峥嵘岁月/稠
C. 指点/江山，激扬/文字，粪土/当年/万/户侯
D. 看/万山/红遍，层林/尽染

9. 将下列语句依次填入文中的横线处，使上下文语意连贯，排列顺序正确的一项是（　　）。

几十年来，霍金的身体禁锢在轮椅中，＿＿＿＿，＿＿＿＿，＿＿＿＿，＿＿＿＿。

①他以极度残疾之身，取得极其辉煌的科学成就，成为自爱因斯坦以来引力物理学领域最大的权威。他执着地寻求着"我们从何处来，我们往何处去"的答案。
②震动了整个理论物理学界。
③发现了一个又一个宇宙运行的重大奥秘。
④思维却遨游于广袤的太空。

A. ④①③②　　B. ①④③②　　C. ④③②①　　D. ③②④①

10. 下列文学常识搭配正确的一项是（　　）。

A. 《荷花淀》——孙犁——现代
B. 《资治通鉴》——司马光——汉代
C. 《战争与和平》——奥斯妥耶夫斯基——俄国
D. 《警察与赞美诗》——莫泊桑——英国

11. 下列诗词描写的不是杭州西湖景色的是（　　）。

A. 水光潋滟晴方好，山色空蒙雨亦奇
B. 二十四桥明月夜，玉人何处教吹箫
C. 最爱湖东行不足，绿杨阴里白沙堤

D. 接天莲叶无穷碧，映日荷花别样红
12. 下列各项中的说法有误的一项是（　　）。
A. 楚辞本义是泛指楚地的歌辞，以后才成为专称，指以战国时楚国屈原的创作为代表的新诗体。而《楚辞》则是中国文学史上第一部现实主义诗歌总集
B. 有些古文其标题就表明了文章的体裁。如《陋室铭》《醉翁亭记》《出师表》《捕蛇者说》等题目中的"铭""记""表""说"都表明了该文的文体
C. "乐府"本是汉武帝设立的音乐机构，用来训练乐工，制定乐谱和采集歌词，其中采集了大量民歌，后来，"乐府"成为一种带有音乐性的诗体名称
D. 序是一种文体，有书序和赠序之分，《送东阳马生序》是一篇赠序
13. 下列有关文化常识的表述，不正确的一项是（　　）。
A. 五谷是指稷、麦、黍、麻、菽
B. 古人称自己一方的亲属朋友时，常用"家""舍"等谦称，称呼别人的父母则为"尊"
C. "金榜"是指科举时代殿试录取的榜，殿试由皇帝主持考试，考中者为"进士"，殿试第一名叫"状元"
D. 农历每月第一天叫"晦"，月中叫"望"，每月最后一天叫"朔"
14. 下列加点字词的意义与现代汉语词义相同的一项是（　　）。
A. 先帝不以臣卑鄙
B. 不足为外人道也
C. 无为在歧路
D. 村中少年好事者
15. 从文言句式上看，与例句不同的一项是（　　）。
例句：荆州之民附操者，逼兵势耳。
A. 城北徐公，齐国之美丽者也。
B. 求人可使报秦者，未得。
C. 蚓无爪牙之利，筋骨之强。
D. 今战士还者及关羽水军精甲万人。

二、判断题（每小题3分，共15分）

1. 被鲁迅誉为"史家之绝唱，无韵之离骚"的作品是《诗经》。（　　）
2. "海上生明月，天涯共此时"是唐朝诗人李白的名句。（　　）
3. 《儒林外史》是清代吴敬梓写的一部长篇讽刺小说。（　　）
4. 戏剧往往是在矛盾冲突中展现人物性格，用个性化的语言塑造人物形象。（　　）
5. 便条实质上是一种最简便的书信。（　　）

三、填空题（每小题3分，共15分）

1. 句读之不知，_____。
2. 八百里分麾下炙，_____。
3. _____，原名舒庆春，1951年被授予"人民艺术家"称号。

4. 被马克思誉为"人类最伟大的戏剧天才"的是英国的_____。
5. 议论文的三要素是论点、论据和_____。

四、古诗文阅读（第1~3小题各5分，第4小题8分，第5小题7分，共30分）

诗1

送 友 人

李 白

青山横北郭，白水绕东城。
此地一为别，孤蓬万里征。
浮云游子意，落日故人情。
挥手自兹去，萧萧班马鸣。

诗2

送杜少府之任蜀州

王 勃

城阙辅三秦，风烟望五津。
与君离别意，同是宦游人。
海内存知己，天涯若比邻。
无为在歧路，儿女共沾巾。

1. 下列各项对诗1赏析不正确的一项是（　　）。
A. 颔联中"蓬"指蓬草，古诗中常用来比喻远行之人，此处喻指诗人
B. 颈联运用"浮云"作比，隐喻诗人对朋友的依依惜别之情
C. "挥手"写出了分离时的动作，流露出诗人看似潇洒，实则不舍的心情
D. 面对离别，"班马"尚且"萧萧"悲鸣，人何以堪？全诗以此作结，令人回味无穷

2. 关于诗2的理解，不正确的一项是（　　）。
A. 首联写长安的城垣、宫阙被辽阔的三秦所"辅"（护持、拱卫），气势雄伟。"五津"指岷江的五大渡口，泛指"蜀川"。"三秦"和"五津"指杜少府即将宦游之地
B. "海内存知己，天涯若比邻"，既表现了诗人乐观宽广的胸襟和对友人的真挚情谊，也道出了诚挚的友谊可以超越时空界限的哲理
C. "在歧路"，点出题目上的那个"送"字。歧路者，岔路也。古人送行，常至大路分岔处分手，所以常把临别称为"临歧"

D. 全诗无伤感之情，诗人的胸襟开朗，语句豪放清新，委婉亲切，表现了友人间真挚深厚的友情

3. 对这两首诗的理解，不正确的一项是（　　）。

A. 两首诗都是送别诗，不同的是李诗没有说明友人的身份，王诗中明确交代友人跟诗人一样是仕宦，是一同当官的人

B. 两首诗都用了典故，不同的是李诗中"浮云游子意"化用曹丕《杂诗》："西北有浮云，亭亭如车盖"的诗句；王诗中"海内存知己，天涯若比邻"化用了曹植《赠白马王彪》"丈夫志四海，万里犹比邻"的诗句

C. 两首诗都是先写景，后写情。不同的是李诗送别友人有依依不舍之情，王诗送别友人没有离愁别绪

D. 李诗从视觉和听觉进行描写，青山、流水、红日、白云，相互映衬，班马长鸣，生动形象，形成一幅有声有色的画面；王诗仅从视觉上写了地势雄伟、雄浑辽阔

4. 诗1中"青山横北郭，白水绕东城"在整首诗中起什么作用？如何赏析这联诗？

5. 请从炼字的角度，赏析诗2首联中的"辅"或"望"字。

五、现代文阅读（材料1第1小题7分，第2、3小题各10分；材料2每小题6分。共45分）

材料1

孩子的力量

列夫·托尔斯泰

"打死他！……枪毙他！……把这个坏蛋立刻枪毙！……打死他！……割断凶手的喉咙……打死他！……打死他！"人群大声叫嚷，有男人，有女人。

一大群人押着一个被捆绑的人在街上走着。这个人的身材高大，腰板挺直，步伐坚定，高高地昂起头。

这是一个在人民反对政府的战争中站在政府一边的人。

他被抓获，现在押去处决。

"有什么办法呢！力量总不在我们一边。有什么办法呢？现在是他们的天下。死就死吧，看来只能这样了。"他想，耸耸肩膀，对人群不断的叫嚷报以冷冷的一笑。

"他是警察，今天早晨还向我们开过枪！"人群嚷道。

但人群并没有停下来，仍押着他往前走。当他们来到那条横着昨天在军警枪下遇难者尸体的街上时，人群狂怒了。

"不要再拖延时间！就在这儿枪毙那无赖，还把他押到哪儿去？"人群嚷道。

被俘的人阴沉着脸，只把头昂得更高。

但领头的人决定把他押到广场上去，去那里解决他。

离广场已经不远，在一片肃静中，人群后传来一个孩子的哭叫声。

"爸爸！爸爸！"一个六岁的男孩边哭边叫，推开人群往俘房那边挤去，"爸爸！他们要把你怎么样？等一等，等一等，把我也带去，带去！……"孩子旁边的人群停止了叫喊，他们仿佛受到强大的冲击，人群分开来，让孩子往父亲那边去。

"瞧这孩子多可爱啊！"一个女人说。

"你要找谁呀？"另一个女人向男孩俯下身去，问。

"我要爸爸！放我到爸爸那儿去！"男孩尖声回答。

"你几岁啊，孩子？"

"你们想把我爸爸怎样？"男孩问。

"回家去，孩子，回到妈妈那儿去。"一个男人对孩子说。俘房已听见孩子的声音，也听见人家对他说的话。他的脸色越发阴沉了。

"他没有母亲！"他对那叫孩子去找母亲的人说。男孩在人群里一直往前挤，挤到父亲身边，爬到他身上去。人群一直叫着："打死他！吊死他！枪毙坏蛋！"

"你干吗从家里跑出来？"父亲对孩子说。

"他们要拿你怎么样？"孩子问。

"你这么办。"父亲说。

"什么？"

"你认识喀秋莎吗？"

"那个邻居阿姨吗？怎么不认识。"

"好吧，你先到她那儿去，待在那里。我……我就来。"

"你不去，我也不去。"男孩说着哭起来。

"你为什么不去？"

"他们会打你的。"

"不会，他们不会的，他们就是这样。"

俘房放下男孩，走到人群中那个发号施令的人跟前。

"听我说，"他说，"你们要打死我，不论怎样都行，也不论在什么地方，但就是不要当着他的面。"他指指男孩，"你们放开我两分钟，抓住我的一只手，我就对他说，我跟您一起去溜达溜达，您是我的朋友，这样他就会走了。到那时……到那时你们要怎么打死我，就随你们。"

领头的人同意了。

然后俘房又抱起孩子说："乖孩子，到喀秋莎阿姨那儿去。"

"你呢？"

"你瞧，我同这位朋友一起溜达溜达，我们再溜达一会儿，你先去，我就来。你去吧，乖孩子。"

203

男孩盯住父亲，头一会儿转向这边，一会儿转向那边，接着思索起来。

"去吧，好孩子，我就来。"

"你一定来吗？"男孩听从父亲的话。一个女人把他从人群带出去。等孩子看不见了，俘虏说："现在我准备好了，你们打死我吧。"

这时候发生了完全意想不到和难以理解的事情。在所有这些一时变得残酷，对人充满仇恨的人身上，同一个神灵觉醒了。一个女人说："我说，把他放了吧。"

"上帝保佑，"又一个人说，"放了他。"

"放了他，放了他！"人群叫喊起来。

刚才还在憎恨群众的他，竟双手蒙住脸放声大哭起来。他是个有罪的人，但从人群里跑出去，却没人拦住他。

（节选自《哈吉穆拉特》）

1. 下列对小说有关内容的分析和概括，最恰当的两项是（　　）。
   A. "步伐坚定，高高地昂起头""阴沉着脸，只把头昂得更高"等动作和神态的描写，生动地塑造了一个临危不惧、视死如归的形象
   B. 儿子的出现，使事态发生变化，不仅让警察开始意识到自己的过错，而且也使愤怒的群众生发悲悯情怀
   C. "同一个神灵"是指亲情与爱，同情和怜悯，也正是孩子对父亲的爱使人们改变了先前的态度，唤醒了人们内心的善良与博爱
   D. "脸色越发阴沉了"表现了警察内心对周围群众的仇恨和对儿子的担心，"竟双手蒙住脸放声大哭起来"表现了他被谅解后内心的愧疚悔恨以及惊喜之情
   E. 从警察起初的执拗到最后的落泪，从百姓起初的怒不可遏到最后的宽容谅解，小说在巨大的落差中凸显了人性的力量

2. 小说的开头写人群大声叫嚷的情景有什么作用？请结合全文简要分析。

3. 请从文章的主题思想、形象塑造和结构安排三个方面探究"孩子"出场的作用。

材料2

密码不密

①每天早晨登录网络的时候，你会感到互联网带来的便利好像都消失了。你先要输入用户名和密码来启动智能电话或电脑，然后用另一个密码打开电子邮箱。社交网站自然也需要密码。登录书店又要一个密码，用信用卡付账则需要另一个密码。有些人一个密码用遍天下，问题是，一旦某个站点被黑客入侵，那些坏蛋们就可以拿这个密码破坏你其他的账号。

②据调查，有1%的用户使用"123456"作为账户密码，由于电脑的普及和网速的加快，黑客每分钟可破译数千个密码。要想拥有一个难以破解的强密码，安

全专家建议使用含有10个字符以上的密码,其中应当包含大小写字母、数字还有符号。如果这样做的话,你应该可以安枕无忧地睡好觉了——这或许可持续1924年。这正是黑客尝试10个字符的各种排列组合所需的时间。但是这么复杂的密码,连你自己都可能想不起来了。

③计算机科学家察觉到,密码系统已遭破坏,他们正在寻找替代方案。取代密码的有效方式之一就是生物识别,一种可以识别独特体征(指纹、声音等)的系统。如果把生物识别系统放到手机里让用户控制的话,将来在公共电脑上浏览网页、访问社交网站、查询银行账户、在网站上买东西,就无须输入任何密码和信用卡信息。你起身离开时,甚至无须退出。一些网络犯罪分子即使坐在你用过的那台电脑前,也无法破解你的密码、访问你的账户,因为你的手机已经不在桌上了。

④现在,美国商务部正在开发一套新的网络安全系统,专家们说这套系统会最终消灭密码迷宫,而且有望促进电子商务的发展。在这套系统中,你自己就是你的密码。这个密码效率要高得多,对它你也能掌控得更好。实施了这套名为"网络空间可信任身份国家战略"的新规则后,因担心安全或隐私问题而无法进行的活动,或许就可以转移至网上完成。不过在这些技术成熟之前,加拿大渥太华卡尔顿大学计算机科学教授保罗·奥斯凯特对密码持怀疑态度。他相信任何密码系统都将遭到破解,由于担心遭到黑客的攻击,他甚至不开设任何网上银行账户。

1. 根据原文内容,下面推断不正确的一项是(   )。
   A. 实施"网络空间可信任身份国家战略"的新规则后,因担心安全或隐私问题而无法进行的活动,就有可能转移至网上完成
   B. 将来人们可能只凭着自己的声音就能够安全地登录系统
   C. 密码系统被新规则取代后,将有望开启电子商务系统的新时代
   D. 新的网络安全系统实施后,保罗教授将开设网上银行账户
2. 根据文章内容,下列不属于"密码不密"的原因的一项是(   )
   A. 有些人一个密码用遍天下,一旦某个站点被黑客入侵,就可以拿这个密码破坏你其他的账号
   B. 包含大小写字母、数字还有符号的10个字符以上的密码相对安全,但是这么复杂的密码,连你自己都可能想不起来了
   C. 由于电脑的普及和网速的加快,黑客每分钟可破译数千个密码
   D. 网络实名制的实施遇到了诸多问题,导致网络犯罪分子猖獗
3. 根据文章内容,下列理解正确的一项是(   )。
   A. 黑客尝试10个字符的各种排列组合所需的时间是1924年,因此密码设置10个字符,那么在1924年内就是安全的
   B. 生物识别是一种可以识别独特体征(指纹、声音等)的系统。是目前取代密码的最佳选择,但该系统必须借助手机才能发挥作用
   C. 密码系统已遭破坏,计算机科学家正在寻找替代方案,但也有人不相信密码,认为任何密码都可能遭破解
   D. 由于密码设置的复杂性和密码破解的可能性,互联网带来的便利会逐渐消失

模拟测试（二）

（本卷满分 150 分）

一、单项选择题（每小题 3 分，共 45 分）

1. 下列词语中，加点字的读音全部正确的一组是（　　）。
   A. 翌日（yì）　　贲临（bēn）　　黑魆魆（yuè）　　沆瀣一气（xiè）
   B. 倜傥（tí）　　和面（huó）　　角斗士（jiǎo）　　莞尔一笑（wǎn）
   C. 鞭笞（tái）　　伛偻（qū）　　入场券（quàn）　　心广体胖（pán）
   D. 笑靥（yè）　　圭臬（niè）　　执牛耳（zhí）　　绿林好汉（lù）

2. 下列各组成语中没有错别字的一组是（　　）。
   A. 天翻地覆　　草管人命　　呕心沥血　　美轮美奂
   B. 鼎力相助　　黄粱美梦　　出其不意　　竭泽而渔
   C. 洁白无瑕　　川流不息　　自抱自弃　　矫揉造作
   D. 一愁莫展　　言简意赅　　走投无路　　食不果腹

3. 依次在横线处填写词语，使文段语意顺畅、连贯的一组是（　　）。
   实施素质教育有赖于，或者说根本受制于教育工作者的责任。有人说，孩子们的心就像一块奇妙的大地，播下_____的种子，就会获得行为的收获；播下_____的种子，就会获得习惯的收获；播下_____的种子，就会获得性格的收获；播下_____的种子，就会获得命运的收获。从这个意义上来说，教育工作者确实是主宰每一个学生命运的人。
   A. 思想　性格　行为　习惯　　B. 思想　行为　习惯　性格
   C. 行为　习惯　性格　思想　　D. 性格　行为　习惯　思想

4. 下列句子中加点成语使用恰当的一项是（　　）。
   A. 初三（2）班的张斌学习好，工作好，人品好，在班级中德高望重。
   B. 进入高三以来，班里好多同学更加苦心孤诣地学习，成绩大都有不同程度的提高。
   C. 做微雕要比做其他事情更精致、更仔细、更一丝不苟才行。
   D. 在数学考试中，他做一道选择题足足花了二十分钟，真是小题大做。

5. 下列句子没有语病的一项是（　　）。
   A. 中学生如果缺乏创新精神，也不能适应知识经济时代的要求。
   B. 广深高速公路是广州和深圳特区重要的交通形式。
   C. 社会的发展需要具有综合能力的人才，所以，同学们应该注重培养自己解决问题、观察问题和分析问题的能力。
D. 随着电脑的普及，网民越来越多，随之而生的网络性心理障碍也引起人们的广泛关注。

6. 下列句子中的标点符号使用合乎规范的一项是（　　）。
A. 宋代词人秦观的"斜阳外，寒鸦万点，流水绕孤村"，是从隋炀帝杨广的诗句"寒鸦万点，流水绕孤村"中化用来的。
B. 我们吟诵着毛泽东的《沁园春·雪》，怎能不激起心中的豪迈之情？将自己火红的青春投入伟大的社会改革之中呢？
C. 走进语言现场，应该开口说，主动发言、敏捷应对；应该用心听，在倾听中迅速捕捉有效信息、在倾听中准确把握声音内容。
D. "作为文明的传播者，我们的传媒界，不能只考虑经济利益，"他顿了顿，接着说："更应该清楚自身的社会责任，坚决抵制低俗之风，弘扬时代精神的主旋律。"

7. 将下面的六个句子组成一段话，排列顺序合理的一项是（　　）。
①苏东坡被贬广东，他一到惠州，就赋诗大赞"岭南万户皆春色"。
②由于广东的自然环境优越，可提供作盆景的树种很多。
③广东盆景又称岭南盆景。
④广东盆景的盆栽艺术，也有近千年历史。
⑤到了清代，盆景艺术已普及于民间。
⑥所以，广东盆景以树桩盆景较为盛行。
A. ④③①⑤②⑥　　　　　　B. ④③②⑥①⑤
C. ③②⑥④①⑤　　　　　　D. ③②④①⑤⑥

8. 下列选项填入横线处衔接最恰当的一项是（　　）。
我"腾"地跳下坑，拿了洗脸盆，盛满清水，端放在院子中央。勾头一瞧，哟，_____！调皮鬼，还躲躲闪闪跟我捉迷藏呢。
A. 月光果然映入水盆里了　　　B. 水盆里果然映入月光
C. 月光果然跳进水盆里了　　　D. 水盆果然跳进了月光

9. 下列说法有误的一项是（　　）。
A. 女娲补天、后羿射日、精卫填海、盘古开天辟地、黄帝战蚩尤等都是中国古代的神话
B. 我国第一位田园诗人是东晋的陶渊明，他非常有气节，"不为五斗米折腰"
C. 《诗经》"六义"指风、雅、颂（内容分类）和赋、比、兴（表现手法）
D. 古代把山的北面或水的南面叫作阳，山的南面或水的北面叫作阴。如"河阴"便是黄河北岸

10. 下列说法有误的一项是（　　）。
A. "初唐四杰"是指唐朝初年的诗人王勃、杨炯、卢照邻和骆宾王
B. "唐宋八大家"是指韩愈、柳宗元、欧阳修、苏洵、苏轼、苏辙、王安石和曾巩
C. "大李杜"是指盛唐的李白和杜甫，"小李杜"是指晚唐的李商隐和杜牧

D. "元曲四大家"是指关汉卿、马致远、白朴和汤显祖

11. 与下列诗句所描写的传统节日对应正确的一项是（　　）。
①独在异乡为异客，每逢佳节倍思亲。
②凤箫声动，玉壶光转，一夜鱼龙舞。
③爆竹声中一岁除，春风送暖入屠苏。
④渚闹渔歌响，风和角粽香。
⑤但愿人长久，千里共婵娟。

  A. 重阳节 元宵节 春节 端午节 中秋节
  B. 中秋节 元宵节 春节 端午节 重阳节
  C. 重阳节 春节 元宵节 端午节 中秋节
  D. 元宵节 中秋节 春节 端午节 重阳节

12. 堪称"诗中有画，画中有诗"的诗人是（　　）。
  A. 王维 B. 苏轼 C. 孟浩然 D. 柳宗元

13. 岑参的《白雪歌送武判官归京》中写道："瀚海阑干百丈冰，愁云惨淡万里凝。"其中"瀚海"是指（　　）。
  A. 大海 B. 沙漠 C. 月牙湖 D. 青海湖

14. 以下四副对联依次对应四位文学名人，全部正确的一组是（　　）。
①金石文章空八代，江山姓氏著千秋。
②刚正不阿留得正气冲霄汉，幽愁发愤著成信史照尘寰。
③何处招魂香草还生三户地，当年呵壁湘流应识九歌心。
④大河百代众浪齐奔淘尽万古英雄汉，词苑千载群芳竞秀盛开一枝女儿花。

  A. 韩愈 班固 屈原 苏轼 B. 韩愈 司马迁 屈原 李清照
  C. 欧阳修 司马迁 贾谊 苏轼 D. 欧阳修 班固 贾谊 李清照

15. 下列各句没有词类活用现象的一项是（　　）。
  A. 追亡逐北，伏尸百万，流血漂橹
  B. 沛公军霸上
  C. 则耻师焉，惑矣
  D. 凄凄不似向前声

二、判断题（每小题3分，共15分）

1. 《诗经》又称为"诗三百"，是因为《诗经》中包含三百篇诗歌。（　　）
2. 文学"前四史"指《史记》《汉书》《三国志》《资治通鉴》。（　　）
3. 杜甫是唐代伟大的现实主义诗人，其诗广泛深刻地反映社会现实，被称为"诗史"，杜甫也因此被尊为"诗圣"，有著名的"三吏"：《潼关吏》《石壕吏》《新安吏》；"三别"：《新婚别》《垂老别》《无家别》。（　　）
4. 小说的三要素是故事情节、人物关系和环境描写。（　　）
5. 通知、启事、借条、毕业论文、报告文学等都属于应用文，它们共同的特性是实用性。（　　）

三、填空题（每小题 3 分，共 15 分）

1. 乱石穿空，惊涛拍岸，_____。
2. 独立寒秋，_____，橘子洲头。
3. 嘈嘈切切错杂弹，_____。
4. "乐府双璧"指_____和《木兰辞》。
5. 夏洛蒂·勃朗特是_____（国家）女作家，她的代表作是《简·爱》。

四、古诗文阅读（第 1、2 小题各 5 分，第 3 小题 8 分，共 18 分）

诗 1

题破山寺后禅院

常　建

清晨入古寺，初日照高林。
曲径通幽处，禅房花木深。
山光悦鸟性，潭影空人心。
万籁此俱寂，但余钟磬音。

诗 2

山居秋暝

王　维

空山新雨后，天气晚来秋。
明月松间照，清泉石上流。
竹喧归浣女，莲动下渔舟。
随意春芳歇，王孙自可留。

1. 下列对这两首诗理解不正确的一项是（　　）。
A. 两首诗都有环境描写，寓情于景
B. 两首诗都表达诗人高洁的精神追求
C. 两首诗都描写出富有诗情画意的画面
D. 两首诗都是格律诗中的五言绝句

2. 下面对这两首诗的理解不恰当的一项是（　　）。
A. 两首诗都有视觉和听觉的描述
B. 诗 1 写的是清晨的景象，诗 2 写的是黄昏的景象
C. 两首诗描写的都是秋天的景色

D. 诗1题咏的是佛寺禅院，诗2描绘了山村风光

3. 这两首诗在写法上有什么共同特点？分别结合诗句作简要赏析。

五、文言文阅读（每小题5分，共25分）

六国破灭，非兵不利，战不善，弊在赂秦。赂秦而力亏，破灭之道也。或曰：六国互丧，率赂秦耶？曰：不赂者以赂者丧。盖失强援，不能独完。故曰弊在赂秦也。

①秦以攻取之外，小则获邑，大则得城。②较秦之所得，与战胜而得者，其实百倍；诸侯之所亡，与战败而亡者，其实亦百倍。③则秦之所大欲，诸侯之所大患，固不在战矣。④思厥先祖父，暴霜露，斩荆棘，以有尺寸之地。⑤子孙视之不甚惜，举以予人，如弃草芥。⑥今日割五城，明日割十城，然后得一夕安寝。起视四境，而秦兵又至矣。⑦然则诸侯之地有限，暴秦之欲无厌，奉之弥繁，侵之愈急。⑧故不战而强弱胜负已判矣。⑨至于颠覆，理固宜然。⑩古人云："以地事秦，犹抱薪救火，薪不尽，火不灭。"此言得之。

1. 下列加点字解释不正确的一项是（　　）。
   A. 小则获邑　　邑：城邑，城池
   B. 固不在战矣　　固：本来
   C. 暴秦之欲无厌　　厌：厌恶
   D. 犹抱薪救火　　犹：像，犹如

2. 第二段层次划分正确的一项是（　　）。
   A. ①/②③④⑤⑥⑦/⑧⑨⑩
   B. ①②③/④⑤⑥⑦⑧⑨/⑩
   C. ①②③/④⑤⑥⑦/⑧⑨⑩
   D. ①②③④⑤⑥⑦⑧⑨/⑩

3. 第二段文字运用的论证方法是（　　）。
   ①比喻论证　②对比论证　③类比论证　④引用论证
   A. ①②　　B. ②③　　C. ①③　　D. ②④

4. 与"至于颠覆，理固宜然"的"理"字含义和用法相同的一句是（　　）。
   A. 当窗理云鬓，对镜贴花黄
   B. 则胜负之数，存亡之理，当与秦相较
   C. 不以木为之者，文理有疏密
   D. 我知种树而已，官理，非吾业也

5. 对第二段内容分析不正确的一项是（　　）。
   A. 通过诸侯割地赂秦而造成双方土地消长的鲜明对比，证明了"赂"的损失远远超过战争的损失
   B. 这一段以骈文的排比句和对偶句为主，又兼杂一些散句，语言显得既有气势又有变化
   C. 将赂秦比作"抱薪救火"，形象地说明赂秦的危害

D. 割地赂秦不但不可能换来和平保全自己，反而助长了秦的侵略野心和实力，造成颠覆的下场

六、现代文阅读（材料1第1、2、4小题各4分，第3小题8分；材料2第1小题4分，第2小题8分；共32分）

材料1

别动世界上最美的那朵花

①温丝莱特是一个美丽的英国小姑娘。她有着一头金黄的卷发，粉嫩的脸蛋上长着一双大大的蓝眼睛，长长的睫毛忽闪忽闪的。她的嗓音柔婉甜美，非常好听。她一笑起来脸上就像绽开了一朵花。街区的人都亲切地称她为"雷丁市的安琪儿"。

②雷丁市是伯克郡的一个辖区。那里花木繁盛，风景如画，气候舒适宜人。经常有外地人来到这里定居。这年春天，温丝莱特家的左邻新搬来了一位老妇人——珍妮芙太太。她是一个孀妇，无儿无女，只有一个侄子，也不在身边，因而显得非常孤单。大人们都很忙，没有人愿意在她家门前驻足片刻。老妇人却吸引了温丝莱特的注意，因为她跟老妇人一样孤寂。温丝莱特的父母都是职业演员，忙碌是他们的生活常态。每天放学后，温丝莱特就会到老太太那里去，和她玩一会儿。她给老妇人讲幼儿园的趣事，老妇人给她讲好听的童话故事。尤其是周末，老少俩常常在一块儿共享快乐的时光。

③这个春天，珍妮芙太太感觉异常明媚。

④有一次，珍妮芙太太问起了温丝莱特长大后最想做什么。温丝莱特毫不犹豫地回答，像爸爸妈妈一样做演员。不过，她要成为大明星，拿奥斯卡奖。珍妮芙太太一边为小女孩梳头，一边赞许地点点头。

⑤在早春的花草开始卖弄风姿的时候，不如意也悄然降临了。温丝莱特的脖子上长出了一个肿块儿，足有鸽子蛋大小。父母急忙把她送到伯克郡最好的医院治疗。医生说那是一个良性肿瘤，尚处在早期，只要一个手术问题就解决了。不过，主刀医生的手术排得太满，温丝莱特的手术要在下一周进行。

⑥温丝莱特回到家中，变得沉默自闭了，她不愿去幼儿园，也不再去珍妮芙太太那儿玩了，她害怕手术。一个黄昏，珍妮芙太太来到了温丝莱特家。她问了问关于手术的一些情况，摸了摸温丝莱特的头，鼓励她坚强一些，接下来的两天，珍妮芙太太再也没有来过。温丝莱特有点儿想她了。可是，珍妮芙太太家的门一直紧闭着。

⑦温丝莱特的手术很成功，她在医院疗养了一周后，回到了自己的家。可是，她依然没有见到珍妮芙太太。两天后的傍晚，温丝莱特放学回家后，欣喜地发现珍妮芙太太家的门敞开着！她三步并作两步跑了进去。可是，她没有见到珍妮芙太太，在房间忙着收拾东西的，是一个男子。仔细看，竟是马休医生——她手术时的主刀医师！温丝莱特惊奇地问："您怎么会到这里来？"马休医生说他是珍妮芙太太的侄子。温丝莱特于是急切地问珍妮芙太太到哪儿去了。马休医生的眼神黯淡下去，他轻声说道：

"她去世了!"

⑧原来,当珍妮芙太太得知是自己的侄子为温丝莱特主刀后,便赶往伯克郡,找到了马休。她向马休提出一个建议,一定要按颈部皮肤的纹路横向切口。因为温丝莱特脖子上的肿块儿是竖着长的,马休原本的方案是纵向切口,那样手术难度最低,风险最小。所以他显出了为难的样子。可姑妈不依不饶,非要他改变方案不可。她说:"如果刀口是纵向切的,那么将来就会留下一道醒目的疤痕,她做大明星的梦想也就被这一刀给割掉了。"马休医生答应了。可就在次日,珍妮芙太太在回雷丁市的路上不幸遭遇了车祸。

⑨温丝莱特听着,哭成了一个泪人……

⑩时光的脚步永不停歇。转眼,温丝莱特出落成了一个亭亭玉立的美貌女孩,顺利地成为一名演员。凭借世纪之作《泰坦尼克号》中女主角罗丝这一角色,她创造了电影史上的一个神话,并一举获得第81届奥斯卡影后的桂冠。

1. 为什么珍妮芙太太感觉这个春天"异常明媚"?

2. 选文第②段加线句子属于什么描写?有什么作用?

3. 结合具体语境,分析下列加着重号词语和句子的表达效果。
(1) 在早春的花草开始卖弄风姿的时候,不如意也悄然降临了。

(2) 温丝莱特听着,哭成了一个泪人……

4. 第⑧段插叙了什么内容?其作用是什么?

材料 2

阅读的层次

莫提默·J. 艾德勒 查尔斯·范多伦

①第一层次的阅读,我们称之为基础阅读。也可以用其他的名称,如初级阅读、基本阅读或初步阅读。不管是哪一种名称,都指出一个人只要熟练这个层次的阅读,就摆脱了文盲的状态,至少已经开始认字了。在熟练这个层次的过程中,一个人可以

学习到阅读的基本艺术，接受基础的阅读训练，获得初步的阅读技巧。我们之所以喜欢"基础阅读"这个名称，是因为这个阅读层次的学习通常是在小学时完成的。

②在这个层次的阅读中，要问读者的问题是："＿＿（1）＿＿"我们要做的努力就是去弄清楚这些字。只有当我们完全明白每个字的意思之后，我们才能试着去了解，努力去体会这些字到底要说的是什么。

③第二个层次的阅读我们称之为检视阅读。特点在强调时间。在这个阅读层次，学生必须在规定的时间内完成一项阅读的功课。譬如他可能要用十五分钟读完一本书，或是同样时间内念完两倍厚的书。

④这个层次的阅读仍然可以用其他的称呼，譬如略读或预读。我们并不是说略读就是随便或随意浏览一本书。检视阅读是系统化略读的一门艺术。

⑤在这个层次的阅读上，你的目标是从表面去观察这本书，学习到光是书的表象所教给你的一切。这笔交易通常是很划得来的。

⑥在这个层次要问的典型问题就是："＿＿（2）＿＿"这是个表象的问题。还有些类似的问题是："这本书的架构如何？"或是："这本书包含哪些部分？"

⑦用检视阅读读完一本书之后，无论你用了多短的时间，你都该回答得出这样的问题："这是哪一类的书——小说、历史、还是科学论文？"

⑧第三种层次的阅读，我们称之为分析阅读。比起前面所说的两种阅读，这要更复杂、更系统化。分析阅读就是全盘的阅读、完整的阅读，或是说优质的阅读——你能做到的最好的阅读方式。如果说检视阅读是在有限的时间内，最好也最完整的阅读，那么分析阅读就是在无限的时间里，最好也最完整的阅读。

⑨一个分析型的阅读者一定会对自己所读的东西提出许多有系统的问题。分析阅读永远是一种专注的活动。在这个层次的阅读中，读者会紧抓住一本书，一直要读到这本书成为他自己为止。弗兰西斯·培根曾经说："有些书可以浅尝即止，有些书是要生吞活剥，只有少数的书是要咀嚼与消化的。"分析阅读就是要咀嚼与消化一本书。我们还要强调的是，如果你的目标只是获得资讯或消遣，就完全没有必要用到分析阅读。

⑩第四种，也是最高层次的阅读，我们称之为主题阅读。这是所有阅读中最复杂也最系统化的阅读。主题阅读可以用另外的名称来形容，如比较阅读。在做主题阅读时，阅读者会读很多书，而不是一本书，并列举出这些书之间的相关之处，提出一个所有的书都谈到的主题。但只是书本字里行间的比较还不够。主题阅读涉及的远不止此。借助他所阅读的书籍，主题阅读者要能够架构出全新的主题分析。因此，很显然的，主题阅读是最主动、也最花力气的一种阅读。

⑪主题阅读不是个轻松的阅读艺术，规则也并不广为人知。虽然如此，主题阅读却可能是所有阅读活动中最有收获的。就是因为你会获益良多，所以绝对值得你努力学习如何做到这样的阅读。

（节选自《如何阅读一本书》，有删改）

1. 下列说法不符合文意的一项是（　　）。
A. 基础阅读的学习通常是在小学时完成的，一个人能熟练进行基础阅读，就摆

脱了文盲状态

B. 检视阅读是在无限的时间内，最好也最完整的阅读；分析阅读则是在有限的时间内，最好也最完整的阅读

C. 分析阅读比基础阅读和检视阅读更复杂、更系统化。若只为消遣，完全不必用到分析阅读

D. 主题阅读虽然不是个轻松的阅读艺术，却可能是所有阅读活动中最有收获的阅读

2. 将下列两个选项分别填入文中相应的空格处，并说明理由。

A. 这本书在谈什么？　B. 这个句子在说什么？

（1）_____

理由：_____

_____。

（2）_____

理由：_____

_____。

模拟测试（三）

（本卷满分150分）

一、单项选择题（每小题3分，共45分）

1. 下列加点字注音完全正确的一项是（　　）。
   A. 霉菌（jǔn）　　佝偻（tì）　　畜产（xù）　　饕餮（tiē）
   B. 星宿（xiù）　　消耗（hào）　　淤血（yū）　　贮藏（chǔ）
   C. 龌龊（chuò）　　拜谒（yè）　　祥瑞（ruì）　　厌恶（wù）
   D. 活泼（bō）　　粟米（sù）　　濯足（zhuó）　　显赫（hè）

2. 下列词语书写正确的一项是（　　）。
   A. 真谛　　　　遒劲　　　　妇孺皆知　　　　识破天惊
   B. 羸弱　　　　羁绊　　　　变换多姿　　　　叱咤风云
   C. 疲倦　　　　蜷伏　　　　踌躇满志　　　　略胜一筹
   D. 怪诞　　　　嗔怪　　　　鞠躬尽瘁　　　　义愤填鹰

3. 下列加点的词语使用正确的一项是（　　）。
   A. 王斌舍己救人的义举，让获救的孩子耿耿于怀，一生难忘。
   B. 桂林山水在濛濛细雨中，隐隐约约，美如仙境，引人入胜。
   C. 王教授在演讲中时时旁征博引，妙语连珠，简直令同学们目不暇接。
   D. 她从小就有自命不凡的理想，就是这种理想一直激励她不断突破自己。

4. 下列句子没有语病的一项是（　　）。
   A. 县里出台政策，严禁取缔清明节上坟燃放鞭炮。
   B. 学生在购买教材时，要尽量选择正版的语文、数学、物理和各种图书。
   C. 经过一年的紧张训练，我们团队终于可以从容、镇定地面对这次技能大赛了。
   D. 抽查显示青少年戴眼镜的超过90%左右。

5. 根据下面这段话的意思，填到横线上与上下文衔接最恰当的一项是（　　）。
   有的知识只须浅尝，有的知识只须粗知。只有少数专门的知识需要深入钻研，仔细揣摩。所以，_____，而对于少数好书，则要精读，反复的读。
   A. 有的书只须读其中一部分，有的书必须咀嚼揣摩
   B. 有的书必须咀嚼揣摩，有的书只须读其中一部分
   C. 有的书只须读其中的一部分，有的书只须知其中梗概
   D. 有的书只须读梗概，有的书需要钻研、咀嚼

6. 下列句子的标点符号使用正确的一项是（　　）。

A. "飞流直下三千尺，疑是银河落九天"。李白的这两句诗极为生动地描绘了庐山雄伟壮观的瀑布景象。

B. 种庄稼，种蔬菜，是足食的保证；纺羊毛，纺棉花，是丰衣的保证。

C. 他教我写作，给我讲怎样选材？怎样构思？怎样开头……

D. "在考场上千万别慌"，老师再三对我们说："做题前一定要认真审题，看清题目要求再作答。"

7. 下列诗句中，与其他三句表现手法不同的一项是（　　）。

A. 雕栏玉砌应犹在，只是朱颜改。

B. 朱门酒肉臭，路有冻死骨。

C. 会当凌绝顶，一览众山小。

D. 牙璋辞凤阙，铁骑绕龙城。

8. 依次填入下面一段文字横线处的语句，衔接最恰当的一组是（　　）。

瓦尔登湖"波平如镜"，_____，_____，或许，一只燕子飞掠在水面上，低得碰到了湖水。_____，_____，_____。

①或许，还会有一只鸭子在整理它自己的羽毛

②其时，只有一些掠水虫，隔开了同等的距离，分散在全部的湖面

③有时，全部的圆弧展露了，银色的圆弧

④在远处，有一条鱼在空中画出了一个三四英尺的圆弧来

⑤它跃起时一道闪光，降落入水，又一道闪光

A. ④⑤③②①　　　　　　　　B. ①②③⑤④

C. ②①④⑤③　　　　　　　　D. ①②④③⑤

9. 下列各句中加点的礼貌用语使用得体的一项是（　　）。

A. 我们俩上小学的时候，你送给我的照片，我现在还一直当作最珍贵的礼物惠存着呢。

B. 你的稿子里有几个句子不太顺畅，我没有跟你提前打招呼，就斗胆做了斧正。

C. 会务组寄来的会议日程和情况说明，我有不明白的地方，特去信垂询，以免理解错误，误了事。

D. 这是我最新的一幅书法作品，现寄送给您，请您雅正。

10. 下列各项中的说法正确的一项是（　　）。

A. 鲁迅，原名周树人，代表作品有小说集《呐喊》《彷徨》《朝花夕拾》等，杂文集有《华盖集》《而已集》等

B. 《醉翁亭记》选自《欧阳文忠公文集》，"文忠"是谥号，文章抒发了作者寄情山水的情怀，也抒发了与民同乐的情怀

C. 司马迁，我国古代著名的史学家、文学家，他创作了我国第一部编年体通史《史记》；司马光，北宋史学家，编有纪传体通史《资治通鉴》

D. 契诃夫与莫泊桑均是法国著名作家，他们与美国的欧·亨利并称"世界三大短篇小说之王"

11. 下列说法有误的一项是（　　）。

A. 孟子，名轲，战国时期人，是继孔子之后儒家思想的重要代表
B. 《天净沙·秋思》是马致远的著名作品。"天净沙"是曲牌名，"秋思"是题目
C. 《马说》是唐代文学家柳宗元所著，文章运用托物寓意的写法，以千里马不遇伯乐来比喻贤才难遇明主
D. 陆游，南宋爱国诗人。"山重水复疑无路　柳暗花明又一村"出自他的《游山西村》

12. 下列有关文化常识的表述正确的一项是（　　）。
A. "沛公居山东时"中的"山东"是指太行山以东
B. 《孙子兵法》是我国现存最早的兵书，为战国时孙膑所著
C. "三五月明之夜"是指农历八月十五
D. 古代平民百姓多穿戴麻布服饰，所以"布衣"成为平民百姓的代名词

13. 下列各项中加点的字词不属于古今异义的一项是（　　）。
A. 阡陌交通，鸡犬相闻
B. 潦倒新停浊酒杯
C. 问渠哪得清如许
D. 停车坐爱枫林晚

14. 下面各项不包含通假字的一项是（　　）。
A. 食之不能尽其材　　　　　B. 句读之不知，惑之不解
C. 寒暑易节，始一反焉　　　D. 属予作文以记之

15. 下列各项中的句式与其他三项不同的是（　　）。
A. 鱼，我所欲也，熊掌亦我所欲也。
B. 吾不能举全吴之地，十万之众，受制于人。
C. 身死人手，为天下笑者。
D. 忠而被谤，能无怨乎？

二、填空题（每小题3分，共15分）

1. 长风破浪会有时，_____。
2. 落红不是无情物，_____。
3. 被鲁迅誉为"史家之绝唱，无韵之离骚"的史学作品是_____。
4. 雨果是_____（国家）作家，欧洲浪漫主义文学流派的主要代表，代表作品有长篇小说《悲惨世界》《巴黎圣母院》等。
5. 《狂人日记》是我国第一篇_____（体裁）。

三、文言文阅读（第1、2小题各5分，第3小题10分，共20分）

沛公军霸上，未得与项羽相见。沛公左司马曹无伤使人言于项羽曰："沛公欲王关中，使子婴为相，珍宝尽有之。"项羽大怒曰："旦日飨士卒，为击破沛公军！"当

217

是时，项羽兵四十万，在新丰鸿门；沛公兵十万，在霸上。范增说项羽曰："沛公居山东时，贪于财货，好美姬。今入关，财物无所取，妇女无所幸，此其志不在小。吾令人望其气，皆为龙虎。成五采，此天子气也。急击勿失！"

楚左尹项伯者，项羽季父也，素善留侯张良。张良是时从沛公，项伯乃夜驰之沛公军，私见张良，具告以事，欲呼张良与俱去，曰："毋从俱死也。"张良曰："臣为韩王送沛公，沛公今事有急，亡去不义，不可不语。"良乃入，具告沛公。沛公大惊，曰："为之奈何？"张良曰："谁为大王为此计者？"曰："鲰生说我曰：'距关，毋内诸侯，秦地可尽王也。'故听之。"良曰："料大王士卒足以当项王乎？"沛公默然，曰："固不如也。且为之奈何？"张良曰："请往谓项伯，言沛公不敢背项王也。"沛公曰："君安与项伯有故？"张良曰："秦时与臣游，项伯杀人，臣活之；今事有急，故幸来告良。"沛公曰："孰与君少长？"良曰："长于臣。"沛公曰："君为我呼入，吾得兄事之。"张良出，要项伯。项伯即入见沛公。沛公奉卮酒为寿，约为婚姻，曰："吾入关，秋毫不敢有所近，籍吏民，封府库，而待将军。所以遣将守关者，备他盗之出入与非常也。日夜望将军至，岂敢反乎！愿伯具言臣之不敢倍德也。"项伯许诺，谓沛公曰："旦日不可不蚤自来谢项王。"沛公曰："诺。"于是项伯复夜去，至军中，具以沛公言报项王，因言曰："沛公不先破关中，公岂敢入乎？今人有大功而击之，不义也。不如因善遇之。"项王许诺。

（节选自《鸿门宴》）

1. 下列句子中加点字的解释，有误的一项是（　　）。
   A. 沛公军霸上　　　　　军：驻扎
   B. 沛公欲王关中　　　　王：称王
   C. 项伯杀人，臣活之　　活：存活，生存
   D. 旦日不可不蚤自来谢项王　谢：道歉

2. 下列对文章的概括与分析不正确的一项是（　　）。
   A. 鸿门宴是项羽和刘邦在灭秦后长达五年斗争的开端，一开始从刘邦和项羽的兵力对比，可以看出项羽占有绝对优势，战争的主动权在项羽手中。故事的开端是曹无伤告密
   B. 刘邦本来是一个贪财好色之人，但是攻进咸阳之后，却"财物无所取，妇女无所幸"，想收买人心而争夺天下
   C. 刘邦面对张良传来的项伯密报，一时间显得手足无措，但面对项伯时所表现出的一系列言行举止又让我们看到刘邦很有心计，善于随机应变的一面
   D. 刘邦借项伯的嘴向项羽表明自己"日夜望将军至""不敢倍德"，可见刘邦对项羽由衷地尊敬。来到鸿门宴后的一番道歉之词更可以看出他对项羽非常恭顺、虔诚

3. 翻译下列句子。
（1）君为我呼入，吾得兄事之。

（2）所以遣将守关者，备他盗之出入与非常也。

四、现代文阅读（每小题5分，共20分）

航天飞机

航天飞机在布放卫星、发射航天器、观天测地、进行材料科学和生命科学的实验等方面，发挥了重要的作用，但它也有不尽如人意的地方。

航天飞机是由轨道器、固体火箭助推器和外贮燃料箱三大部分组成的。由于航天飞机是以发射火箭的方式发射，又以轨道器绕道运行方式在空间执行任务，再以飞机的方式降落的，因此航天飞机不仅需要大型的设施，还需要有4000~5000个的工作人员来为其服务；当航天飞机进入轨道之前，又必须把火箭助推器和外贮燃料箱抛掉，抛掉的费用约占发射费用的42%；而且，它的发射准备工作时间长，每月最多只能发射两次。由此可见，要大幅度降低发射成本和使用费用，就必须研制性能更加理想的航天运输工具。

人们从普通的航空飞机那里得到了启示：在大气层中飞行时，飞机不携带氧化剂，充分利用空气中的氧，这样可以大大减轻飞机重量。能不能把航天飞机与航空飞机的飞行技术结合在一起呢？于是一种新的设想即航空航天飞机(简称空天飞机)出现了：它既能在大气层中像航空飞机那样利用大气层中的氧飞行，又能像航天飞机那样在大气层外利用自行携带的氧化剂飞行。

空天飞机是一种可以在普通机场水平起降、可以重复在太空与地面之间往返的飞行器。这是一种将航空航天技术有机结合在一起的新型飞行器。它能像普通飞机那样从地面起飞，以高超音速在大气层内飞行，在30~100千米高空飞机速度可达12~25倍音速，并直接加速进入地球轨道，成为航天器。它可以完全重复使用，大幅度降低费用。据估计，其费用可能降到目前航天飞机的1/10。

现在，美、英、德、法、日等国都投入了大量的人力财力研制空天飞机。英国航空及航天公司与著名的罗依斯——罗尔斯公司正在加紧研制一种名为"霍托尔"的空天飞机。目前已进入包括风洞试验和发动机鉴定在内的概念论证阶段。按设想，"霍托尔"起飞后靠吸气发动机加速至5倍音速，升至2.6万米高空时，再开动火箭发动机，将其推入地球轨道作太空飞行。"霍托尔"的研究费用预计达50亿美元。

1. 下列对航天飞机"不尽如人意的地方"的理解，最准确的一项是（　　）。
A. 需要大型的设施和大量的工作人员为其发射服务
B. 发射准备时间长，每月最多只能发射两次
C. 发射费用高，耗费人力多，准备时间长
D. 抛掉的部分的费用过高，增加了发射成本

2. 下列对空天飞机特点的理解，错误的一项是（　　）。
A. 空天飞机在大气层中飞行时，不需要消耗氧化剂，所以可以轻装上阵

B. 空天飞机可以完整地重复使用，这就大大降低了发射成本和使用费用
C. 空天飞机能以高超音速飞行，并利用吸气发动机直接加速进入地球轨道
D. 空天飞机也需使用火箭发动机和氧化剂，但不需要外挂助推器和燃料箱

3. 下列对航天飞机与空天飞机的比较，不正确的一项是（　　）。
A. 空天飞机与航天飞机一样，以轨道器绕道运行方式在空间执行任务
B. 航天飞机与空天飞机的发射方式不相同，降落方式也不相同
C. 空天飞机也像航天飞机一样，在大气层外要使用自行携带的氧化剂
D. 发射一架空天飞机的费用可能只是发射一架航天飞机费用的 1/10

4. 根据原文提供的信息，以下推断不正确的一项是（　　）。
A. 空天飞机升空不需要火箭助推，所以不需要发射架，而对机场跑道有要求
B. 空天飞机可以让我们以比航空飞机快得多的速度在大气层内作远距离飞行
C. 由于空天飞机不再抛弃用过的器件，地球轨道上的太空垃圾会大幅度减少
D. 空天飞机目前已进入了研究制造阶段，用它取代航天飞机飞行已指日可待

五、材料作文（共 50 分）

2021 年 7 月 1 日上午，庆祝中国共产党成立 100 周年大会在北京天安门广场隆重举行，共青团员和少先队员代表集体致献词，抒发"请党放心、强国有我"的铮铮誓言，铿锵有力、自信坚定。在中国共产党成立 100 周年的伟大时刻，回望来时路，每一个负重前行、刻苦奋斗的日子，每一段闪闪发光、满怀希望的征程，都涌动着青春的力量，凝聚着青年的热情和奉献，闪耀着理想与信念之光。

榜样的力量是无穷的，青春当以史为镜、以史明志，在百年党史中汲取成长的养分。百年之前，"以青春之我"的号召唤醒了广大青年，在风雨飘摇的年代，他们不畏艰险、顽强奋斗，担起救国救民的重任，为百病缠身、积贫积弱的旧中国探求救民救国之策。百年之后，一群朝气蓬勃的年轻人又以"强国有我"的誓言感动无数中国人。对此，你作何感想？

请你根据上述材料，写一篇作文。要求：自定立意，自拟题目，体裁不限，字数不少于 600 字。

参考答案

第一章 基础知识

第一节 字 音

四、模拟练习

1. B　A项中"龟"应读（jūn）；C项中"淆"应读（xiáo）；D项中"诣"应读（yì）。

2. A　B项中"壳"读（qiào）；C项中"冽"读（liè）；D项中"袂"读（mèi）。

3. B　A项中"哂"读（shěn）；"伫"读（chù）；C项中"帖"读（tiè）；D项中"亘"读（gèn）。

4. C　A项读音依次是：gōng、gòng、gǒng、gòng；B项读音依次是：láo、lào、lāo、lào；C项读音依次是：zháo、zhe、zhāo、zhuó　D项读音依次是：jìng、jīng、jìng、jīng。

5. C　A项中"誊"读（téng），"塞"读（sè）；B项中"咤"读（zhà）；D项中"醚"读（mí）。

6. B　A项中"峙"读（zhì）；C项中"隘"读（ài），"溯"读（sù）；D项中"褛"读（lǚ）。

7. C　A项中"捕"读（bǔ），"禁"读（jīn）；B项中"脂"读（zhī）；D项中"狎"读（xiá），械读（xiè）。

8. C　A项中"哺"读（bǔ）；B项中"隘"读（ài）；D项中"蕾"读（lěi），"悛"读（quān）。

9. D　A项中睦读（mù）；B项中黏读（nián）；C项中瞰读（kàn）。

10. A　选项中加点的字依次读：A. zhàn/zhēn、jué/juè、dī/tí；B. jī/jī、gōng/hóng、hè/huò；C. pī/pēi、tái/tái、zhuō/duō；D. jìng/jìn、xiào/jiǎo、zhuó/zhuó。故答案为A。

第二节 字 形

四、模拟练习

1. A　B项中"步"应为"部"；C项中的"漫"应为"谩"，"殺"应为"煞"；D项中"尤"应为"犹"。

2. B　A项中"绩"应为"迹"，有一个错别字。B项中"涣"应为"焕"，"莹"应为"萤"；C项中没有错别字；D项中"幽"应该为"悠"，有一个错别字。

3. B　A项中"週"应该为"倜"；C项中"坚"应该为"艰"，"昭昭"应该为"迢迢"；D项中"张"应该为"章"。

221

4．B B项中"功"应该为"攻"，"轰"应为"哄"。

5．C A项中"博"应为"搏"；B项中"诲"应为"悔"；D项中"拌"应为"绊"。

6．B B项中"忧"应为"悠"，"崤"应为"渚"。

7．B A项中"班"应为"斑"；C项中"训"应为"驯"，"挺"应为"铤"；D项中的"燥"应为"躁"。

8．C A项中"椟"应为"牍"。

9．C A项中"消"应为"销"；B项中"鬼"应为"诡"；D项中"换"应为"幻"。

10．B A项中"泄"应为"泻"；C项中"循"应为"徇"；D项中"嘱"应为"瞩"，"讴"应为"呕"。

第三节 词 语

四、模拟练习

1．A "遏制"是制止、控制的意思。"遏止"是阻止，使其停止的意思。①句中用"遏止"恰当。"谋取"是设法取得，词性是中心词，如谋取利益。"牟取"是谋取（名利），词性是贬义词，如牟取暴利。②句空格后面是"利益"，选用"谋取"恰当。"关心"（把人或事物）常放在心上，重视，爱护。"关注"，关心重视。根据上下文，③选择"关注"恰当。故答案为A。

2．A 终身：一生。终身教育，指一个人整个一生接受的教育。终生：一生。强调一生到最后，一般不作修饰成分。如"奋斗终生"。根据上下文，①应选择"终身"。辨别：根据不同事物的特点，在认识上加以区别。辨认：根据特点辨别，作出判断，以便找出或认定某一对象。根据上下文，②选择"辨认"恰当。品尝：尝试（滋味）。品评：评论高下、优劣。③句意思应该是品尝绿茶的滋味，选择"品尝"恰当。故答案为A。

3．C 抛砖引玉比喻自己发表的意见或者作品很粗浅，目的是在引起别人发表更好的意见或作品，是一种自谦的说法，不能使用在他人身上。

4．D A项中两小无猜指男女小时候在一起玩耍，没有猜疑。不能用于兄弟；B项中鸡鸣狗盗指卑微不足道的本领，贬义词。不符合语境；C项中初生牛犊不怕虎比喻年轻人思想上没有框框，敢作敢为，勇敢大胆。不能用于老人。D项中自强不息指自觉地努力向上，永不松懈。故答案为D。

5．C A项中味同嚼蜡形容语言或文章枯燥无味。在句中使用不正确；B项中重蹈覆辙比喻没有吸取失败的教训，重犯过去的错误。不符合语境；C项中袖手旁观比喻置身事外，既不过问，也不协助别人。符合语境；D项中罄竹难书比喻罪行多得写不完，贬义词，显然不符合语境。

6．B B项中"天伦之乐"指家庭中亲人团聚的快乐。不符合语境。

7．C 抑扬顿挫指声音高低起伏和停顿转折，句中是形容小说情节，显然不符合语境。

8．C 舍本逐末与取长补短意思不同。舍本逐末指放弃根本的、主要的而去追求枝节的、次要的。多形容轻重倒置。取长补短指吸取别人的长处，弥补自己的短处。两个词语替换后，含义就会发生改变。

9. B　从句子前后关系分析，应该选择表示递进关系的关联词。A项表示条件关系；C项表示假设关系；D项表示因果关系，只有B项表示递进关系，故选择B。

10. B　从句子已知的词句可以看出，文段在讲有关赵武灵王推行胡服骑射的故事。"只有……才……"表示条件关系，了解赵武灵王胡服骑射的故事，可以有很多渠道，不一定是读《战国策·赵策》，所以用"只有……才……"不恰当。而"只要……就……"表示假设关系，是符合语言环境的。"赵武灵王击败那些顽固分子的反抗"之后，应该是说结果，且这个结果来之不易，选择"终于"比较恰当。"宽大的衣服"和"笨重的战车"是并列关系，因此选择"并且"。"而且"常与"不但"连用，应该剔除。

第四节　标点符号

四、模拟练习

1. D　D项中"王悦说"后面应用"逗号"。

2. C　A项中相连数字一起连用表示概数时，数字之间不加顿号。句中顿号应去掉；B项中只需在最后用问号，第一个问号应改为逗号。D项中第一个引号内是问话，问号应该写在"小祖宗"的后面，而前面"到底去不去呀"的后面应该用逗号。

3. B　A项中尽管句子里有疑问词，但是整体看不是疑问句，应该采用陈述语气，把两个问号都改成句号。C项中引号应改为书名号，即"中国新型政党制度"应该改为《中国新型政党制度》；D项中引语出现在句子开头，且属于分句的一部分，引号内的句号应该去掉。

4. C　A项中冒号应为逗号；B项中分号应为顿号；D项因句子分为两层含义，所以句中的第一个句号应为分号。

5. D　D项中的省略号应改为破折号，表示声音的延长。

6. B　B项中应把"说"之后的冒号改成逗号。

7. C　C项文章题目不用书名号，应改为双引号。

8. D　A项中"不明白"之后应是陈述句不应是疑问句，第一个问号应改为逗号；B项中"线线笔直"后应改为分号，因为前后是两个并列的句子；C项第二个冒号应为逗号，冒号不能连续使用。

9. D　D项，从语气上判断，"还早着呢"是重点，后面的逗号应改为感叹号，而"你睡吧"后面的叹号应改为逗号。

10. D　D项中的第一个问号改为逗号，后一个问号改为句号，因为全句为陈述语气。

第五节　语　法

四、模拟练习（选择学习）

1. C　C项进行句式变换后，句意发生了改变，是错误的。可以将"很难"改为"不简单"。

2. D　D项句子长的主要原因是宾语的定语太多，可以拆分定语，变为：这种反马克思主义的主观主义的方法，是共产党的大敌，是工人阶级的大敌，是人民和民族的大敌，是党性不纯的一种表现。

3. A　A项中的两个句子在语法结构上是一样的。从语义角度上讲不一样，即句子含义不同。

4. D　句子的主、谓、宾不属于同一个语法层次，一般来说，划分句子层次，先要划分主语部分和谓语部分。有的句子就没有宾语，如"我学习"。当然，也有的句子是无主句，但从语法结构上讲，主谓在一个层次，宾语在下一个层次。

5. C　C项中的"要"可以理解为"需要"，也可以理解为"将要"，而两种含义会造成整个句子意思不同，所以是有歧义的。

6. D　D项中谓语是"喜欢"，"看电视"是述宾结构作宾语。同样结构可以说：我喜欢听音乐。如果把"喜欢"看作修饰"看"，那么提取句子主干信息为：我看（电视），与原句的含义差距很大。

7. D　划分为"……起源和发展"与"古文化的"两个部分。

8. A　A项可以理解为他不认识好些同学，也可以理解为好些同学还不认识他。

9. D　A项中"今天"是主语；"是"是系动词，作谓语；"老刘的主席"是宾语，或者说"主席"是宾语。很显然，从语法角度看，句子主干成了"今天是主席"。主语宾语不一致，是错误的。B项中"一天"修饰中心词"雨"，"雨"可以用大、小修饰，也可以用春、秋修饰，但是从语法角度，"一天"修饰"雨"不恰当。C项中"脆脆"可以修饰"花生米"，但是不能说"脆脆地炒"。D项语法没问题。

10. D　从语法角度分析，现代汉语语法规范是施事者在前，受事者在后，比如"我吃饭"，施事者与受事者前后顺序不能颠倒。而某些句子中加入了"才""又""还""一……就……""再……也……"等关联词后，句子谓语格式就会有限制，有可能造成语法错误。A项中"学"的宾语应该是"歌"，但是句子加入了"才"的格式，使"学"的宾语变成了"四遍"。而"四遍"本应该是修饰"学"的。B项同理，"看"的宾语应该是"古文"，但因为加入了"一……就……"结构，使正常的语法结构发生了变化。C项中"六年"来修饰"英语"是错误的，英语无所谓"六年""十年"。"六年"应该修饰"读"，所以句子语法是错误的。D项是宾语前置，宾语放在句子开头。从语法角度上，没有问题。

第六节　病　句

四、模拟练习

1. B　A项属于强加因果。他父亲是大学语文教师与他的语文成绩好没有因果关系。C项中"前一站"有歧义，可以理解为游泳馆站过后一站才是展览馆，也可以理解为到了展览馆，还要向前行一站地才是游泳馆。D项中关联词使用错误，"无论"不与"和"搭配，要与"还是"搭配。

2. D　A项正确顺序应该为：她是省体育队一位有13年教学经验的优秀女游泳教练。B项属于主客体颠倒，应该是70后的唐山人对于皮影戏不陌生。C项中"培养"与"水平"搭配不恰当，应该是"培养能力"或"提高水平"。

3. C　A项中"避免""不再"搭配，会让句子含义发生变化，应该是"避免发生"；B项属于逻辑分类错误，"学习用品"包括前面所说的橡皮擦、涂改液，不能让它们并列；D项中"不足10%"与"10%左右"重复，应该删掉一个。

4. D　A项不符合事理逻辑，应该是先"指出"，然后再"纠正"；B项属于主语残缺，"具有极高的观赏、保存价值"的前面应该加上主语"八扇屏"或者用代词"它"；C项属于语义重复，"第一部"和"处女作"属于重复。

5. C　A项中"通过……事件，使……"句式的语法是错误的，"通过……事件"是状语，后面不能跟"使"字，应该把"通过"二字删掉，使之成为名词性短语，作"使"的施动者；B项中"表达"与"理念"搭配不恰当，可以将"理念"改为"思想"。D项中"超过"与"左右"矛盾，应删掉其中一个。

6. D　A项属于集体名词与个体名词矛盾。"我们班的同学"是集体，有很多人，与后面"一个有作为的人"矛盾；B项是歧义句。可以理解为"我们这五个人分为一组"，也可以理解为"我们按照五个人一组来分配（没有说明我的组都有哪五个人）"；C项"开展"与"新高潮"搭配不当。可以改为"各校掀起开展学习雷锋活动的新高潮"。D项表述没问题，"好坏"虽是两个方面，但后面是"影响"，都能搭配，即"好"可以产生影响，"坏"也可以产生影响。

7. D　A项中"从……里"介词结构作状语，不能作主语，应该改为"他的发言，给了我很大的启发。"或者"从他的发言里，我得到很大的启发。"B项中"节省"与"不必要的"是词义矛盾，另外，"节省"与"浪费"也不搭配，"浪费"应与"减少"搭配。句子可以修改为：我们要尽可能地节省开支，减少浪费。C项属于"两面一面"的错误，团结一致是能搞好工作的关键，而"否"则不是。

8. D　A项中"小王"可以理解为是提出反对意见的人，也可以理解为他是被别人反对的人；B项可以理解为这个人不信任任何人，也可以理解为任何人都不信任这个人；C项可以理解为三家同时住北房，也可以理解为三家先后住过北房。D项没有歧义。

9. C　A项可以理解为"我讲"这个事情不好，不如其他人来讲好，也可以理解为"我讲不好内容"，意味着能力有限；B项中"老张"可以作主语，也可以作宾语，可以理解为老张问过（别人）这件事了，也可以理解为有人已经问过老张这件事了；D项可以理解为"三个"修饰"学院"，即学院有三个，学生的具体数量不详，也可以理解为"三个"修饰"学生"，学生一共三个人，他们可能来自同一个学院，也可能来自不同的学院。

10. B　A项有两种理解：一是这个人不认识老张（可能老张的名气很大，但这个人却不认识老张），二是没有人认识这个人，即便是老张（可能老张认识的人很多）也不认识这个人；C项中"看"的读音不同，含义也不同，读平声时，是看守的意思，读去声时，是阅览、看书的意思；D项中"起来"作"想"的补语，就是"想起了某件事或某个人"，如果"起来"作动词，作句子的宾语部分，则是想站起来的意思。B项没有歧义。

第七节　句　式

四、模拟练习

1. B　①是感叹句，对震撼的阅兵仪式发出感叹；②是陈述句，说明北京是我们国家首都这个事实；③是疑问句，问谁主沉浮？④是祈使句，让他人做某事。

2. D　D项句式变换后，句意发生了变化。原句是容易，改换后变成了困难的意

225

思。选项A、B、C句子变换后，句意均没有改变。故正确答案为D。

3．C　C项改变以后不合乎语法习惯。

4．目视其句，口诵其声，耳听其音，心悟其意。

5．《左传》是一部善于描写战争，善于描写大场面，善于写细节，善于刻画人物，往往通过人物语言和行动来表现人物鲜明个性的不可多得的好文学作品。

6．D　文段最后一句说"绳结也是中国古典服饰的重要组成部分"，根据语气连贯原则，那么它前面的句子应该是谈服饰，⑤提到了衣着、佩饰，所以应填入最后一个空白处。本题只有D项符合⑤在最后的要求，利用排除法，可以选定答案为D。如果还有类似的选项，应该将语句还原到文段中，按照事理再排列。

7．音乐家常把灵感变为跳跃的音符，文学家常把灵感变为优美的辞章，画家常把灵感变为完美的构图，而一般人常把灵感变为霎时的喜悦。

8．(1)低声细语展美德，举止娴静显文明。

（2）带走自己，留下报刊。报刊随行，罚款跟从。

9．成功对于进取的人是一界里程碑，对于骄傲的人是一个包袱，对于懒惰的人来说是一座坟墓。

10．蜡烛

你一生与黑暗为伴，/为别人送去光明，/却燃烧自己。

第八节　修　辞

四、模拟练习

1．D　D项是反问句。

2．D　D项是夸张。

3．B　B项把"人"比作"满天的星星"不恰当，因为烈日下不可能有星星。

4．A　B项中"大树"与"俘虏"没有相似点；C项语言氛围或者说感情色彩前后不一致，秋天跳欢乐的舞，与"闷死人"出现矛盾；D项的喻体不恰当，"皎洁的月光"指颜色白、明亮，而"透明的轻纱"指透、漏，二者不是在一个角度上说的。

5．B　B项是借代。"三月红"和"挂绿"都是荔枝的品种。

6．B　B项是夸张，属于超前夸张。

7．C　A项是拟人；B项是拟人；C项是夸张，"飞"极言速度快；D项是拟人。

8．C　C项是双关。"莲"的谐音是"怜"。

9．C　C项是借喻，其他三项均为借代。

10．A　①是夸张；②是比拟，拟物；③是暗喻，把"景色"说成"青山绿水画"。④是双关，"丝"谐音为"思"，意思是思念。

第九节　语言表达

四、模拟练习

1．C　C项是口语，"是不是"明显说成了"系不系"，属于方言。

2．D　"凡尔赛"只是网络热词，不属于国家规范的语体类型。

3．B　承接上文"贵在创新"，选②，整个句子的主语为"作品"，选择③恰当，故答案为B。

4. B ②句表述太绝对，排除 C 和 D。从事理逻辑上讲，先是中国的，然后是世界的、人类的，所以④符合逻辑。故正确选项为 B。

5. A 第一处用"泻"，增强了动态感；第二处用"浮"，符合雾的特点；第三处用"洗"，能突出牛乳是液体的特点；第四处用"笼"，与梦相呼应。

6. D 题中加点的字词都是副词，都体现了说明文语言的准确性、严谨性，去掉之后对原句的表达效果有影响，就显得不严谨了。

7. B A 项中"失陪"是一种谦辞，应用于自己不能陪伴客人；C 项中"寒舍"是谦辞，用于称呼自己家；D 项中"屈尊"是降低身份俯就的意思，用于别人，不能用于自己。故 B 项正确。

8. A B 项中的"府上"是对别人家的敬称，不能指自己家；C 项中"大驾光临"用于对方，不能说自己大驾光临；D 项中口语和书面语混杂。

9. 文段的主旨是赞美，整体是褒义。"肆无忌惮"本指放肆到什么都不顾忌，是贬义词，在文中属于贬词褒用，强调的是浪漫的程度，感情色彩发生变化，充分表现词人兴致之高及忘情心态。

10. 不能删掉。"可能"表示猜测，说明金属玻璃在将来也许会成为航天、军事及民用领域的理想候选材料，去掉了过于绝对化，与实际不符。"可能"一词体现了说明文语言的准确性、严密性、科学性。

第十节 文学常识

四、模拟练习

1. C A 项王维是盛唐诗人；B 项韩愈是中唐诗人；C 项李商隐是晚唐诗人；D 项文天祥是南宋诗人。

2. B 卧薪尝胆描写的是越王勾践的故事。

3. B 望梅止渴出自南朝宋·刘义庆《世说新语·假谲》：魏武行役失汲道，军皆渴，乃令曰："前有大梅林，饶子，甘酸可以解渴。"士卒闻之，口皆出水，乘此得及前源。

4. D 诗句出自王维的《使至塞上》："单车欲问边，属国过居延。征蓬出汉塞，归雁入胡天。大漠孤烟直，长河落日圆。萧关逢候骑，都护在燕然。"

5. B 诗句出自欧阳修的《生查子·元夕》。

6. B 古代成年人一臂的长度为一仞。

7. D A 项和 B 项是春天，C 项是秋天；D 项是夏天。

8. B 诗句出自杜甫的《蜀相》，拜谒的是武侯祠。

9. C 笛福是 17—18 世纪英国作家。

10. D 激流三部曲是《家》《春》《秋》，爱情三部曲是《雾》《雨》《电》。

第二章 阅读理解

第一节 古诗词

四、模拟练习

1.（1）C 不是拟人，是夸张，花欲燃，有动态之美。火红的花，非常鲜艳。

（2）C　描写的是早春景色。

（3）D　诗2是早春景色。"绝句二首"指"江碧鸟逾白，山青花欲燃。今春看又过，何日是归年。"及"迟日江山丽，春风花草香。泥融飞燕子，沙暖睡鸳鸯。"这两首写在同一时期。

2.（1）C　"芳草萋萋"指草木茂盛，是乐景写哀情，用茂盛的草来反衬离别悲凉、哀伤。

（2）D　三、四句对仗不工整。"复返"和"悠悠"不对称。

（3）D　A项错在"凸显眼前黄鹤楼的美好"，应是在落差中引起诗人怅然若失的情感；B项错在"也表达了对黄鹤归来的期盼"，"黄鹤"飞走只是传说，诗人不可能期待黄鹤归来；C项错在"想象之景"，应是眼前所见的实景。

3.（1）白居易的诗写了月下虫声、荠花如雪的景色，写的是室外景，景物有动有静。朱淑真的诗写了月下床席凉满、梧桐影乱的景象，主要写室内景，写的是静景。

（2）白居易的心境恬淡闲适，一、二句动静结合，给人一种宁静感；三、四句写月下荠花如雪，着色淡雅，全诗意境宁静恬淡。朱淑真的心境孤寂凄凉，一、二句写夜不成寐，三、四句写梧桐冷月，并巧妙地说明明月在"缺"（人不团圆）处朗照，意境凄清孤寂。

4.（1）B　B项中"描写了大海的近景"错误，应为"描写了大海的远景"。

（2）表达了诗人博大的胸襟和统一天下、建功立业的雄心壮志。"日月之行，若出其中；星汉灿烂，若出其里。"运用作者的想象，写出了作者曹操的壮志情怀。前面的描写，将大海的气势和威力凸显在读者面前；在丰富的联想中表现出作者博大的胸怀、开阔的胸襟、宏大的抱负。

5.（1）C　诗的后两句是因果关系，因为身在最高层，所以浮云才不会遮望眼。

（2）王安石的诗说明"只有站得高，才能看得远"的道理；苏轼的诗阐述"人们之所以被事物的假象所迷惑，是因为没有全面地观察事物、认识事物"的道理。

6.（1）A　白居易在筵席上写了一首《醉赠刘二十八使君》，本诗是为答谢白居易赠诗而写。故不是酬谢请客而是酬谢赠诗。

（2）D　刘禹锡被贬谪多年，但是并不消极颓废。诗句并没有透露无奈之情，只是相互劝慰、相互鼓励而已。

7.（1）漂泊孤独、凄清伤感。

（2）A　《枫桥夜泊》是七言绝句。

8.（1）C　黑夜行军，偃旗息鼓，用"半卷红旗"借指援军迫近敌军的营垒，便击鼓助威，投入战斗。

（2）这两句既是写景，也是写事；首句描写了城头黑云密布低垂，敌军人马众多，来势凶猛的情景，次句描写一缕日光从云缝里透射下来，映照在守城将士的甲衣上，守军将士严阵以待，气氛异常紧张的情景；这两句运用比喻、夸张、象征等手法，渲染敌军兵临城下的紧张气氛和危急形势，赞美守军将士的高昂士气；在色彩和形象上，两句形成鲜明的对比，相互映衬，渲染了紧张气氛。

（3）《雁门太守行》表达将士们忠君报国的爱国情怀；《登幽州台歌》表达诗人怀才不遇、壮志难酬的惆怅和孤寂。

9.（1）C "不及鸟飞浑自在"是说曾巩出山从政，不如飞鸟自在，而不是说僧人不如飞鸟自在。

（2）①对于曾巩，仕与隐并非截然对立，而是可以兼容于一身的；②曾巩向往遗世高蹈、超凡脱俗，但他又不能忘情于天下苍生，愿意承担社会责任，有深厚的济世情怀。

10.（1）B "沙场""霹雳"不是典故。

（2）苏词写"鬓微霜，又何妨"，表明词人并不在意自己的衰老，而是希望能得到建功立业的机会，表现出老当益壮的豪迈；辛词中的"可怜白发生"慨叹时不我与，充满了壮志难酬的抑郁和愤慨。

第二节 文 言 文

四、模拟练习

1. 文言文基础知识。

（1）D　A项中的"师旅"，是动词，发动战争的意思。现代汉语中"师旅"是名词，指部队。B项中的"绝境"指与世隔绝之地，现代汉语中的"绝境"指没有出路的境地；C项中"指示"是两个单音节词，是"指给某某、展示给某某看"的意思，现代汉语里的"指示"是一个双音节词，通常是上级对下级的命令，可以是说明原则和方法，也可以是文字或话。D项中"江海"的含义跟现代汉语相同。

（2）D　"文"通"纹"，条纹、纹理。

（3）D　A项中"景"通"影"；B项中"要"通"邀"；C项中"有"通"又"，"暴"通"曝"。D项中没有通假字。

（4）A　A项是使动用法；其他三项均为意动用法。

（5）D　例句是定语后置句。A项是宾语前置句；B项是状语后置句；C项是被动句；D项是定语后置句。

（6）B　A项中的"而"分别表示承接关系和并列关系；B项两个句子中的"诸"都是兼词，相当于"之于"；C项中的"以"分别是"把"和"认为"；D项中的"因"分别是凭借和通过。

2.（1）B　过：责备。

（2）B　而：却，连词。

（3）既来之，则安之；分崩离析；祸起萧墙；大动干戈。

（4）反对武力征伐，提倡以德服人的政治主张。

3.（1）柳宗元

（2）因为这里的环境过于凄清，不能够长时间停留。

（3）C　环境寂寥、寂静、清冷。"清新"的感受不会是"怆"。

4.（1）C　应该为：才美/不外见。

（2）B　食：喂养。

（3）B　根本原因是遇不到伯乐，才华不能施展。

（4）①千里马，有时能吃一石谷子。

②想要和普通的马等同尚且不可能，怎么能要求它日行千里呢？

5.（1）A　亲身、亲自。

（2）此人可就见/不可屈致也/将军宜枉驾顾之。

（3）①先帝没有因我身份低微见识浅陋（而看轻我），亲自降低身份，三次到茅草屋拜访我。

②但是我的志向还没有罢休（停止），您认为该采取怎样的计策呢？

（4）①诸葛亮被刘备的真心诚意感动；②诸葛亮被刘备的礼贤下士、渴求人才打动（猥自枉屈）；③诸葛亮认为已遇到明主，可以出山辅佐刘备，施展才华实现抱负。

6.（1）B　怨：恨。

（2）C　①③不能体现。

（3）A　"开始排斥项羽，独自西掠地入关"表述不正确。刘邦入关是因为怀王指派西征。

（4）①（我）派遣将领把守函谷关的原因，是为了防备其他盗贼的侵入和意外变故的发生。

②那个时候，秦军很强大，常常乘胜追击败逃之敌，诸将中没有人认为先入关是有利的事。

7.（1）D　让：责备。

（2）A　A项两句都是动词，认为。B项分别是：动词，坚持；副词，本来。C项分别是：副词，像……；动词，到，去。D项分别是：代词，那/副词，表商量语气。

（3）D　例句是判断句。A项是状语后置；B项是宾语前置；C项是状语后置；D项是判断句。故选D。

（4）直接描写，李牧打仗时"匈奴小入，佯北不胜""李牧多为奇陈，张左右翼击之，大破匈奴十余万骑"使用"兵不厌诈"的谋略，表现他卓越的军事才能。侧面描写，用"其后十余岁，匈奴不敢近赵边城"来反衬李牧对于匈奴的震慑力极大，突出李牧善战有谋略的形象。

8.（1）B　留岁余，单于死，国内乱，骞与胡妻及堂邑父俱亡归汉。拜骞太中大夫，堂邑父为奉使君。初，骞行时百余人，去十三岁，唯二人得还。

（2）C　"赦免冯唐之罪"错，赦免"魏尚"。

（3）B　"只是月氏王认为与汉朝距离甚远，所以不再准备向匈奴报仇"，表述有误。原因是：大月氏王已为胡所杀，立其夫人为王。既臣大夏而君之，地肥饶，少寇，志安乐，又自以远远汉，殊无报胡之心。

（4）①我们为汉朝出使月氏却被匈奴封锁道路，如今逃亡出来，只希望大王派人引路送我们。

②又过了一年，他（张骞）所派遣出使大夏等国的副使都同有关国家的使者一起回来，于是（从此以后）汉朝西北方向的国家开始跟汉朝互通往来（互通使者）。

9.（1）C　"佚"通"逸"，放荡。

（2）C　C项都是表示判断的语气助词。A项：转折连词，"可是"/假设连词，"假如"；B项：代词，"其中的"/祈使语气词，"还是"；D项：介词，"根据"/介词，"凭借"。

（3）A　根据最后一段的议论可知，作者的写作目的有二，其一是富贵如浮云，奇物难以永远占有；其二才是告诫世人不要玩物丧志。

（4）①我对那些人与物的兴盛与衰废产生感慨，可惜这块大石让人喜爱却反而遭到遗弃。

②那些奇异的事物，被弃置在偏僻悠远的地方就很可惜，被放在大家都看得到的地方，则喜欢它的人免不了会把它拿走。

10.（1）B　兹：通"滋"，更加。

（2）A　"入人园圃，窃其桃李"和"拖其衣裘，取戈剑者"都是偷窃行为，一定是不义的。最大的不义是窃国，即"今至大为不义攻国"。正确的句子是①②④，故 A 正确。

（3）A　矛头指的是不义的战争，掠夺性的战争。

第三节　现　代　文

四、模拟练习

1.（1）①诚恳朴实，不哗众取宠；②教学认真，伯乐般地提携学生；③做事细心耐烦；④善于谈天，对朋友真诚；⑤生活上不讲究。

（2）①切实的出题；②主张片段习作；③从实际出发，朴实诚恳，以身教使学生感悟受益；④认真批改学生习作，写很长的读后感；⑤介绍学生看一些与他们的习作写法相近的中外名家作品，让学生借鉴提高；⑥学生写得好的习作就主动寄到相熟的报刊上发表，鼓励学生写作。

（3）①表现了沈从文先生善于谈天，重感情的品格；②从侧面表现沈从文先生像他的朋友们一样痴迷于工作和学问，对生活充满兴趣，天真乐观。

2.（1）D　荔枝并不是母亲吃了，而都让馋嘴的小孙子吃了。

（2）B　母亲也感觉沙果不好，不好意思让客人吃，所以才端走。只不过表现得很自然而已。

3.（1）B　B项是拟人，其他各项为比喻。

（2）C　叙述过程中插入十多年前的事。

（3）D　"浅紫色"代替紫藤萝，应该是借代。

（4）色、形、味，繁茂（生机勃勃）。

4.（1）C　"文章运用排比手法"错误，文章没有运用排比手法，运用的是对比手法。

（2）C　"可见作者对衣冠人士的强烈愤慨"错误。以偏概全，原文是说"真正变得不成人形的却是那些衣冠人士：有些教育家把学校办得不成学校，有些军官把军队弄得不成军队"，这里的"衣冠人士"特指上流社会的部分人物，并非泛指上流社会的所有人物。

（3）①材料1撷取平凡人物，通过裁缝师傅恪守信用这件事，由特殊到一般，展现劳动者身上闪光的品质，抒发作者对那里山水人物的赞美和思念，引发作者对后方都市里的一些"衣冠人士"的嘲讽。②材料2中，作者截取卖瓜的农夫招呼兵士吃瓜的场景，表现了在那个动乱时代普通民众对抗战的支持。同时引出下文作者面对"新

231

的历史"轻松、爽朗和愉快的心情。

5.（1）B "日驰数百里的驿马"比喻只知埋头苦干但疏于观察和思考的人。人才是善于思考有工作能力对社会有用的人。

（2）反对态度。因为作者认为"诗礼之家"的培养方法培养不出具有独立思考能力的人。

（3）拥有广博的知识、民主的精神、良好的外部环境。

6.（1）D　A项不是必要条件；B项原文表述是"欧洲错过了融合的最好时机"，没有明确说原因是不包容；C项原文说"年轻一代合群性弱了许多"，没有说逐渐解体。D项原文说"它似乎完成了调整，重新焕发出了生机，与当代社会的发展找到了契合点"。

（2）D　文章说"狩猎者之所以不愿意从事农业，多因为农业太辛苦，工作单调、繁重，需要长时间等待才有收获"，而非都不吃苦耐劳，所以A项错误；B项太偏颇，中国人之间也可能有冲突和流血；C项，文章说罗素注意到雅致是被中国人几乎忘记的一个特性，并没有说他是注意这个情况的第一人。

（3）黄庭坚的《登快阁》写渴望从俗事中脱身，投身自然审美、有琴有酒、自娱自乐的生活，体现了对雅致的艺术性生活的追求，在表情达意上用借景抒情、用典、选取优美典雅的意象等方式，体现了含蓄的文化特征。

（4）文章首先以设问和引用指出文化基因具有独特性、历史性和现实影响力，为下文奠定立论的基础，接着从民族发展的历史角度和与其他文化的对比中分析指出中华民族文化基因中有勤快、包容、整体性、合作、雅致等因素，最后联系现实，指明这些文化基因在现代面临的挑战和生机。

7.（1）B　《中国目录学史》没有强立名义。作者认为"强立名义，反觉辞费"。

（2）A　文章举吕绍虞著作作为对比，意在对《中国目录学史》的创新进行肯定。

（3）B　吕绍虞采用"断代法"编写，《中国目录学史》采用"主题分述法"，方法不一样。文章作者并没有说"断代法"更接近历史真实面貌。

8.（1）命名由来、组成结构、主要任务、技术特点（与其他空间站的区别）。

（2）不能去掉，"通常"表示一般情况，不排除有特殊情况，说明试验性空间站在轨寿命有可能超过5年，如果删去就太绝对了，不符合实际情况。"通常"二字体现了说明文语言的准确性。

（3）列数字、作比较，准确、突出地说明我国的天宫一号试验性空间站与其他空间站相比还有很大差距。

9.（1）B　A项属于曲解文意，原文说"网络文学和传统文学都具有专业性"；C项属于强加因果，原文"尽管网络文学属于通俗写作，但打造精品必须依靠相当的才华，需要极大地凭借想象力的丰富和发挥，在有限的模式中拓展出千变万化、引人入胜的情境。"不是说"很难打造精品，未必依靠相当才华，丰富的想象力和引人入胜的情境。"D项变"未然"为"已然"，是错误的。原文是"开辟了文学创作的新的重大可能性"，只是存在可能，不是事实。而选项是"开辟了新的文学创作"，已经成了事实。

（2）D　D项"只有突破艺术规律制约"表述错误，原文"网络文学也是文学，同样受艺术规律制约,不享有豁免权",没有说突破艺术规律制约。

(3) C　A项属于无中生有,原文"……但这不意味着创作开始变得容易";B项属于强加因果,原文"网络文本尽管不入传统编辑的法眼,但是受到广大网民的鼓励及商业操作的推动,足以畅行其道。"D项属于变"已然"为"未然",原文"事实上,已经有……"

10.(1) A　B项从"成语'一字千金'便因打赏而来"可知,"便因汉宣帝赏赐王褒而来"错误。C项,从"唐代时,现代很流行的稿费制已出现,在打赏外,自媒体人又多了一条创收的渠道"可知,"很流行"的说法错误。D项,从"'写软文'被一些现代媒体人视为一种心照不宣的创收手段""司马相如本人也没有回避此事,他在序中如实交代"可知,"古代文人'写软文'都是心照不宣的"于文无据。

(2) C　从"稿费在古代通称'润笔'。在唐朝,不少文人已能获得很高的润笔……这一词最早使用在东汉末文人蔡邕的身上,由此可见,润笔早在汉代即存在"可知,"证明古代文人润笔很高"分析不当,应该是论证了"唐代时,现代很流行的稿费制已出现"。

(3) B　B项,原文"尤其是韩愈,他最擅长写墓志、碑文,高的话一篇碑文就能拿到'(黄)金数斤',时人曾讥之为'谀墓金'。看来,为了拿到润笔,韩愈在志文中未少用阿谀奉承之词",但如果韩愈不拿润笔,也不能肯定韩愈就不会用阿谀奉承之词。所以,句子假设关系不成立,属于篡改文意。

第三章　写　作

第一节　应　用　文

四、模拟练习

1.

收　条

今收到超越文化用品公司的文件夹拾个,档案盒捌个,笔记本拾贰本,黑色签字笔伍盒(每盒贰拾支)。

此据

新华小学

经手人：王红

2021年12月3日

2.

请　假　条

李老师：

因为我感冒发烧了,明天需要到医院看病,所以特向您请假一天(2021年4月

14日）。望您批准。
　　此致
敬礼

　　　　　　　　　　　　　　　　　　　　　五年级（3）班学生：张小楠
　　　　　　　　　　　　　　　　　　　　　　　　　2021年4月13日

3.
招 领 启 事

本人于5月9日在学校操场入口处捡到一个皮包，内装现金若干和公交卡等物，请失主前来认领。
　　联系电话：131×××××××

　　　　　　　　　　　　　　　　　　　　　　　　启事人：李占军
　　　　　　　　　　　　　　　　　　　　　　　　2021年5月9日

4.
求 职 信

阳光文化公司：
　　本人于2021年毕业于河北大学中文系，具有扎实的文字功底和办公软件操作技能，在校期间取得普通话一级乙等证书，能够胜任文职工作。现拟应聘贵公司办公室文员职位，望贵公司能够给予我应聘机会。
　　联系电话：139×××××××

　　　　　　　　　　　　　　　　　　　　　　　　求职人：单晓宇
　　　　　　　　　　　　　　　　　　　　　　　　2021年10月8日

5.
通 知

各班级：
　　兹定于2021年10月20日上午8点在校体育馆召开精神文明标兵表彰大会，全体班级均参加。要求：学生统一穿校服，班主任亲自带队。会上禁止携带手机，不准大声喧哗，会场要保持卫生。
　　特此通知！

　　　　　　　　　　　　　　　　　　　　　石家庄实验中学校长办公室
　　　　　　　　　　　　　　　　　　　　　　　　2021年10月18日

6.

借 条

为举办社团迎新晚会，我班现借学校团委音响设备壹套，音响设备将于2021年12月18日晚会结束后立即送还。

此据

经手人：高二（1）班 李楠
2021年12月16日

7.

邀 请 信

尊敬的王佳璐教授：

我学会决定于2021年8月2日上午在河北省图书馆一楼报告厅举办民间文学理论报告会。恭请您就有关民间文学的现状与发展发表高见。务请拨冗出席。

顺祝

健康！

河北省文学研究会
联系人：张萌
2021年7月12日

8.

关于召开安全生产会议的通知

公司各科室：

为了确保公司安全生产，牢固树立"安全第一，预防为主，综合治理"的思想观念，杜绝安全事故的发生，经公司安委会研究决定召开安全生产会议，现将有关事项通知如下：

一、会议时间：2021年12月10日下午2点30分至4点30分

二、会议地点：公司会议室

三、参会人员：各科室管理人员

四、会议要求：参会人员准时参加，不得迟到早退，不得缺席，会议期间手机关机或静音。

特此通知。

中晟化工有限公司安委会
2021年12月3日

9.

领　条

今从后勤处领办公用品若干，分别是：笔记本捌个；黑色签字笔贰盒（共贰拾肆支）；文件夹拾个；A4 打印纸伍包。

此据

教务处（章）
2021 年 9 月 1 日

10.

求　职　信

尊敬的领导：

您好！感谢您在百忙之中阅读我的求职信，为一名即将毕业的大学生打开一扇通往事业成功的希望之门！

我是河北大学经济学院会计专业即将毕业的一名女大学生，很早就了解到振华财贸有限公司是一家在全省专业领域有重大影响的知名企业，发展潜力巨大，我一直非常向往，希望有朝一日能加入贵公司，成为其中的一员。幸运的是，在我毕业之际，正好赶上贵公司招聘会计人员，这与我所学专业完全对口。所以对我来说，这是千载难逢的机遇。于是，我郑重写下这封求职信寄送给您，希望能获得入职机会。

我在大学期间，成绩一直优秀，每年都荣获学校奖学金，还曾经担任两年的学生会主席，三次被评为学校优秀干部，有多半年的企业实习经历。此外，我还取得了教育部考试中心认证的计算机三级合格证、英语六级合格证、会计从业资格证、人力资源三级证书。我能够熟练运用办公软件，进行计算机网络操作。

我思想端正，性格外向，能够吃苦耐劳，爱岗敬业，团结协作，相信凭着我所学的扎实理论知识以及较长的实习工作经验，能够把岗位工作做得非常好。

尊敬的公司领导，如果能喜获贵公司提供的入职机会，我一定不会让您失望，一定会与贵公司同命运，共成长！

期待您的回复。

此致

敬礼

求职人：张惠
2021 年 4 月 6 日

第二节　作　文

四、模拟练习（略）

第四章 模 拟 测 试

模拟测试（一）

一、单项选择题

1. D　A项中"貉"为"hé"；B项中"凹"应为"āo"；C项中"咀"应为"jǔ"；"饕"应为"tiè"。

2. C　A项中"慌"应为"荒"，"授"应为"受"，有两项错误；B项中"缥"应为"剽"。"漂"应为"缥"，有两项错误；C项中"丰"应为"风"，只有一项错误。D项没有拼写错误。故答案为C。

3. C　天伦之乐指家庭中亲人团结的快乐，不能用于师生。

4. A　本题考查关联词语。第一层是转折关系，用"虽然"，说明"走过或站在你身边，可能对你视而不见"的现象，紧接着解释原因，用"因为"，再之后进行了假设，用"如果"。

5. C　A项"感谢"的宾语可以理解为"刘山"，也可以理解为"刘山的父亲"；B项可以理解为"他同意这一点"是很重要的（其他的同意不同意无所谓），也可以理解为"他同意"，这是很重要的。C项"前"与"回来"构不成词语，不产生歧义，与"前去"不同；D项可以理解为"小王这个人很有趣，有意思"，也可以理解为"小王对某人或某事有兴趣"。

6. D　D项是比喻。

7. B　"有"字后面不直接加破折号，除非是多个"有"字，造成说话断断续续的效果；或者是加冒号，用来提起下文。破折号用于解释说明的是一句话，或某个词，而不是在宾语前插入破折号。

8. C　"万户侯"指万户侯，汉代设置的最高一级侯爵，享有万户农民的赋税，不能拆开读。

9. A　整个语段按照逻辑顺序排列，从横线前"霍金的身体禁锢在轮椅中"一句的句式和句意可知，④句应与之紧密联系。剩下的三句从逻辑推理可知，应该先是①句"执着寻求"之因，才会有③句的"发现奥秘"，才会有②句的"震动学界"，所以这四句话的排序是④①③②。

10. A　B项：《资治通鉴》——司马光——宋代；C项：《战争与和平》——托尔斯泰——俄国；D项：《警察与赞美诗》——欧·亨利——美国

11. B　B项写的是扬州。

12. A　《楚辞》是浪漫主义诗歌总集。

13. D　农历每月第一天叫"朔"，月中叫"望"，每月最后一天叫"晦"。

14. D　A项中的"卑鄙"，是卑微的意思。现代汉语中的"卑鄙"，指卑下鄙贱，人品不好，是贬义词。B项中的"不足"指不值得，现代汉语中的"不足"指不够；C项中的"无为"是不要的意思，现代汉语中的"无为"是顺其自然、没有作为的意思。D项中"好事"的含义跟现代汉语相同。

15. A　例句是判断句。A项是判断句。其他均为定语后置句式。

二、判断题

1. × 被鲁迅誉为"史家之绝唱,无韵之离骚"的作品是《史记》。
2. × 此句是张九龄《望月怀远》中的句子。
3. √
4. √
5. √

三、填空题

1. 惑之不解
2. 五十弦翻塞外声
3. 老舍
4. 莎士比亚
5. 论证

四、古诗文阅读

1. B 浮云指飘动的云,用来比喻游子,隐喻游子漂泊的生活。
2. A "三秦"是离别之地。
3. C 王诗也是送别诗,也有离愁别绪,只不过感情基调乐观,在分别时不需要哭哭啼啼。

4. "青山横北郭,白水绕东城",交代了告别的地点。诗人已经送友人来到了城外,然而两人仍然并肩缓辔,不愿分离。只见远处,青翠的山峦横亘在外城的北面,波光粼粼的流水绕城东潺潺流过。这两句中"青山"对"白水","北郭"对"东城",首联即写成工丽的对偶句,别开生面;而且"青""白"相间,色彩明丽。"横"字勾勒青山的静姿,"绕"字描画白水的动态,用词准确而传神。诗笔挥洒自如,描摹出一幅寥廓秀丽的图景。未见"送别"二字,其笔端却分明饱含着依依惜别之情。作者通过送别环境的刻画、气氛的渲染,表达出依依惜别之意。

5. "辅",形象地写出了三秦大地护卫着长安的景象,气象雄伟,使诗歌开篇意境开阔。"望",将相隔千里的京城和蜀地用"望"联系起来,表达了对友人的惜别之情。

五、现代文阅读

材料1

1. C、E A项"临危不惧、视死如归的形象"错;B项"儿子的出现让警察开始意识到自己的过错"错;D项"表现了警察内心对周围群众的仇恨"不当。

2. 表现了人们的亢奋情绪和内心的愤怒与仇恨之情;为下文警察的出场作铺垫;与结尾处人们表现出的宽容善良形成反差,从而突出小说弘扬人道主义的主旨;一开头就将读者置身于紧张的氛围中,设置悬念,引起读者的阅读兴趣。

3. 从主题思想上看:孩子的出场有利于展现文章主题。孩子的出现促成仇恨双方再次审视自己,改变了先前的态度,尤其是人们从起初的愤怒与仇恨到最后的宽恕与谅解,前后态度的反差突出了文章的主题:放弃残酷仇恨,回归友善纯真。

从形象塑造上看:孩子的出场使人物形象更加真实丰满。原本冷漠高傲的警察,也有父爱温情;原本充满仇恨的人们,心底深处却是善良仁爱的,人物形象本身看似矛盾却是真实的再现。

从结构安排上看：孩子的出场推动了故事情节的发展。孩子的出场打破了双方的对立，使文章情节从起初的剑拔弩张逆转为后来的充满温情，情节跌宕起伏，悬念迭出，吸引读者。

材料 2

1. D "不过在这些技术成熟之前，加拿大渥太华卡尔顿大学计算机科学教授保罗·奥斯凯特对密码持怀疑态度。"并不能推出技术成熟后他就不怀疑了，说法太绝对了。

2. D 文章没有提到网络实名制。

3. C A 项"那么在 1924 年内就是安全的"表述不正确。原文是"这或许可持续 1924 年"；B 项"最佳"表述有误。原文是"之一"。D 项推断太绝对。

模拟测试（二）

一、单项选择题

1. D A 项中赉读"bì"，魆读"xū"；B 项中倜读"tì"，角读"jué"；C 项中笞读"chī"，伛读"yǔ"。

2. B A 项中"草管人命"的"管"应为"菅"；C 项中"自抱自弃"的"抱"应为"暴"；D 项中"一愁莫展"的"愁"应为"筹"。

3. B 思想决定行为，行为养成习惯，习惯形成性格，性格决定命运。

4. C A 项中"德高望重"指品德高尚，名望很大。一般用于有资历的老人，句中用于初中生显然很不合适；B 项中"苦心孤诣"指费尽心思钻研或经营，达到别人达不到的境地，显然在句中也不合适；D 项中"小题大做"比喻把小事当成大事来办，有不值得或有意扩大事态的意思。"小题大做"通常用比喻义。

5. D A 项关联词搭配不当，"如果"与"就"搭配；B 项主语和宾语不一致，主语是"公路"，宾语是"形式"；"公路"显然不是"形式"；C 项事理逻辑错误，应该是观察问题、分析问题，最后解决问题。

6. A B 项是一个连续问句，一般只在最后一个问句后用问号，前面的几个都用逗号。C 项"发言"后应为逗号；D 项"接着说"后面的冒号应改为逗号。

7. C 本题六句话谈的中心内容是广东盆景，中心句为③，定为龙首，放开头；再由关联词语"由于"和"所以"，确定②⑥为一组并紧随其后；最后④①⑤为追溯历史并按时间的先后举例，排在最后。故正确排序为③②⑥④①⑤。

8. C 根据上下文，应该选择主动句。因为后面是"调皮鬼""躲躲闪闪""捉迷藏"，所以采用拟人手法恰当。故选择 C。

9. D 山南水北为"阳"；山北水南为"阴"。

10. D "元曲四大家"是指关汉卿、马致远、白朴和郑光祖。

11. A

12. A "诗中有画，画中有诗"是苏轼对王维的评价。

13. B 瀚海这里指沙漠。

14. B

15. D　A项中"亡""北"都属于词类活用,动词活用为名词,指逃跑的军队;B项"军"名词活用为动词,驻军、驻扎;C项"耻"属于意动用法,以……为耻。

二、判断题

1. ×　《诗经》包含305篇,人们习惯称整数,故名"诗三百"。
2. ×　文学"前四史"指《史记》《汉书》《后汉书》《三国志》。
3. √
4. ×　不是人物关系,是人物形象或者说人物塑造。
5. ×　报告文学应该归属于文学作品。

三、填空题

1. 卷起千堆雪。
2. 湘江北去
3. 大珠小珠落玉盘
4. 《孔雀东南飞》
5. 英国

四、古诗文阅读

1. D　两首诗都是五言律诗。
2. C　从"禅房花木深"一句判断,诗1有可能是夏天,不是树叶凋落的秋天。
3. 以声衬静,"万籁此俱寂,但余钟磬音",以钟磬音来衬托山中的寂静。"竹喧归浣女,莲动下渔舟",以竹林中洗衣女的喧笑声来衬托山中的幽静。

五、文言文阅读

1. C　厌:满足。
2. B　第二段的结构是提出观点——用事例论证——总结,层次划分B项合理。
3. D　第二段中用秦国和各诸侯作对比;最后一句引用古人所说的话。
4. B　题干中的"理"是道理的意思。A项是整理;B项是道理;C项是纹理;D项是治理。
5. B　不是排比句,是对比。

六、现代文阅读

材料1

1. 因为有了温丝莱特的陪伴,珍妮芙太太不再感到孤单,心情特别舒畅。
2. 自然环境(景物)描写;为珍妮芙太太的出场作铺垫,推动故事情节的发展。
3. (1)运用拟人(或贬词褒用),生动形象地描写出花草炫耀风姿的情景。

(2)运用夸张,突出表现了温丝莱特因听到珍妮芙太太的不幸遭遇而极度悲伤的情感。

4. 交代了珍妮芙太太劝说医生改变手术方案的经过和遭遇不幸的情况;使文章内容丰富,情节起伏,突出了主题思想,增强了感染力。

材料2

1. B
2. (1)B,理由:因为后面是"我们要做的努力就是去弄清楚这些字",是微观、具体的知识。文章第②段写"基础阅读","基础阅读"就是明白每个字的意思,然后试着去了解这个句子到底说的是什么。（2）A，理由：第⑥段写"检视阅读"，"检视阅读"就是从表面上去观察这本书，获得这本书表象上教给我们的一切。与后面"这本书的架构如何？"或"这本书包含哪些部分？"相照应，所以（2）处填A。

模拟测试（三）

一、单项选择题

1. C　A项正确读音为：菌（jūn）、饕（tiè）；B项正确读音为：贮（zhù）；D项正确读音为：泼（pō）。

2. C　A项中"识"应为"石"；B项中"换"应为"幻"；D项中"鹰"应为"膺"。

3. B　A项中"耿耿于怀"指不愉快的事情在心里，难以排解，是贬义词，不符合语境；C项中"目不暇接"指东西太多，看不过来。而演讲是听的，不是看，所以不合适。D项中"自命不凡"是指自以为了不起，贬义词，不符合语境。

4. C　A项中"严禁"与"取缔"搭配，句义相反，可以去掉"取缔"；B项不符合逻辑，"各种图书"包含了"语文、数学、物理"。D项中"超过"与"左右"两个词只能选择一个。

5. A　从语意连贯、结构对称角度分析，横线后面的句子最后是"精读，反复的读"，所以前面横线上要填的句子后半部分应该是"咀嚼"；"咀嚼"味道，"揣摩"文意，两个词侧重不同；D项中的"钻研"包含了"咀嚼"，所以选择A项更恰当。

6. B　A项第一个句号应改为逗号或放到后引号内。C项没有疑问的语气，不应用问号。D项"说"字后不应用冒号，应改为逗号。

7. C　C项中没有借代手法，其他三句都使用了借代修辞手法。A项中"朱颜"借代李后主亡国后怀念的女人。B项中"朱门"借代豪族，有钱人。D项中"牙璋"指代奉命出征的将帅；"凤阙"代指皇宫；"龙城"代指塞外敌方据点。

8. C　分析几个选项可以得知，①中包含"还会有"字眼，那它之前一定要有相关描写，才能提到"还"，既然没有，便可以排除①排头的选择，即去掉B、D项。根据事理分析，该文段采用了从近到远的顺序，所以选择C项恰当。

9. D　A项中"惠存"是敬辞，请保存（多用于送人相片、书籍等纪念品时所题的上款）。B项中"斧正"是请人修改诗文的客气话。C项中"垂询"是敬辞，称别人对自己的询问。D项中"雅正"是敬辞，把自己的诗文书画等送给他人时，表示请对方指教。故正确选项为D。

10. B　A项中鲁迅原名周樟寿，后改名周树人；《朝花夕拾》属于散文集；C项中《史记》是纪传体通史。D项中契诃夫是俄国作家。

11. C　《马说》是韩愈所著。

12. B　A项中山东指崤山以东的地区；C项中农历每月十五月圆之夜都是"三五月明之夜"；D项中古时老百姓只能穿麻布衣服，不是平民百姓。

13. B　A项中古义：交错相通，今义：交通运输；C项中古义：它（他），今义：水渠；D项中古义：因为，今义：坐下，是一种动作。

14. B　A项中"材"通"才"；C项中"反"通"返"；D项中"属"（zhǔ）通"嘱"。B项没有通假字。

241

15. A A项是判断句；其余三项均是被动句。

二、填空题

1. 直挂云帆济沧海
2. 化作春泥更护花
3. 《史记》
4. 法国
5. 白话文小说

三、文言文阅读

1. C C项，"活"应为使动用法，即"使……存活"。

2. D 从文中来看，"日夜望将军至""不敢倍德"都是刘邦的权宜之计，并非是对项羽尊敬、恭顺，这只是假象，因为此时他的实力不足以抵挡项羽的进攻。

3.（1）您替我请他进来，我要像对待兄长一样地对待他。

（2）派遣将领守住函谷关的原因，是防备其他盗贼的进入与意外的变故。

四、现代文阅读

1. C 其他三项都只涉及一个方面。

2. C 从最后一段看，吸气发动机是在大气层内加速的，进入轨道使用的是火箭发动机。

3. A "轨道器"是原航天飞机的组成部分，空天飞机是完整地进入轨道。

4. D 研究和制造不是一个阶段，"研制"不能如此拆分。从文中信息不能推出"用它取代航天飞机飞行已指日可待"的结论。

五、材料作文（略）